Les données de la démocratie

Dans la collection Société numérique

Adrian Daub
La pensée selon la tech. Le paysage intellectuel de la Silicon Valley.
Traduit de l'anglais (États-Unis) par Anne Lemoine
2022, ISBN 978-2-37662-034-1

Tim Hwang
Le grand krach de l'attention. La publicité, une bombe au cœur de l'internet.
Traduit de l'anglais (États-Unis) par Anne Lemoine
2022, ISBN 978-2-37662-035-8

Simone Pieranni
Red Mirror. L'avenir s'écrit en Chine.
Traduit de l'italien par Fausto Giudice
2020, ISBN 978-2-37662-021-1

Christophe Masutti
Affaires privées. Aux sources du capitalisme de surveillance.
2020, ISBN 978-2-37662-004-4

Zeynep Tufekci
Twitter & les gaz lacrymogènes. Forces et fragilités de la contestation connectée.
Traduit de l'anglais (États-Unis) par Anne Lemoine
2019, ISBN 978-2-915825-95-4

Catalogue complet : https://cfeditions.com

ISBN 978-2-37662-071-6
Collection **Société numérique** – ISSN 2647-1493
C&F éditions, février 2024
35 C rue des Rosiers, 14000 Caen.

Samuel Goëta

Les données de la démocratie

Open data, pouvoirs et contre-pouvoirs

Préface d'Axelle Lemaire

Société numérique

C&F éditions

Table des matières

Open data : l'entrée dans la maturité

Préface par Axelle Lemaire

Le premier quart du XXIe siècle touche bientôt à sa fin. Jamais dans l'histoire de l'humanité la technologie n'a joué aussi rapidement un rôle aussi déterminant. En l'espace de 25 ans, des géants numériques sont apparus et des pratiques nouvelles qui ont bouleversé les pyramides économiques, les pouvoirs politiques, l'ordre géostratégique, et la vie sociale et intime de plusieurs milliards d'êtres humains. Le livre de Samuel Goëta paraît à un moment bien particulier, celui de l'entrée dans la maturité numérique : les enjeux sont désormais mieux appréhendés, le jeu des acteurs et les défis mieux cernés. Et si la vitesse des développements techniques ne ralentit pas, celle-ci croise une autre course contre la montre, cette fois réglementaire. L'*EU Artificial Intelligence Act*, ou *Règlement européen sur l'intelligence artificielle*, est intensément discuté à Bruxelles à l'heure où ces lignes sont écrites.

Dans le même temps, les fondements des régimes démocratiques sont secoués : la crise climatique révèle l'impuissance décisionnelle pour limiter l'effondrement du vivant; les sources de tensions sociales se multiplient; la désillusion politique s'installe; les risques de manipulation informationnelle et les tentations autoritaristes se renforcent. Alors que les écrits se multiplient pour signer la fin de l'utopie numérique, c'est dans ce contexte que l'auteur choisit de défendre l'ouverture des données publiques comme un mécanisme apte à revitaliser la démocratie.

La politique d'*open data*, ou ouverture des données publiques, a servi à alimenter la machine numérique, en fournissant la matière première nécessaire à l'entrée dans l'ère informationnelle dématérialisée, au partage et à l'analyse quantitative et qualitative de données, à l'alimentation des modèles algorithmiques. J'ai activement contribué à cette politique, par le truchement du mandat gouvernemental qui m'avait été confié en tant que secrétaire d'État chargée du numérique et de l'innovation entre 2014 et 2017. La loi pour une République numérique promulguée le 7 octobre 2016 a instauré l'obligation, pour les administrations de plus de 50 agents et les collectivités territoriales de plus de 3500 habitants, de rendre accessibles en ligne les données dont la publication présente un intérêt économique, social, sanitaire ou environnemental. La loi pousse également la dimension d'ouverture vers d'autres rivages, ou d'autres branches composant l'arbre de la transparence de l'action publique : la transparence des algorithmes publics, l'accès aux publications scientifiques (la science ouverte), le développement des logiciels libres, l'accès des chercheurs aux bases de données administratives et l'appariement de données dans des conditions encadrées, le *text and data mining*, l'échange de données entre administrations…

Dès lors, le livre de Samuel Goëta est venu m'interpeller, et me rappeler les questions que je m'étais posées à l'époque de l'élaboration de la loi. Pourquoi une ministre choisit-elle un combat plutôt qu'un autre ? Pourquoi cette thématique a-t-elle résonné en moi au regard de mon histoire personnelle et de mes engagements politiques ? Les choix assumés à l'époque ont-ils été les bons ? Comment la suite devrait-elle se construire ? L'entrée en matière de l'auteur suit d'ailleurs une démarche identique à celle qui fut la mienne : il commence par le récit personnel de sa découverte du sujet qui, depuis un séjour aux États-Unis, lui a fait comprendre au sein de quel mouvement de pensée son action de chercheur et d'entrepreneur s'inscrivait.

D'où l'envie de partager ici mon propre témoignage : je n'aurais peut-être pas été élue députée pour représenter les Français établis en Europe du Nord sans l'ouverture des données électorales opérée par plusieurs des pays de la circonscription. Pour mener campagne, avec les jeunes geeks qui me prêtaient main-forte (l'un est aujourd'hui lui-même député), nous avons décortiqué les résultats des bureaux de vote de Londres, Leeds, Edinburgh, Copenhague ou encore Stockholm pour comprendre les tendances politiques des électeurs et cibler nos actions de campagne. Ainsi ai-je découvert la puissance de la donnée lorsque celle-ci est bien comprise et bien utilisée. Auparavant, comme chercheure en droit international des droits humains à University College London, je m'étais cassé les dents sur les informations classifiées par le FBI, en essayant de mettre à nu la réalité des traitements de torture infligés aux prisonniers de Guantánamo Bay. Et comme secrétaire nationale aux droits humains du parti politique auquel j'appartenais, je me désolais de constater que les débats relatifs à l'immigration étaient exclusivement guidés par l'émotion et la peur, sans être objectivés par la réalité des flux migratoires en France et le calcul de l'impact économique et social des migrations, toutes informations que le ministère référent refusait de publier. Et puis, comme collaboratrice parlementaire à Londres, j'avais vécu de l'intérieur l'affaire des dépenses parlementaires qui avait secoué comme jamais la Chambre des communes, temple de la démocratie britannique. Je démissionnerais la veille du scandale qui allait éclabousser mon propre patron, jusqu'à le mettre en prison. Et m'impliquerais ensuite avec ardeur, en tant que députée, dans la création de la Haute Autorité pour la transparence de la vie publique. Au fond, ce petit bout d'histoire individuelle s'inscrit dans un contexte historique, que Samuel Goëta rappelle d'ailleurs : ce n'est pas une coïncidence si les premiers projets d'open data ont été impulsés par des majorités progressistes, notamment suite à l'élection de Barack Obama à la présidence des États-Unis.

Pourquoi, somme toute, avoir fait le choix de l'open data pour la France ? Pour emprunter le chemin, tracé par d'autres avant moi et qui se poursuit encore, ancré dans un mouvement international très bien décrit par l'auteur et construit autour d'une idée forte : l'open data fait vivre la démocratie. Si les principes démocratiques qui animent l'action des communautés engagées dans l'open data sont à la fois simples et puissants, ceux-ci ont parfois été relégués au second rang des priorités. Il s'agit pourtant de concrétiser l'idée selon laquelle la transparence est gage de confiance, et seule la confiance est susceptible d'améliorer la qualité du débat démocratique. Avec l'open data, le pari est fait de l'intelligence collective, de la mise en lumière sans filtre des vérités objectivées par les données, afin de permettre aux acteurs du débat de décider en pleine conscience et d'assumer ensuite la redevabilité de leurs choix. L'open data, c'est le partage de l'information produite par les administrations, donc le partage du pouvoir avec les citoyens. L'affirmation que l'accès à l'information est une condition de la participation démocratique, qui trouve corps dans l'article 15 de la Déclaration du 26 août 1789 des droits de l'homme et du citoyen comme fondement de notre pacte social républicain : «*La société a le droit de demander compte à tout agent public de son administration*».

Le présent ouvrage propose un décryptage détaillé des origines et des fondements du mouvement de l'open data, jusque dans ses applications les plus contemporaines. Au point de nous faire douter : lorsque nous posons un regard froid sur les débats qui animent les acteurs du numérique aujourd'hui, ce principe serait-il devenu obsolète ? Pire, pourrait-il se retourner contre les objectifs de redevabilité qu'il poursuivait à l'origine ? Le livre de Samuel Goëta pose des questions incontournables à travers des études de cas concrets, apporte des repères pour réussir les projets d'open data, et dessine des perspectives pour la suite. Finalement, les pages agissent comme un retour aux sources pour éclairer les enjeux du moment et nous guider dans la saine réaffirmation du sens démocratique de l'open data.

Le choix de l'open data, celui de partager l'information publique et d'autoriser sa réutilisation, n'est pas neutre. C'est tout l'intérêt de cette lecture que de révéler les vraies démarcations politiques qui se cachent derrière des choix d'apparence technique, selon que l'on prône la gratuité ou les redevances, la protection de la propriété intellectuelle et du secret des affaires ou la transparence des jeux de données… Ce faisant, le texte navigue entre plusieurs disciplines, dans un affranchissement particulièrement original : histoire, sociologie et science politique, technique numérique et design de politique publique, témoignage engagé et guide des meilleurs usages. Oscillant entre la théorie et la pratique, l'idéal et la realpolitik, éclectique, inclassable, le livre est à l'image des personnes qui agissent au sein des communautés de l'open data, toujours mues par une aspiration commune.

On y comprend par exemple que ce n'est pas une loi, ni moins encore une ministre, qui aura permis de diffuser largement la culture de l'open data dans notre pays, mais plutôt l'épidémie de coronavirus. Le présent ouvrage raconte par le détail l'importance du suivi des données pour affronter la pandémie. Grâce justement au travail de collecte et de visualisation des données épidémiologiques fourni par des développeurs férus d'open data, les Français ont pu suivre les évolutions de la crise sanitaire en quasi temps réel. La prise de conscience de ce rôle joué par l'open data pour anticiper, suivre, gérer, et répondre aux problèmes soulevés par la crise sanitaire a été aussi soudaine que spectaculaire. Avec la pandémie, l'open data est entré dans le quotidien du plus grand nombre.

Au-delà de ce cas d'espèce, le livre restitue l'émergence des principes de l'open data en France, de l'inspiration trouvée dans la déclaration fondatrice de 2007 à Sebastopol en Californie, à la loi pour une République numérique de 2016, en passant par les différents décrets d'application et rapports publiés depuis. La deuxième partie du livre dresse un bilan critique de la politique d'open data en France : fallait-il inscrire dans la loi un principe absolu, celui de l'open data par défaut, ne souffrant d'exceptions que celles entrant dans les catégories recensées ? Et créer un nouveau service public de la donnée ? Ou aurait-on dû plus sobrement se contenter de définir des types de jeux de données à ouvrir, et laisser aux seules administrations le soin de choisir souverainement de la mise en œuvre de leurs obligations ? Je n'ignore pas que l'exécution de la loi pour une République numérique a pu décevoir. Aujourd'hui encore, les principes qui doivent guider les services publics – continuité, égalité, adaptabilité – ne trouvent pas à s'appliquer systématiquement à l'open data. Les décrets d'application ont tardé à venir ; le portage politique n'a pas été au rendez-vous ; l'agenda a été dépriorisé par les administrations ; les collectivités locales ont été insuffisamment accompagnées et les ressources affectées sont restées trop insuffisantes. L'exemple de l'open data des décisions de justice est à ce titre représentatif des hésitations administratives et des enjeux corporatistes, qui ont pris le pas sur les questions légitimes à poser autour de l'anonymisation des informations personnelles. Pour autant, le sujet de l'open data a continué de tracer un sillon, et il me semble qu'il s'est désormais érigé au rang d'acquis législatif, à tel point qu'il serait difficile de le déboulonner. S'il fallait refaire un tel pari, je ne reculerais pas, car l'open data a contribué à apporter plus de transparence dans les décisions publiques, a aidé les journalistes à enquêter, a éclairé le débat public, a renforcé la maîtrise technique du numérique par les administrations, et a beaucoup nourri l'émergence d'un écosystème d'acteurs technologiques innovants.

Ce dernier point fait l'objet de controverses. D'ailleurs, le présent ouvrage interroge dans des termes assez critiques la réalité des retombées économiques de l'open data. Le discours pro-économique, tenu en particulier par les institutions européennes à travers de savants calculs modélisés, a pu faire rêver plus d'un élu local désireux de développer l'emploi et l'activité économique dans son territoire. Pour ma part, j'ai toujours été assez mal à l'aise à l'idée de vanter des retombées économiques directes, dans un raccourci « open data = emploi » un peu trop rapide. En revanche, la comparaison avec l'air, ou avec la lumière, comme élément essentiel à la vie économique des entreprises technologiques innovantes me paraît être une image plus conforme à ce que l'on constate : des effets indirects indéniables. Encore aujourd'hui, il m'arrive souvent de croiser des entrepreneurs de la French Tech ou des CTO (*chief technology officers*) travaillant pour de grandes entreprises, qui témoignent de l'avance prise grâce à la possibilité de manipuler les grandes bases de données d'intérêt général, sur des thématiques liées à la mobilité, l'énergie, la construction, la liste des professions médicales… Ces bases sont désormais libres d'utilisation et leur usage crée une valeur économique nouvelle. Dans cet esprit, c'est bien à l'État et aux acteurs publics qu'il appartient de fournir et garantir la maintenance des infrastructures essentielles dont font partie les bases de données publiques.

Il n'empêche, Samuel Goëta dresse un bilan critique, et un peu déçu, des promesses de l'open data. Dès lors, l'ouvrage amène à s'interroger sur les raisons du retard observé dans la mise en œuvre du principe d'open data par défaut en France, en dehors des changements de majorité politique et de la volonté de se distinguer des prédécesseurs. On peut penser que le caractère très transversal d'une politique d'open data rend compliqué l'amorçage d'une dynamique collective interministérielle, et les objectifs poursuivis par un ministère économique comme Bercy ne rejoignent pas forcément ceux des ministères de la Justice, du Logement ou des Affaires sociales. Surtout, il m'est apparu particulièrement compliqué de lancer une nouvelle politique publique, et de dégager les moyens budgétaires nécessaires pour en assurer l'exécution de manière pérenne en passant par les étapes budgétaires classiques. Ce fut vrai pour l'open data, mais aussi pour d'autres initiatives comme le programme French Tech, le plan France Mobile, la stratégie d'intelligence artificielle, la Grande école du numérique… Le temps des processus administratifs n'est pas celui du politique, et les obstacles propres à la transformation des organisations peuvent barrer la route aux volontés les plus farouches, lorsque le temps manque. Face à ce temps considéré comme trop long, il n'est pas étonnant que l'impatience des acteurs impliqués dans l'écosystème de l'open data se soit exprimée à plusieurs reprises.

Il reste que, depuis le lancement de la politique d'open data en France, les progrès accomplis dans la compréhension et la maîtrise de la culture de la donnée par la machine institutionnelle sont réels, et fulgurants à l'échelle de l'histoire administrative française. On sous-estime l'impact positif de l'open data sur la maîtrise technique interne des jeux et enjeux de données par les agents publics. En ce sens, l'auteur a raison de démontrer le lien direct entre l'open data et les problématiques de souveraineté numérique, en expliquant comment le premier peut servir le second. Le raisonnement, un peu contre-intuitif (l'ouverture au service de la protection) est rarement mis en avant lorsqu'il s'agit de démontrer l'utilité de l'open data.

Toujours, derrière ce type de considérations stratégiques, le livre de Samuel Goëta nous renvoie à la question démocratique sous ses multiples facettes. On y découvre des illustrations très concrètes du pouvoir des données, notamment dans les évocations faites du droit d'accès aux documents administratifs, le *dada* de l'auteur. J'avais observé, pendant mes années londoniennes, l'importance prise par le Freedom of Information Act de 2000 au Royaume-Uni, et l'émergence du dispositif WhatDoTheyKnow créé par mySociety pour recueillir les requêtes soumises par des citoyens et publier les réponses des administrations. Une fois ministre, j'avais cherché à pousser une piste similaire, en confiant à la Cada la gestion d'une plateforme pour faciliter l'exercice du droit d'accès. En vain. C'est à l'initiative de l'écosystème des personnes engagées sur ces sujets, parmi lesquelles l'auteur du présent ouvrage, qu'un tel service a pu voir le jour. Ma Dada était né, et on ne peut que souhaiter longue vie à ce dispositif citoyen qui vient si utilement compléter les mécanismes mis en œuvre à travers l'open data.

La troisième partie de l'ouvrage propose des alternatives lorsque les données ne sont pas disponibles ou que leur qualité n'est pas au rendez-vous, et identifie des pistes pour que l'open data renforce plus encore la vie démocratique. Une sorte d'acte II de l'open data en France… À ce titre, le livre montre bien comment le «prochain combat» devra se trouver dans la question des moyens et des manières d'assurer la mise en œuvre des politiques d'open data. Cet acte II pourrait passer par la structuration territoriale de l'écosystème de l'open data. L'occasion, peut-être, de faire émerger un concept qui m'est cher, celui du municipalisme numérique (selon lequel l'échelon local est le plus à même de mobiliser les citoyens autour de projets concrets liés à la vie en collectivité, en ayant au recours au numérique comme outil de renforcement du lien social). Les collectivités territoriales, et en particulier les régions en tant que chefs de file, seront amenées à jouer un rôle de plus en plus incontournable face aux crises et défis de notre temps ; elles apportent cohésion, résilience, maillage local, et peuvent décliner le concept de solidarité dans et entre les territoires. L'acte II de l'open data pourrait ainsi s'insérer dans un agenda plus large de transferts de pouvoirs et de refondation de la vie démocratique locale.

L'on sent bien, au fur et à mesure que l'on avance dans les pages de l'ouvrage, qu'un certain nombre de questions vont être réouvertes, à l'aune des avancées technologiques, et en particulier de l'intelligence artificielle générative. La donnée étant devenue la nouvelle source de contrôle et de pouvoir, ne risque-t-on pas en prônant son ouverture et son accès librement réutilisable de déshabiller la sphère publique pour la donner en pâture aux intérêts économiques les plus puissants ? Dans un monde de textes et d'images générés artificiellement, c'est-à-dire de manière automatisée et répondant à de simples demandes textuelles sous la forme de *prompts*, les données qui servent à entraîner les grands modèles de langage (les *LLM*, dont ChatGPT est l'application la plus connue à l'heure actuelle) deviennent des référentiels informationnels « authentiques ». L'information publique brute acquiert dès lors une valeur (de marché ? d'éthique ?) plus forte encore, puisqu'elle peut aider à fournir des bases de données non erronées, traçables, anonymisées, non biaisées, représentatives, respectueuses des cadres réglementaires. Face à la prolifération des contenus faux mais crédibles, et au risque de chaos informationnel, l'open data devient ainsi garante de la génération de contenus fiables et socle de la confiance numérique. Dans un mouvement doublement bénéfique, l'IA peut être employée pour analyser, traiter et interpréter les données ouvertes, et les données publiques peuvent être utilisées pour valider et vérifier les résultats produits par des modèles d'IA. Mais dans ce monde du numérique « artificiel », le statut et la place des données publiques ouvertes restent incertains : communs numériques en partage, ou objet de prédation ? Les pages qui suivent nourrissent ces questions par un aller-retour entre l'histoire passée et l'actualité la plus récente. Et c'est là le grand intérêt de cet ouvrage : éclairer les enjeux qui traversent aujourd'hui l'open data par le rappel de ses principes fondateurs. On en ressort à la fois plus savant et renforcé dans nos convictions.

Et c'est heureux, car l'histoire n'est pas terminée. L'ouverture des données publiques – et ses extensions à travers les concepts de données altruistes, données d'intérêt général, données essentielles – devra jouer un rôle déterminant dans le plus grand défi qui se pose à notre siècle et à notre espèce : la lutte contre le changement climatique. Pour connaître les trajectoires de transition des pays vers des économies bas carbone, pour comprendre les choix de durabilité opérés par les entreprises, pour donner aux prochaines générations les clés de leur avenir, et éclairer dès à présent les décisions des responsables politiques et des investisseurs qui orientent les flux de financements, l'accès aux données environnementales devra demeurer libre. Les principes qui régissent l'open data devront pouvoir s'imposer, face aux appétits qui s'aiguisent sur le marché des données relatives à l'impact environnemental, et à l'opacité qui règne sur la réalité de cet impact. La transparence environnementale sera, là aussi, une exigence démocratique.

Introduction

L'enjeu démocratique

Je me suis intéressé à l'ouverture des données en 2008. Étudiant à l'université du Michigan cette année-là, je lisais un article expliquant les principes de l'*Open Government Data*, un mouvement prônant le partage et le libre usage des données produites par les acteurs publics[1]. Au même moment, un de mes enseignants, Robert Frost, passionné de culture libre[2], me montrait combien les données étaient le fondement de l'information et du savoir. Potentiellement, nous pourrions refaire les calculs, proposer de nouvelles manières de voir le monde et réduire les asymétries d'information. Quelques semaines plus tard, Barack Obama était élu : la signature de trois mémorandums sur l'*open government* fut son premier acte en tant que président, ce qui lançait la création de `data.gov`, le premier portail *open data* national. J'avais le sentiment d'être aux premières loges de la naissance d'un mouvement d'ampleur. J'étais enthousiaste.

De retour en France, j'ai quelque peu déchanté. J'étais incapable de faire quoi que ce soit avec les premiers fichiers mis en ligne par plusieurs collectivités territoriales en 2010. Les acteurs publics étaient rares à ouvrir leurs données alors que les portails open data se multipliaient partout dans le monde. À part quelques collectivités territoriales pionnières comme Rennes, Paris, Nantes, Montpellier ou la région Provence-Alpes-Côte d'Azur, l'État semblait hermétique à ce mouvement et s'orientait même dans le sens de la commercialisation

1. Hubert Guillaud, «Principes pour des données publiques ouvertes», *Internet Actu*, 2007. https://www.internetactu.net/2007/12/20/principes-pour-des-donnees-publiques-ouvertes/.

2. Décédé en 2011, Robert Frost était professeur associé à la School of Information de l'université du Michigan. Arrière-petit fils du poète éponyme, farouchement opposé au copyright, il a créé un fonds dédié à l'accès ouvert alimenté par les recettes en droits d'auteur des œuvres de son arrière-grand-père. Sa passion et sa joie de vivre m'ont beaucoup inspiré.

des données publiques, y voyant une source potentiellement importante de revenus, là où l'open data implique généralement la gratuité et le libre usage. Les premiers exemples d'utilisation de données ouvertes relevaient de la prospective. On parlait de prototypes, d'expérimentations, de maquettes d'applications ou de services bricolés disponibles uniquement dans certains territoires. Je n'avais aucune expérience avec des données aussi complexes et je n'arrivais jamais à les transformer pour y donner un minimum de sens. J'ai tiré de cette expérience malheureuse l'idée que les données devaient devenir un objet de médiation afin de les rendre accessibles à un plus grand nombre de personnes.

Plus de dix ans après, certains sont encore restés sur ce souvenir d'un open data peu accessible avec des données décevantes et des usages marginaux. Certaines personnes sont rapidement passées à autre chose et se sont penchées sur d'autres tendances du numérique comme la blockchain, le métavers, les NFT ou l'intelligence artificielle générative. D'autres ont progressivement vu tout le potentiel de l'ouverture des données pour renouveler la transparence, faire foisonner l'innovation et transformer l'administration. C'était mon cas : après un mémoire et une première expérience professionnelle, je me suis lancé en 2012 dans un doctorat en sociologie pour étudier l'émergence du mouvement de l'open data, sa diffusion en France et la mise en œuvre concrète des projets d'ouverture de données dans les administrations françaises[3]. En parallèle, j'ai co-fondé l'association Open Knowledge France pour diffuser l'ouverture des données et faire que le plus grand nombre puisse s'en saisir. À l'issue de cette thèse en 2016, nous avons fondé avec Joël Gombin la société coopérative et participative Datactivist qui accompagne des projets d'ouverture de données et de leur réutilisation. Son nom témoigne de l'engagement

3. Samuel Goëta, *Instaurer des données, instaurer des publics : une enquête sociologique dans les coulisses de l'open data*, thèse de doctorat en sociologie sous la direction de Jérôme Denis, Télécom ParisTech, 2016. https://pastel.hal.science/tel-01458098. Les chapitres 2 et 3 sont tirés en grande partie de ma thèse.

en faveur de l'ouverture des données de la coopérative, qui compte aujourd'hui vingt-deux salariés.

Là où il y a dix ans nous illustrions le concept d'open data par des cas d'usage hypothétiques ou marginaux, beaucoup de nos interventions chez Datactivist débutent aujourd'hui par un petit panorama des usages des données ouvertes. Et il ne nous faut pas longtemps pour montrer que l'open data a désormais envahi notre quotidien : le jeu Pokémon Go s'appuie sur OpenStreetMap (le « *Wikipédia de la carte* ») pour identifier les zones où placer des Pokémon rares, l'application Yuka a longtemps utilisé les données collaboratives d'Open Food Facts comme source de données sur les produits alimentaires, CovidTracker a rendu lisibles au plus grand nombre les indicateurs de Santé publique France ou Meilleurs Agents aide les acheteurs à connaître les prix des biens immobiliers à partir des données de la Direction générale des finances publiques (DGFIP). Pour suivre l'air du temps, j'évoque parfois l'entraînement (controversé, nous y reviendrons) de ChatGPT à partir des données ouvertes de Common Crawl, une base de données massive comportant le texte de plusieurs milliards de pages web. Il m'arrive aussi souvent d'évoquer le cas du passage aux 80 km/h sur les routes départementales pour expliquer l'ouverture des données. C'était le cas il y a quelques années lors d'une discussion à Marseille avec un chauffeur de taxi curieux de mon métier. En 2011, le ministère de l'Intérieur a publié sur `data.gouv.fr` (le portail national des données publiques) la base de données des accidents corporels de la circulation. Celle-ci décrit les véhicules impliqués, les conditions de circulation, les conséquences et la localisation précise pour chaque accident de la route reporté aux services de secours. Alors qu'en 2018, le Premier ministre Édouard Philippe, avait justifié le passage aux 80 km/h par les résultats prétendument positifs d'une expérimentation sur trois tronçons test, les données diffusées sur `data.gouv.fr` ont été utilisées par l'association 40 millions d'automobilistes pour vérifier la baisse de l'accidentologie. Elle n'a constaté aucune baisse sur les trois tronçons et a alors diffusé l'idée que cette mesure n'avait pas le fondement objectif avancé par le gouvernement pour justifier de sa décision. Bavard et sans réserve, le chauffeur de taxi s'est alors exclamé : « donc en fait, vous me dites que le gouvernement a créé un site qui permet de montrer que ce sont des gros cons ? »

Cette anecdote qui m'amuse encore beaucoup est bien plus intéressante qu'elle n'y paraît. Et si l'open data était véritablement un outil pour critiquer les puissants ? Pourrions-nous remettre en cause l'ordre établi avec les données ouvertes ? Ce livre part d'une question que je me pose depuis plusieurs années[4] : l'open data est-il vraiment un contre-pouvoir ? Comment mettre les données ouvertes au service des citoyens et de la démocratie ? Marie-Hélène Bacqué a délimité trois caractéristiques qui désignent un contre-pouvoir : une capacité de contre-expertise et de contre-proposition, un pouvoir de pression sur la décision et de contrôle sur la réalisation des politiques publiques, la mise en place d'une méthode démocratique[5]. En défendant l'importance des contre-pouvoirs dans la vie publique, je cherche ici à souligner le rôle démocratique essentiel que peut jouer l'ouverture des données dans leur outillage. Pierre Rosanvallon nomme « *contre-démocratie* » les formes de contrôle, d'empêchement et de mise à l'épreuve du jugement des décisions démocratiques[6]. Il a montré que la « contre-démocratie » ne s'oppose pas à la démocratie. Au contraire, elle l'enrichit, la conforte et fait système avec les institutions démocratiques. Elle permet de « *veiller à ce que le pouvoir élu reste fidèle à ses engagements, de trouver les moyens permettant de maintenir l'exigence initiale d'un service du bien commun* ». Les données ouvertes représentent selon moi un outil primordial dans la réalisation de cette « contre-démocratie ».

4. Avec Clément Mabi, nous avions coécrit un article à ce sujet : Samuel Goëta & Clément Mabi, « L'open data peut-il (encore) servir les citoyens ? », *Mouvements*, 2014, vol. 79, n° 3, p. 81-91. https://doi.org/10.3917/mouv.079.0081.

5. Marie-Hélène Bacqué. « Dispositifs participatifs dans les quartiers populaires, héritage des mouvements sociaux ou néolibéralisme ? Empowerment zones aux États-Unis et politique de la ville en France » *in* Marie-Hélène Bacqué (éd.), *Gestion de proximité et démocratie participative. Une perspective comparative*, La Découverte, 2005, p. 81-99.

6. Pierre Rosanvallon, *La Contre-Démocratie. La politique à l'âge de la défiance*, Seuil, 2006.

L'exemple le plus saisissant du rôle démocratique de l'ouverture des données porte sur un article de science économique qui a largement influencé les politiques d'austérité dans le monde[7]. En 2010, Carmen Reinhart et Kenneth Rogoff, deux économistes américains influents de l'université Harvard, publiaient un article[8]. dans l'*American Economic Review*, qui analysait 60 ans de données économiques pour montrer un lien entre dette et croissance. L'article pointait en particulier un effet de seuil qui entravait durablement la croissance lorsque la dette accumulée dépassait 90 % du PIB annuel. Largement reprise par les économistes et les décideurs politiques, cette publication a eu une influence considérable sur les politiques d'austérité mises en place, notamment en Europe, au début des années 2010. Or, en 2013, Thomas Herndon, un étudiant en économie à l'université du Massachusetts, a montré qu'elle était fondée sur une série d'erreurs de calcul. Dans le cadre d'un devoir étudiant, il a tenté de reproduire sans succès les résultats de Reinhart et Rogoff. Après vérification par ses enseignants, il a écrit aux auteurs de l'article qui lui ont fourni le fichier Excel avec lequel ils ont produit les calculs. En vérifiant le fichier avec ses enseignants, il a pu montrer que les auteurs avaient attribué des poids différents aux pays dans le calcul de la moyenne, que des données sur certains pays n'ont pas été utilisées et surtout que le calcul de la moyenne omettait l'Australie, l'Autriche, la Belgique, le Canada et le Danemark. Ces pays ont pour point commun d'être au début de la liste triée par ordre alphabétique. Ces erreurs corrigées, le seuil de 90 %, si utile pour justifier des politiques d'austérité, n'était plus du tout significatif. Cet exemple pourrait nous mener à de plus amples débats sur l'éthique scientifique (absence de revue par les pairs de l'article, accès aux données à la demande, usage de méthodes statistiques douteuses, instrumentalisation de la recherche…) mais mon but ici est de montrer l'importance démocratique de pouvoir accéder et utiliser les données qui fondent la

7. David Louapre, « Les politiques d'austérité, à cause d'une erreur sous Excel ? », *Science Étonnante*, 2020. https://scienceetonnante.com/2020/04/17/austerite-excel/.
8. Carmen M. Reinhart & Kenneth S. Rogoff. 2010. « Growth in a Time of Debt », *American Economic Review*, 100 (2): 573-78. https://doi.org/10.1257/aer.100.2.573.

décision démocratique. Pendant longtemps, nous nous sommes contentés d'informations quantitatives «prémâchées» pour animer le débat public, sans avoir la possibilité de les remettre en cause. En ayant accès aux données dans leur plus fort niveau de précision, celles qui sont à la base de l'information et du savoir, nous pouvons refaire les calculs, contester les décisions et proposer de nouvelles interprétations.

Dans l'édifice démocratique, les données peuvent aussi servir de moyen d'*empowerment* au sens d'une émancipation pour les groupes sociaux marginalisés ou défavorisés et d'une remise en cause du système qui entretient les inégalités et certaines formes d'oppression. Dans *Data Feminism*, Catherine D'Ignazio et Lauren Klein montrent que les données sont une «*épée à double tranchant*», une arme qui peut être au service du pouvoir comme des contre-pouvoirs[9]. Le cas du comptage des féminicides en France le montre bien. La notion de féminicide, définie par la sociologue Diana Russel en 1976 comme l'assassinat d'une ou plusieurs femmes par un ou plusieurs hommes parce qu'elles sont femmes, a pris de l'ampleur dans l'espace médiatique français entre 2018 et 2019[10]. Outre l'actualité liée à #metoo en octobre 2017, le comptage des féminicides par plusieurs associations a joué un rôle déterminant dans la mise en avant dans le débat public de cette notion. Le politiste Patrick Hassenteufel a montré que la quantification constitue un facteur clé dans la «mise à l'agenda», dans la publicisation des problèmes publics, en donnant une légitimité scientifique associée au comptage[11]. Dès 2016, le collectif «féminicides par compagnons ou ex» a initié un comptage des féminicides

9. Catherine D'Ignazio & Lauren Klein, *Data Feminism*, The MIT Press, 2020.
10. Selon une étude de la fondation Jean Jaurès s'appuyant sur des données Europresse, le terme «féminicide» comptabilisait 180 occurrences en 2017, 400 occurrences en 2018 et 5000 en 2019. Source : Margot Giacinti, «Parler de féminicide pour mieux lutter contre les violences sexistes et sexuelles», *Fondation Jean Jaurès*, 2020. https://www.jean-jaures.org/publication/parler-de-feminicide-pour-mieux-lutter-contre-les-violences-sexistes-et-sexuelles/.
11. Patrick Hassenteufel, «Chapitre 3. Les processus de construction et de mise à l'agenda des problèmes publics», *Sociologie politique de l'action publique*, Armand Colin, 2021, p. 105-129.

intimes et conjugaux pour sensibiliser à la notion, provoquer une prise de conscience et susciter la réaction des pouvoirs publics[12]. Le travail du collectif, qui a documenté *a minima* 112 cas de femmes tuées par leur (ex)compagnon en 2022 à partir de sources de presse, a permis de montrer que les féminicides sont l'expression d'un rapport de domination des hommes sur les femmes, là où la Délégation aux victimes (DAV) du ministère de l'Intérieur a longtemps négligé le genre comme un facteur pertinent pour analyser le crime. Le travail de comptage du collectif a provoqué un déclic dans le débat public et une meilleure prise en compte du genre comme facteur déterminant : la DAV met désormais en avant que les femmes représentent 85 % des victimes d'homicides au sein du couple[13]. L'Inter Orga Féminicides étend le comptage aux cas de meurtres et de suicides, quelles que soient les circonstances et pas uniquement au sein du couple, décomptant 147 femmes mortes en raison de leur genre[14].

Ces quelques exemples montrent l'importance de l'ouverture des données pour la démocratie. Le présent livre cherche à aider les citoyens à s'emparer des données ouvertes. Je m'inscris dans le mouvement de la littératie des données (*data literacy*), qui considère que la compréhension et l'usage des données doivent devenir une compétence essentielle, comme lire, écrire ou compter. Mon but est rendre accessible au plus grand nombre le concept de données ouvertes et de sortir de la situation actuelle dans laquelle les données sont réservées à une petite élite. Ce livre vise à mieux connaître le potentiel des données

12. Collectif Féminicides par compagnons ou ex, « Notre méthodologie », 2023. https://www.feminicides.fr/notre-m%C3%A9thodologie.

13. La moitié des femmes autrices avaient déjà été victimes de violences de la part de leur partenaire. Mission interministérielle pour la protection des femmes contre les violences et la lutte contre la traite des êtres humains, « Lettre nº 18 - Les violences au sein du couple et les violences sexuelles en 2021 », 2021. https://arretonslesviolences.gouv.fr/sites/default/files/2022-11/Lettre%20n%C2%B018%20-%20Les%20violences%20au%20sein%20du%20couple%20et%20les%20violences%20sexuelles%20en%202021.pdf.

14. #NousToutes, « Comprendre les chiffres pour mieux défendre les femmes et les enfants victimes de violences sexistes et sexuelles », 2023. https://www.noustoutes.org/comprendre-les-chiffres/.

disponibles et à ouvrir des pistes d'action pour que l'open data renforce les contre-pouvoirs et réduise les asymétries d'information entre la société civile et l'administration. Il s'adresse aussi aux professionnels des données en dressant un bilan critique de l'ouverture au regard des promesses de transparence, d'innovation et de transformation de l'administration formulées par les défenseurs des données ouvertes depuis plus d'une décennie. Il cherche à mettre en avant de nouveaux cas d'usage, proposer un regard distancié sur les avancées de ce mouvement et formuler des propositions pour une nouvelle étape de l'ouverture des données.

Dans une première partie, le livre commence par poser les bases de l'open data en présentant les racines profondes de ce mouvement, puis propose un historique des grands principes de l'open data et de leur traduction en France. Le chapitre qui termine cette partie propose un éclairage sur le rôle central des données ouvertes dans la gestion de la pandémie de Covid-19 et montre comment cette crise a questionné la mise en œuvre effective du principe d'open data par défaut prévu par la loi en France. La deuxième partie de l'ouvrage dresse un bilan critique de l'ouverture des données en France par rapport aux grandes promesses d'un renouvellement en profondeur de la transparence de la vie publique, d'un foisonnement de l'innovation et d'une transformation de l'administration. Enfin, la dernière partie propose des pistes d'action. Dans un premier temps avec cinq stratégies alternatives pour obtenir des données en l'absence de données publiques, puis par une série de pistes d'action pour que les données ouvertes réduisent effectivement les asymétries d'information et renforcent les contre-pouvoirs.

Première partie.
Naissance et émergence de l'open data

Les racines multiples de l'open data

Lorsqu'on évoque le terme open data, la plupart des personnes l'associent à un phénomène nouveau dont la généalogie pourrait remonter à une dizaine d'années. L'ouverture des données a pourtant tout de la fausse nouveauté tant les concepts, les pratiques, les réseaux d'acteurs et le cadre réglementaire ont largement devancé l'avènement du terme. Avant de retracer l'émergence des principes essentiels de l'ouverture des données, je voudrais vous inviter à situer les différentes filiations dans lesquelles cette notion s'inscrit et à sortir de l'image d'une uniformité des acteurs qui se sont réunis autour du terme open data.

Dans ce chapitre, j'aborderai six facettes de l'ouverture des données en commençant par la transparence qui apparaît aujourd'hui comme une exigence essentielle en démocratie. Elle a donné lieu aux lois sur le droit d'accès à l'information publique, qui accordent aux citoyens un accès direct aux documents administratifs et constituent le socle juridique de l'ouverture des données. L'open data s'inscrit aussi dans la lignée de la pensée cybernétique pour qui la libre circulation de l'information constitue une condition essentielle de survie et d'équilibre des sociétés démocratiques. Cette filiation relie l'ouverture des données au mouvement du logiciel libre : ses principes ont servi de matrice à ceux de l'open data. La philosophie de l'ouverture et de la liberté prônée par le mouvement du logiciel libre s'est étendue pour réclamer la libre circulation des œuvres de l'esprit, au-delà du code informatique. Autre racine, le mouvement dit de la science ouverte a fait progressivement émerger le partage des données brutes et leur utilisation par d'autres comme une pratique scientifique légitime et courante, aujourd'hui devenue la norme dans de nombreuses disciplines scientifiques. Le terme *open data* a connu ses premières apparitions dans les sciences pour désigner des pratiques de partage de données. Dans une tout autre lignée, je m'intéresserai aux industries de l'information qui ont réclamé dès les années 1980 aux États-Unis la mise à disposition gratuite des données du secteur public et le droit à leur libre utilisation. Je montrerai aussi comment certaines données ouvertes ont servi de données d'entraînement aux modèles d'intelligence artificielle qui font aujourd'hui tant débat. Enfin, je montrerai comment l'ouverture des données s'inscrit à la suite de nombreuses initiatives de transformation ou de modernisation de l'administration qui visent à casser les silos organisationnels, faire circuler l'information et favoriser la collaboration avec le public.

La transparence et le droit d'accès à l'information

Entendue comme divulgation de l'information au public, la demande de transparence a été popularisée principalement au XVIIIe siècle par des penseurs comme Kant, Rousseau ou Bentham[15]. La transparence administrative, permise par le droit d'accès à l'information publique, trouve son acte de naissance en Suède. En 1766, le Parlement de Suède a adopté un décret relatif à la liberté de la presse et au droit d'accès aux documents publics. Il prévoit que tout citoyen suédois est autorisé à consulter les actes officiels, un document étant « officiel » dès lors qu'il est conservé par une administration[16]. En France, avec la Déclaration des droits de l'homme et du citoyen (DDHC) de 1789, le droit d'accès a été revendiqué comme un élément indispensable à la souveraineté démocratique. L'article 15 de la DDHC qui stipule que « *la Société a le droit de demander compte à tout agent public de son administration* » pose les bases d'un devoir de reddition des comptes aux

15. Clare Birchall, « Introduction to "Secrecy and Transparency": The Politics of Opacity and Openness », *Theory, Culture & Society*, 2012, vol. 28, n° 7-8, p. 7-25.
16. Thorsten Ader & Max Schoenthal, « L'accès aux informations relatives aux activités de l'État, en particulier du point de vue des médias », *IRIS plus, Observations juridiques de l'Observatoire européen de l'audiovisuel*, 2005, n° 2. https://rm.coe.int/16807833bd.

citoyens. L'abbé Sieyès serait à l'origine de cet article[17]. Homme d'Église et essayiste, il a été l'un des principaux acteurs de la Révolution française et l'auteur de plusieurs pamphlets dans lesquels il a esquissé les contours d'une société démocratique. Selon Sieyès, la démocratie représentative ne peut s'exercer que si les représentants rendent des comptes aux citoyens qui leur ont délégué l'exercice du pouvoir. Pour s'assurer que la souveraineté nationale soit bien exécutée, il faut comprendre dans quelles conditions les représentants ont exercé le pouvoir qui leur a été délégué et donc pouvoir demander des comptes.

Pour rendre applicable le droit consacré par l'article 15 de la DDHC, la loi du 7 messidor an II (25 juin 1794) a établi le principe de publicité des archives et a affirmé le principe de libre consultation dans son article 37 qui stipule que «*tout citoyen pourra demander dans tous les dépôts, aux jours et heures qui seront fixés, communication des pièces qu'ils renferment*». Outre les archives, les bibliothèques et les musées ont contribué à populariser la notion de transparence en occupant une place centrale dans les villes et rendant les connaissances accessibles à tous[18]. L'idée de transparence s'est aussi développée avec l'importance croissante des États-Unis au XXe siècle. On peut citer par exemple le juge Louis Brandeis, un des principaux inspirateurs du programme du président Wilson, qui a écrit dans son essai *Other People's Money* cette formule devenue emblématique au sujet de la transparence : «*la lumière du soleil est dit-on le meilleur des désinfectants; l'éclairage électrique le plus efficace des policiers*[19]». Critiquant les banquiers de son époque accusés de conflits d'intérêts dans leurs investissements, Brandeis plaidait en faveur de la *publicité*, l'idée que les banquiers doivent porter à la connaissance du public les commissions ou profits qu'ils perçoivent[20]. Symbolisant l'importance de la

17. Ben Kafka, *The Demon of Writing. Powers and Failures of Paperwork*, Princeton University Press, 2012.
18. Clare Birchall, *op. cit.*, 2012.
19. Louis Brandeis, *Other People's Money And How the Bankers Use It*, F.A. Stokes, 1914.

transparence dans la défense de l'intégrité publique et dans la lutte contre la corruption, sa métaphore sur la lumière est aujourd'hui devenue le slogan de nombreux militants de l'open data comme la Sunlight Foundation (qui en tire son nom) ou Joshua Tauberer[21], un activiste de l'ouverture des données que j'évoquerai plus tard dans cet ouvrage.

Jusqu'au milieu du XXe siècle, la transparence reposait sur le truchement d'institutions comme les archives ou la Cour des comptes qui assuraient la diffusion des informations publiques pour le compte des citoyens. Aux États-Unis, à la suite de la Seconde Guerre mondiale, le mouvement dit de l'*Open Government* a obtenu l'instauration d'un droit d'accès des citoyens aux documents et données produits par les acteurs publics[22]. Portée en grande partie par des journalistes, la revendication d'*Open Government* désignait la révélation des secrets du fonctionnement de l'État et s'est développée dans la critique de l'opacité de l'armée américaine lors de la guerre froide, en particulier pendant la guerre du Vietnam. Autour de la notion de gouvernement ouvert, les journalistes ont tenté d'obtenir un droit d'accès à l'information publique. En 1966, le *Freedom of Information Act* signé par le président Johnson a donné à chaque citoyen américain le droit d'exiger auprès de l'administration les informations publiques qu'elle détient. En France, la loi Cada du nom de la Commission d'accès aux documents administratifs, a accordé en 1978 le droit pour chaque citoyen d'obtenir les documents produits dans le cadre d'une mission de service public concernant le demandeur ou ne tombant pas sous le coup d'un des secrets protégés (vie privée des individus, délibérations du gouvernement, sûreté de l'État, secret industriel et commercial...) L'exercice de ce droit s'effectue par le dépôt d'une requête officielle

20. Lawrence Lessig, «Et si la démocratie se condamnait elle-même?», *Courrier International*, 2010. https://www.courrierinternational.com/article/2010/02/25/et-si-la-democratie-se-condamnait-elle-meme.

21. Joshua Tauberer, *Open Government Data: The Book*, 2014. https://opengovdata.io/.

22. Harlan Yu & David G. Robinson, «The New Ambiguity of "Open Government"», *UCLA Law Review*, 2012. https://www.uclalawreview.org/pdf/discourse/59-11.pdf.

auprès d'un agent public, la Cada pouvant arbitrer en cas de litige. Aujourd'hui, le « droit de savoir » est devenu la norme dans la plupart des démocraties : selon l'ONG Access Info, 134 pays ont adopté une législation de droit d'accès à l'information[23].

À la différence du droit d'accès, l'ouverture des données publiques pose un principe de diffusion proactive : là où le droit d'accès suppose une demande, l'ouverture consiste à publier de manière volontaire les données sans attendre une requête. Le mouvement de l'open data a aussi mis en lumière les données comme étant les éléments de base à partir desquels l'information et le savoir sont créés[24]. La publication de données ouvertes est ainsi souvent considérée comme une forme supérieure de transparence, réputée plus objective que les formes de révélation narratives ou interprétatives telles que le scandale ou les rumeurs qui sont associées à l'illégalité et l'immoralité[25]. En diffusant les données sous leur forme granulaire, c'est-à-dire dans leur plus grand niveau de précision, les asymétries d'information entre le public et l'administration devraient se réduire et des connaissances inédites devraient émerger.

Dispensées d'un biais narratif ou interprétatif, les données « brutes » sont associées à une objectivité nouvelle qui configure les politiques d'open data comme le renouveau, voire le paroxysme de la transparence de l'État[26]. Evelyn Ruppert a montré que les politiques d'ouverture des données sont fondées sur le postulat de l'existence de « publics des données » (*data publics*), des collectifs d'individus qui pourraient potentiellement inspecter le fonctionnement de l'État à partir des données[27]. S'intéressant au *Transparency Agenda* mis en

23. Centre for Law and Democracy & Access Info, « Global Right to Information Rating », 2020. https://www.rti-rating.org/.

24. Rob Kitchin, *The Data Revolution: Big Data, Open Data, Data Infrastructures & Their Consequences*, Sage Publications, 2014.

25. Clare Birchall, « Radical Transparency? », *Cultural Studies ↔ Critical Methodologies*, 2014, vol. 14, nº 1, p. 77-88.

26. Samuel Goëta, « L'open data : une forme ultime de transparence? » *in* Andrea Catellani *et al.*, *La communication transparente. L'impératif de la transparence dans le discours des organisations*, Presses Universitaires de Louvain, 2015.

place par le gouvernement britannique de David Cameron en 2010 suite au scandale des dépenses des parlementaires, Ruppert a montré la dimension performative de l'ouverture des données : les politiques d'open data réalisent ce qu'elles énoncent. Dans l'esprit du *Transparency Agenda*, le simple fait d'exposer les données positionne les militants associatifs, les chercheurs ou les journalistes comme des « auditeurs de salon » (*armchair auditors*), un peu comme si l'existence de citoyens motivés et compétents pouvait suffire à décupler le pouvoir d'inspection de la Cour des comptes. Peu importe pour les décideurs si ces différents publics s'emparent effectivement des données ou sont même en capacité de s'en saisir, la publication de ces données suffirait à atteindre un nouveau degré dans la transparence et le contrôle citoyen de l'action publique. L'ouverture des données marque ainsi une reconfiguration de l'expertise selon Evelyn Ruppert. Alors que le Premier ministre David Cameron avait annoncé la naissance d'une nouvelle ère *post-bureaucratique* où les agents publics ne sont plus les seuls à interpréter les données, elle met en garde sur le fait que « *le pouvoir sur les données va ostensiblement reposer sur un public imaginé* » alors qu'en réalité « *la plupart des gens manquent des outils ou de l'expertise pour donner du sens aux térabytes de données diffusés* ». Retenons ces questions importantes posées par Evelyn Ruppert, j'y reviendrai à plusieurs reprises.

La liberté de l'information et le logiciel libre

Au-delà des revendications de transparence de la vie publique, la demande d'ouverture des données s'inscrit dans un mouvement plus large qui considère que la diffusion de l'information est impérative pour la survie des sociétés démocratiques. L'idée d'ouverture a émergé au milieu du XXe siècle dans les écrits de philosophes et de

27. Evelyn Ruppert, « Doing the transparent state: open government data as performance indicators » *in* R. Rottenburg, S. E. Merry, S.-J. Park & J. Mugler, *A World of Indicators: The making of governmental knowledge through quantification,* Cambridge University Press, 2015, p. 51-78.

théoriciens comme Karl Popper[28] qui, en 1945, dénonçait les « sociétés fermées » fondées sur des vérités incontestables. La pensée cybernétique a aussi joué un rôle déterminant dans l'émergence de l'idéologie de l'ouverture en postulant que la circulation de l'information est indispensable à la perpétuation de la civilisation. Selon les théories de la cybernétique, dans un monde menacé par l'entropie, le chaos inéluctable annoncé par les principes physiques de la thermodynamique, les sociétés « ouvertes » où l'information circule librement parviennent à créer de l'ordre et à lutter contre l'effondrement[29].

Cette croyance dans la circulation de l'information comme vecteur de stabilité et d'harmonie se retrouve dans le schéma de la pyramide du savoir qui place les données comme le fondement de l'information et du savoir[30].

Figure 1. La pyramide du savoir de Russel Ackoff.

28. Karl Popper, *The Open Society and Its Enemies*, Routledge, 1945 (*La Société ouverte et ses ennemis*, Seuil, 1979).
29. Nathaniel Tkacz, « From open source to open government: a critique of open politics », *Ephemera: Theory and Politics in Organization*, 2012, vol. 12, n° 4, p. 386-405.
30. Luciano Floridi, « "Data" » *in* W. Darity, *International Encyclopedia of the Social Sciences*, Macmillan Social Science Library, 2008.
Martin Frické, « The knowledge pyramid: a critique of the DIKW hierarchy », *Journal of Information Science*, 2009, vol. 35, n° 2, p. 131-142.
Jennifer Rowley, « The wisdom hierarchy: representations of the DIKW hierarchy », *Journal of Information Science*, 2007, vol. 33, n° 2, p. 163-180.

L'auteur de ce schéma publié en 1989[31] est Russel Ackoff, un théoricien des organisations et du management de l'information, largement influencé par la théorie cybernétique. La forme de la pyramide indique une progression : les données seraient le fondement de l'information dont découlent ensuite le savoir et puis la sagesse. Ce modèle est évidemment critiquable : la philosophie qui consiste à atteindre une forme de sagesse, doit-elle être nécessairement fondée sur des données ? La collecte massive et la circulation des données sur un phénomène comme le réchauffement climatique a-t-elle entraîné mécaniquement plus de sagesse dans nos comportements ? Malgré ses limites, ce modèle a beaucoup circulé au point de devenir un des fondements des sciences de l'information.

Apparus au début des années 1980, les mouvements liés au logiciel libre ont aussi largement milité pour la liberté de circulation de l'information. Sébastien Broca dans *L'Utopie du logiciel libre* revient sur les fondements intellectuels de ces mouvements et soutient que « *la libre circulation de l'information est la valeur la plus communément associée au combat du Libre, que ce soit par les universitaires ayant étudié le sujet ou par les hackers eux-mêmes*[32] ». Des partisans du logiciel libre se sont en effet engagés pour que la connaissance et les œuvres bénéficient des mêmes libertés d'utilisation, de modification, de copie et de redistribution que le code informatique des logiciels qu'ils utilisent. Dans la continuité de luttes pour la circulation de l'information, des libristes ont participé à la définition des principes de l'open data en défendant notamment l'usage de formats aux spécifications ouvertes et de licences dites « *copyleft* » qui assurent que les créations dérivées héritent de la même licence et préservent le statut de bien commun de l'œuvre.

Dans *Open Standards and the Digital Age*, Andrew Russel invite à remonter plus loin que la filiation évidente du logiciel libre pour comprendre le foisonnement contemporain de mouvements qui se

31. Russel Ackoff, « From Data to Wisdom », *Journal of Applied System Analysis*, 1989, vol. 16, p. 3-9.
32. Sébastien Broca, *Utopie du logiciel libre. Du bricolage informatique à la réinvention sociale*, Le Passager Clandestin, 2013.

revendiquent de l'ouverture (*open access*, *open science*, *open government...*). Selon Russel, l'histoire des standards de télécommunications a fait émerger une philosophie voire une idéologie de l'ouverture[33]. Dans les années 1970, des ingénieurs ont affirmé la supériorité des systèmes ouverts lors de la conception des standards mondiaux de télécommunication. En particulier, en août 1977, l'International Organisation for Standardization (ISO) a créé un groupe de travail intitulé Open Systems Interconnection (OSI) pour concevoir des standards ouverts d'interconnexion des réseaux et des terminaux. Bien que l'OSI ait échoué à définir les standards d'Internet face au modèle TCP/IP, la métaphore de l'ouverture s'est imposée auprès d'ingénieurs issus de domaines très variés comme un cri de ralliement pour décloisonner la société et les savoirs.

À travers ces multiples filiations (cybernétique, logiciel libre, standards ouverts), les militants de l'open data ont renouvelé la croyance en la libre circulation de l'information. En ayant accès aux données brutes, au matériau de l'information et du savoir, chacun serait en capacité de produire de nouvelles connaissances. Rob Kitchin présente l'accès aux données comme un facteur d'innovation et d'avance stratégique : «*celui qui a accès à de larges données de grande qualité a un avantage compétitif sur ceux qui sont exclus de pouvoir générer de la compréhension et de la sagesse*[34]». Si le savoir est le pouvoir[35], ouvrir les données serait un moyen efficace de le distribuer.

33. Andrew Russel, *Open Standards and the Digital Age. History, Ideology, and Networks*, Cambridge University Press, 2014.
34. Rob Kitchin, *op. cit.*
35. L'expression anglo-saxonne «*knowledge is power*» est souvent employée pour justifier la circulation de l'information et l'ouverture des données. Savoir serait synonyme de pouvoir. Quand j'entends cet argument, je montre souvent un extrait du premier épisode de la saison 2 de la série *Game of Thrones* dans lequel Littlefinger (intrigant conseiller du roi) menace la reine Cersei de dévoiler sa relation incestueuse avec son frère en disant «*knowledge is power*». Elle demande alors immédiatement à sa garde de l'arrêter et de lui couper la gorge, les interrompant au dernier moment dans leur geste. Elle lui répond alors «*power is power*». Réduire le pouvoir au savoir, c'est oublier une des caractéristiques essentielles du pouvoir, le monopole de la violence physique légitime, que Max Weber avait théorisé.

Le partage des données de la recherche

Pour Bruno Strasser, l'émergence des sciences guidées par les données (*data-driven sciences*) trouve ses sources dans les méthodes comparatives issues des sciences du vivant[36]. Les cabinets de curiosité où des espèces hétéroclites étaient entreposées, classifiées et exposées sont en quelque sorte les ancêtres des bases de données modernes. Cette tradition de collection a abouti au XIXe siècle à l'essor des muséums de sciences naturelles et leurs immenses collections d'espèces. Au début du XXe siècle, il montre que cette longue tradition a décliné sous l'assaut de la science expérimentale qui a consacré le laboratoire comme le lieu de la recherche scientifique légitime. Le projet de codifier et de numériser l'ADN dans les années 1960 a marqué le retour à la tradition comparative de collection et de comparaison des espèces. Strasser a montré qu'une des raisons du succès de Genbank, la première base massive de données en génétique, a reposé sur le partage des données et l'apparence d'ouverture du système. Dans d'autres *data-driven sciences* comme l'astronomie, la botanique ou la génétique, le partage et la réutilisation de grandes bases de données sont devenus des pratiques courantes. Avec la disponibilité de données de plus en plus importantes, de nouveaux métiers ont émergé comme les *computational scientists* qui analysent les données produites par d'autres. Certains ont vu d'un mauvais œil ces chercheurs qui publient en leur propre nom des résultats s'appuyant sur les données produites par d'autres, les qualifiant parfois de « chercheurs parasites[37] ».

Les politiques d'open data s'inscrivent dans la lignée de ces pratiques anciennes de partage de données scientifiques. Le terme même

36. Bruno J. Strasser, « Data-driven sciences: From wonder cabinets to electronic databases. », *Studies in History and Philosophy of Biological and Biomedical Sciences*, 2012, vol. 43, n° 1, p. 85-87.
37. L'expression vient de la tribune de 2016 : Dan Longo & Jeffrey Drazen, « Data Sharing », *New England Journal of Medicine*, 2016, vol. 374, n° 3, p. 276-277. Chaque année, le prix nommé ironiquement « Research Parasite Awards » consacre les meilleures recherches nées de la réutilisation de données produites par d'autres chercheurs.

d'open data est apparu dans les sciences : il est employé pour la première fois dans les années 1970 dans des accords que la Nasa a signés avec des pays partenaires en vue du partage de données satellitaires[38]. En 1995, la National Academy of Sciences aux États-Unis a publié un rapport intitulé *On the Full and Open Exchange of Scientific Data* qui serait le premier usage public du terme. Ce rapport réclame le partage des données « brutes », une notion qui vient des sciences mais qui est centrale dans les principes de l'open data, désignant les mesures telles qu'elles sont produites par les instruments sans avoir fait l'objet d'un traitement pour les corriger ou les « nettoyer ». Les *Science and Technology Studies* nous ont appris à prendre des précautions avec la notion de données brutes, souvent associée à un idéal d'objectivité. Répandant l'idée que la production de l'information serait transparente et naturelle, la notion de données brutes est un « *oxymore et une mauvaise idée*[39] ». Car de fait, l'étude de la production de données scientifiques rend compte de l'impossibilité d'identifier un moment où la donnée aurait connu un état brut, sans traitement[40]. Les « données » sont toujours des « obtenues », pour reprendre l'expression de Bruno Latour[41]. Elles sont le fruit de choix, de théories et d'interventions et ne sont jamais pré-interprétatives comme le laisse penser l'expression « données brutes ».

Devenu la norme dans de nombreuses disciplines, le partage des données doit permettre la reproductibilité des résultats et l'émergence de nouveaux savoirs. Les bases de données sont ainsi devenues des publications scientifiques à part entière[42]. Dans ce contexte, il est

38. Harlan Yu & David G. Robinson, 2012, *op. cit.*
39. Geoffrey C. Bowker, *Memory Practices in the Sciences*, The MIT Press, 2006.
Lisa Gitelman, *"Raw Data" Is an Oxymoron*, The MIT Press, 2013.
40. David Ribes & Steven J. Jackson, « Data Bite Man: The Work of Sustaining a Long-Term Study » *in* Lisa Gitelman, *« Raw Data » is an Oxymoron*, The MIT Press, 2013, p. 147-166.
41. Bruno Latour, « Le "pédofil" de Boa-Vista : montage photo-philosophique », *La clef de Berlin et autre leçons d'un amateur de sciences*, La Découverte, 1993, p. 171-225.
42. Geoffrey C. Bowker, « Biodiversity Datadiversity », *Social Studies of Science*, 2000, vol. 30, n° 5, n° 643.

courant d'entendre que les sciences comme les organisations feraient face à un « déluge de données ». Or, ces perceptions apparaissent régulièrement depuis la Renaissance en même temps que les technologies de gestion de l'abondance d'information[43]. Les articles relatant le « déluge de données » ont aussi charrié l'idée que le caractère massif et exhaustif des bases de données pourrait bouleverser la science. Dans un nouveau paradigme scientifique[44], les données toujours plus massives n'auraient qu'à « parler » pour interpréter les phénomènes et générer du savoir. Pour Chris Anderson, éditeur de *Wired*, le déluge des données rend la méthode scientifique obsolète[45]. Dans un article célèbre, il n'annonçait pas moins que la fin de la théorie. Plutôt que de partir d'une hypothèse et de la tester, il suffirait d'explorer les données pour identifier des corrélations, des relations statistiques entre des phénomènes, et comprendre la causalité. Même si cette approche a été largement critiquée par la suite au sein des communautés scientifiques, elle a eu un impact auprès du grand public. La demande d'ouverture des données est entrée dans le débat politique la même année que la publication de cet article, en 2008. La possibilité de réutiliser l'ensemble des données du secteur public a été perçue comme un moyen de générer des recherches inédites et de créer de nouvelles formes de connaissances.

Concomitamment au mouvement de l'open data, la notion de science ouverte a émergé pour désigner la « *diffusion sans entrave des résultats, des méthodes et des produits de la recherche scientifique*[46] ». S'inscrivant dans la lignée des principes de l'accès ouvert aux publications scientifiques[47], elle a été définie notamment à la suite de la

43. Daniel Rosenberg, « Early Modern Information Overload », *Journal of the History of Ideas*, 2003, n° 64, p. 1-9.

44. Tony Hey, Stewart Tansley & Kristin Tollé, *The Fourth Paradigm: Data-Intensive Scientific Discovery*, Microsoft Research, 2009.

45. Chris Anderson, « The End of Theory: the Data Deluge Makes the Scientific Method Obsolete », *Wired*, juin 2008. https://www.wired.com/2008/06/pb-theory/.

46. Ministère de l'Enseignement supérieur, de la Recherche et de l'Innovation, « Initiez-vous à la science ouverte », *Ouvrir la Science*, 2023. https://www.ouvrirlascience.fr/initiez-vous-a-la-science-ouverte.

déclaration de Berlin de 2003 sur le libre accès à la connaissance. Signée aujourd'hui par plus de 700 établissements, celle-ci réclame l'accès libre à toutes les œuvres et données issues d'un travail de recherche. La déclaration a été complétée par la publication en 2007 d'un rapport de l'OCDE sur l'accès aux données issues des recherches financées sur fonds public[48]. Plus de trente pays se sont engagés en ce sens. Le concept de science ouverte s'est ensuite diversifié en plusieurs écoles qui ont porté leur attention sur des objets différents[49] :
– l'école « publique » qui soutient que la science doit être accessible à un public plus large en ouvrant le processus de recherche (sciences citoyennes) et en favorisant la diffusion des produits de la recherche aux non-initiés ;
– l'école « démocratique » qui promeut le libre accès aux produits de la recherche (publications, données, codes sources, graphiques...) ;
– l'école « pragmatique » qui, inspirée par des concepts d'innovation ouverte, considère la science ouverte comme une méthode permettant de rendre la recherche et la diffusion des connaissances plus efficaces ;
– l'école « de l'infrastructure » qui s'intéresse à l'infrastructure technique qui permet les pratiques de recherche émergentes (informatique répartie, portails de données...) ;
– l'école « de la mesure » qui s'intéresse aux normes alternatives pour déterminer l'impact scientifique, notamment en lien avec la valorisation du partage de données dans les carrières.

47. Les principes de l'accès libre aux publications scientifiques ont été définis par l'initiative de Budapest pour l'accès ouvert de 2002 (BOAI, https://www.budapestopenaccessinitiative.org) et la déclaration de Bethesda pour l'édition en libre accès en 2003 (https://www.ouvrirlascience.fr/declaration-de-bethesda-pour-ledition-en-libre-acces/).

48. OCDE, *Déclaration de l'OCDE sur l'accès aux données de la recherche financée par des fonds publics*, 2004. https://www.ouvrirlascience.fr/declaration-de-locde-sur-lacces-aux-donnees-de-la-recherche-financee-par-des-fonds-publics/.

49. Benedikt Fecher & Sascha Friesike, « Open Science: One Term, Five Schools of Thought », *in* Bartling, S., Friesike, S. (eds), *Opening Science*, Springer, 2014. https://doi.org/10.1007/978-3-319-00026-8_2.

Sur le sujet des données, les principes FAIR[50] se sont imposés à partir d'une publication de 2016 dans *Nature — Scientific data* pour désigner un ensemble de principes directeurs pour gérer les données de la recherche qui doivent être :
– Faciles à trouver pour les humains et les machines avec des identifiants uniques et des métadonnées complètes ;
– Accessibles pour stocker durablement les données et faciliter leur accès ;
– Interopérables pour favoriser les échanges entre systèmes informatiques et augmenter les capacités des métadonnées à être combinées avec des langages et des formats ouverts et largement partagés ;
– Réutilisables pour augmenter l'impact des données avec une description précise des données et de leurs conditions de réutilisations.

Ces principes sont aujourd'hui promus sur l'ensemble du cycle des données de la recherche, par exemple par l'Agence nationale de la recherche (ANR) en France qui, depuis 2019, demande à tous les projets financés de décrire la façon dont les données sont produites, documentées, (ré)utilisées, gérées et partagées pendant et après le projet afin de les rendre FAIR (Faciles à trouver, Accessibles, Interopérables, Réutilisables)[51].

La modernisation des administrations

Au-delà des promesses de croissance, les politiques d'open data reposent également sur leur capacité à provoquer des changements dans les rouages de l'administration et ainsi engendrer sa « modernisation ». Les projets d'ouverture des données publiques sont souvent soutenus par les services en charge de la transformation du service

50. Mark D. Wilkinson *et al.*, « The FAIR Guiding Principles for scientific data management and stewardship », *Scientific Data*, vol. 3, n° 1, 2016. https://doi.org/10.1038/sdata.2016.18.

51. « FAQ Plan de Gestion des Données (PGD) », *Agence nationale de la recherche*, 2023. https://anr.fr/fr/lanr/engagements/faq-pgd/.

public qui ont fait le constat d'une organisation manquant de transversalité et laissant peu de place à l'initiative des agents. La réutilisation des données produites dans d'autres divisions de l'organisation encouragerait la fin du travail « en silos », une expression désignant le cloisonnement des services et l'insuffisance des pratiques de partage des informations. L'ouverture des données publiques offrirait la possibilité de créer des services innovants en utilisant des données qui n'étaient jusqu'alors pas connues ou qui ne circulaient pas hors du service qui les produisait.

L'ouverture des données encouragerait aussi la participation des citoyens dans l'élaboration des politiques par la réduction des asymétries d'information. En proposant des données dans leur plus grande précision, les politiques d'open data faciliteraient l'apparition d'une citoyenneté informée au fondement de politiques publiques d'inspiration libérale[52]. Cette ouverture permettrait dans le même mouvement l'émergence de contre-pouvoirs à même de remettre en cause de manière factuelle les politiques publiques en cours d'élaboration ou leur mise en œuvre. Des actions collectives se mobilisent régulièrement pour que les données prennent en compte des situations jusqu'alors occultées ou ignorées[53]. Plus largement, l'ouverture de l'information stratégique au public est perçue comme une source d'efficacité et d'innovation des organisations. Les politiques d'open data s'inscrivent dans la continuité des travaux des théoriciens des organisations qui encouragent à diffuser l'information. En particulier, les travaux de Henry Chesbrough, à l'origine de la notion d'innovation ouverte[54], ont répandu l'idée qu'ouvrir l'information stratégique peut constituer une source d'innovation bien supérieure au régime classique du confinement des ressources en interne.

52. Andrew Barry, *Political Machines: Governing a Technological Society*, The Athlone Press, 2001.
53. Isabelle Bruno, Emmanuel Didier & Julien Prévieux, *Statactivisme. Comment lutter avec des nombres*, Zones, 2014.
54. Henry Chesbrough, *Open Business Models: How to Thrive in the New Innovation Landscape*, Harvard Business School Publishing, 2006.

Ces bénéfices internes et externes positionnent les politiques d'ouverture des données comme un objet d'intérêt pour la transformation du service public. La Banque mondiale encourage ainsi financièrement les pays en développement à ouvrir leurs données à la fois pour faire émerger une société civile informée, mais aussi pour «moderniser» le fonctionnement des administrations. L'open data est devenu en quelque sorte un «produit d'exportation» pour les pays occidentaux qui proposent des méthodologies «clé en main» pour transformer l'administration par l'ouverture des données[55]. Cette «modernisation» s'inscrit aussi dans le contexte de réduction des dépenses de l'État dans lequel l'ouverture des données financières permettrait un contrôle de l'action publique qui dépasse les instances dédiées et l'étend à la société civile dans son ensemble. Des recherches critiques ont alors associé l'ouverture des données publiques à la privatisation du service public[56]. Cette critique doit être prise au sérieux : l'ouverture des données peut aussi servir à un désinvestissement de l'État dans les services à destination des citoyens. L'État peut se contenter d'ouvrir les données et déléguer au secteur privé la création de services, abandonnant alors le principe d'égalité d'accès au service public. L'éditeur Tim O'Reilly qui a participé à l'organisation de la conférence fondatrice des principes de l'open data (abordée en détail dans le chapitre suivant) a écrit en 2010 l'article très commenté «Government as a Platform[57]». Dans une rhétorique libertarienne tirée d'exemples où la société se substitue à l'État, l'article défend une conception de l'État comme une plateforme mettant des ressources à disposition de la société civile et des acteurs privés. Ces derniers ont la liberté de développer des biens et des services finaux à l'aide de ces ressources, une approche qui peut créer les

55. Clare Birchall, «"Data.gov-in-a-box": Delimiting transparency», *European Journal of Social Theory*, 2015, vol. 18, n° 2, p. 185-202.
56. Jo Bates, «"This is what modern deregulation looks like": co-optation and contestation in the shaping of the UK's Open Government Data Initiative», *Journal of Community Informatics*, 2012, vol. 8, n° 2.
57. Tim O'Reilly, «Government as a Platform», *Innovations: Technology, Governance, Globalization*, MIT Press, 2011, vol. 6, n° 1, p. 13-40.

conditions d'un désengagement de l'État, et l'expérience l'a montré, d'un accroissement des inégalités.

Les industries de l'information

L'émergence des politiques d'open data doit aussi beaucoup aux entreprises pour lesquelles la réutilisation des données constitue le cœur de l'activité. L'industrie de l'information est particulièrement développée aux États-Unis où toutes les données publiques sont dans le domaine public, sans redevances ni restrictions, depuis 1988[58]. Cette situation est le fruit d'une intense campagne de lobbying menée par les industriels de l'information qui ont obtenu du gouvernement fédéral que les données soient systématiquement partagées et que les services à valeur ajoutée soient fournis principalement par le secteur privé plutôt que par les acteurs publics. En France, la situation a longtemps été différente avec le succès des services « télématiques » sur Minitel qui ont dégagé d'importantes sources de revenus dans les années 1980 pour les acteurs publics. Maurice Ronai parle d'une prolifération et d'un « activisme télématique » dans les administrations.

Selon lui, les administrations exploitaient leurs gisements naturels : le vaste domaine des droits et démarches. Les serveurs proliféraient parfois à l'intérieur d'un même ministère. Des préoccupations nouvelles s'affirmaient : faire du trafic, générer des recettes. La diversité des pratiques tarifaires, les bricolages contractuels débouchèrent alors sur des situations ambiguës : monopoles de commercialisation, accords d'exclusivité, relations de troc, recours à des associations…

Même si le Minitel a progressivement disparu des foyers dans les années 1990 avec le développement d'Internet, ces recettes ont créé un précédent et ont donné l'impression que les données produites par l'administration française pouvaient être une source de revenus pour le financement du service public.

58. Maurice Ronai, « Données publiques : accès, diffusion, commercialisation », *Problèmes politiques et sociaux*, Éditions La Documentation française, 1997, n°773-774, p. 68.

Les politiques d'open data ont fortement incité à l'abandon de ces redevances. Dans les années 2000, la Commission européenne s'est inspirée du cadre réglementaire états-unien pour promouvoir l'abandon des redevances et faire émerger une industrie de l'information de taille comparable à celle des États-Unis. En 2003, l'Union européenne a adopté la Directive sur les informations du secteur public dite PSI (*Public Sector Information*) pour inciter les États membres à diffuser gratuitement leurs données. La Commission européenne a multiplié les études sur le potentiel économique de la libération des données, évaluant jusqu'à 200 milliards d'euros par an la valeur de leur circulation optimale dans les pays de l'Union[59]. Ces promesses de croissance doivent justifier les efforts financiers et humains (suppression des redevances, développement de portails, travail sur les données, communication et événements, recherche et développement) consentis par les États pour ouvrir leurs données. Le pari de l'open data repose sur un retour sur investissement par la taxation des revenus de la réutilisation dont il est prévu que le montant dépasserait largement le coût de l'ouverture et l'abandon d'éventuelles redevances.

Ces prévisions de croissance se sont transformées en revendication à la suite d'une campagne du quotidien britannique *The Guardian* en 2006 intitulée «*Free Our Data*», lancée par l'article «Rendez-nous les joyaux de la couronne». Elle exigeait la gratuité des données «payées par les impôts». Parmi ces «joyaux», les données de l'institut géographique britannique Ordnance Survey ont été perçues comme les plus prometteuses en termes de croissance. La tribune insistait sur le fait qu'aucun des services de cartographie numérique comme Google Maps n'était britannique du fait des fortes redevances pour utiliser les données de l'Ordnance Survey. Le *Guardian* évoquait alors la différence avec la conception américaine.

Les États-Unis considèrent que les données collectées avec l'argent du contribuable devraient lui être restituées gratuitement. Et une étude détaillée montre que l'attitude fermée du Royaume-Uni envers ses données

59. Graham Vickery, *Review of recent studies on PSI re-use and related market developments*, 2011.

signifie perte des opportunités commerciales et même frein à la recherche scientifique dans des domaines comme le changement climatique[60].

Cette campagne, menée par un des principaux quotidiens du pays, a créé des réseaux et mobilisé des acteurs importants dans le développement de l'open data en Grande-Bretagne.

Rappelons enfin que l'open data est apparu dans le débat public aux alentours de 2007, en même temps que le développement de l'économie des applications mobiles avec le lancement des boutiques d'applications sur smartphone (Apple AppStore, Google PlayStore…). Une vague de création de services et d'emploi dans le développement informatique était espérée avec l'accès ubiquitaire aux services rendu possible par le smartphone. Dans ce contexte, les données ouvertes étaient souvent envisagées comme un carburant de cette nouvelle économie. Chaque jeu de données ouvertes pouvait potentiellement donner lieu à la création d'une jeune pousse. L'argument de la création d'emplois par ces nouvelles entreprises a joué un rôle important dans le contexte de la crise économique de 2008, l'open data étant perçu comme un instrument de relance.

L'entraînement des modèles d'intelligence artificielle

Même si elle fait l'objet d'une actualité brûlante, la notion d'intelligence artificielle (IA) est un terme flou dont la définition est débattue et qui reste marqué par l'imaginaire de la science-fiction, coloré de peur et de fascination. Les acteurs techniques parlent plutôt d'apprentissage automatique ou *machine learning* qui, selon le site *Elements of AI,* est un sous-domaine de l'informatique désignant des systèmes qui améliorent leur performance pour une tâche donnée au fur et à mesure qu'ils acquièrent de l'expérience et des données[61]. Cette définition est très

60. Charles Arthur & Michael Cross, « Give us back our crown jewels », *The Guardian*, 9 mars 2006. https://www.theguardian.com/technology/2006/mar/09/education.epublic.

61. Elements of AI, « Qu'est-ce que l'IA ? », 2023. https://course.elementsofai.com/fr/1.

proche de celle d'intelligence artificielle qui désigne des systèmes ayant deux caractéristiques, toujours selon *Elements of AI* :
– l'autonomie, la capacité d'exécuter des tâches dans des environnements complexes sans être constamment guidé par l'utilisateur ;
– l'adaptabilité, la capacité d'améliorer leur performance grâce à l'apprentissage et l'expérience.

Cette adaptabilité est, en grande partie, due aux larges ensembles de données qui ont permis l'entraînement et l'adaptation des modèles d'IA. Pour comprendre le rôle des données ouvertes dans ce processus d'entraînement, le *Contre-Atlas de l'intelligence artificielle* de Kate Crawford[62] explore dans son chapitre «*Data*» la capture massive et vorace des données par l'industrie de l'IA. L'autrice affirme que l'IA n'est ni artificielle ni intelligente et, pour contrer le voile d'opacité de cette industrie, explore les ressources naturelles ou humaines, les infrastructures, la logistique et les histoires derrière ces technologies. L'industrie de l'IA s'est construite sur la collecte massive de données, considérant que toute forme d'image, de texte, de son ou de vidéo pouvait représenter des données brutes pour le test et l'entraînement de ses algorithmes. Historiquement, l'IA était conçue dans les années 1970 comme la réalisation de systèmes experts qui imitent le raisonnement d'un professionnel. De manière déterministe, les applications répondent de manière prévisible à l'action de l'utilisateur. À partir des années 1980, l'approche probabiliste s'est développée en utilisant des probabilités pour modéliser et résoudre des problèmes, tolérant l'incertitude et la méconnaissance de certaines règles métiers[63]. Parmi ces techniques, l'apprentissage profond ou *deep learning* s'est développé sous l'impulsion de trois chercheurs en informatique (Yoshua Bengio, Yann Le Cun et Geoffrey Hinton) qui sont arrivés à

62. Kate Crawford, *Contre-atlas de l'intelligence artificielle. Une cartographie politique, sociale et environnementale de l'IA*, Zulma, 2022.
63. Dominique Cardon, Jean-Philippe Cointet & Antoine Mazières, «La revanche des neurones. L'invention des machines inductives et la controverse de l'intelligence artificielle», *Réseaux*, 2018, vol. 211, n°5, p. 173-220. https://doi.org/10.3917/res.211.0173.

perfectionner cette technique et à convaincre la communauté scientifique au milieu des années 2000, après une longue période de désintérêt[64]. Les trois chercheurs ont reçu ensemble le prix Turing, considéré l'équivalent du prix Nobel en informatique, pour leur contribution «*d'une importance technique majeure et durable dans le domaine informatique*». Les réseaux de neurones s'inspirent du cerveau humain en utilisant une structure de réseaux neuronaux artificiels organisés par couches. Les données circulent de la couche d'entrée à travers plusieurs couches de réseaux neuronaux cachés, «profonds», avant d'arriver à la couche de sortie. L'organisation interne de ces réseaux se réalise lors d'une phase d'apprentissage au cours de laquelle la machine est exposée à de grands volumes de données qui reconfigurent la forme du réseau et modifient le poids de chaque neurone[65].

Kate Crawford explique que les données publiques ont constitué, avant l'arrivée d'Internet, un des principaux gisements de données pour l'industrie émergente de l'IA. Elle étudie en particulier les corpus de texte en Traitement automatique du langage (TAL) pour lesquels les chercheurs ont dû faire preuve d'inventivité pour identifier des sources de données textuelles massives. Elle donne l'exemple d'IBM qui, au milieu des années 1980, cherchait des données pour entraîner ses modèles de reconnaissance de la parole et de traduction. L'entreprise a fini par trouver une source de données inattendue dans le procès pour démantèlement *antitrust* d'IBM qui s'est déroulé à partir de 1969 et qui a duré 13 ans avec plus d'un millier de personnes auditionnées. Le procès Enron a constitué une autre source de données très exploitée par les chercheurs en TAL. La commission fédérale de régulation de l'énergie avait estimé que la saisie des courriels de 158 employés devait être diffusée à des fins de transparence. Près d'un demi-million d'échanges de messages en langage naturel, sans

64. CScience, «Les pères fondateurs du deep learning: Yoshua Bengio, Yann Le Cun et Geoffrey Hinton», 2020. https://www.cscience.ca/2020/07/28/les-peres-fondateurs-du-deep-learning-yoshua-bengio-yann-le-cun-et-geoffrey-hinton/.

65. Pablo Jensen, *Deep earnings. Le néolibéralisme au cœur des réseaux de neurones*, C&F éditions, 2021.

formalisme, étaient alors publiés et ces données ont servi de matériau d'entraînement aux outils d'IA. L'autrice souligne que l'industrie considère souvent ces corpus de texte comme interchangeables, ne se préoccupant généralement pas des biais et des manques notamment en termes de diversité linguistique. Sur ce point, le cadre juridique des États-Unis, évoqué précédemment, qui place les données dans le domaine public et se préoccupe bien peu de la protection des données à caractère personnel, explique en partie «l'avance» des États-Unis dans le domaine de l'IA[66].

L'arrivée d'Internet a tout changé en ce qui concerne l'accès aux données d'entraînement. Kate Crawford dénonce un «pillage» : tout ce qui est publié en ligne peut devenir donnée d'entraînement pour les systèmes d'IA. Elle donne l'exemple d'ImageNet, une base d'aujourd'hui 14 millions d'images annotées, qui a servi à l'entraînement des principaux modèles et travaux de recherche sur la vision par ordinateur et la reconnaissance des objets présents dans les images[67]. Créée en 2006 par la chercheuse en informatique Fei-Fei Li, aujourd'hui professeure à Stanford, ImageNet s'appuie sur la base de données lexicale ouverte WordNet qu'elle complète de millions d'images collectées sur le Web et les réseaux sociaux sans préoccupation de la vie privée. Le processus d'annotation de ces images, l'association des images à des mots sélectionnés dans un vocabulaire préétabli, a été réalisé par des «travailleurs du clic» payés quelques centimes de l'heure et recrutés sur la plateforme Amazon Mechanical Turk[68]. Même si les limites du copyright sont souvent franchies, la

66. Dans le domaine de la reconnaissance faciale, Simone Pieranni explique le *leadership* de la Chine par la généralisation de la surveillance de la population chinoise, fournissant des données massives, et des conditions permissives d'exploitation des données des caméras de surveillance déployées partout dans le monde par les entreprises chinoises dans le cadre de l'initiative des nouvelles routes de la soie.
Simone Pieranni, *Red Mirror. L'avenir s'écrit en Chine*, C&F éditions, 2021.

67. Dave Gershgorn, «The data that transformed AI research—and possibly the world», *Quartz*, 2017. https://qz.com/1034972/the-data-that-changed-the-direction-of-ai-research-and-possibly-the-world.

68. Antonio A. Casilli, *En attendant les robots : Enquête sur le travail du clic,* Seuil, 2019.

communauté des chercheurs en IA met à disposition de nombreuses bases de données d'entraînement en open data pour stimuler la recherche et optimiser les technologies d'apprentissage. Le site kaggle.com propose plusieurs milliers de jeux de données, issus d'extractions de page web ou de données publiques ouvertes, pouvant être utilisés pour entraîner des modèles et participer à des compétitions de *data science*. Le *fair use* ou « usage légitime » est souvent invoqué comme exception aux droits d'auteur pour l'entraînement des modèles. Mais cet argument juridique est de plus en plus contesté alors que les modèles génératifs de texte, d'images, de sons ou de vidéos imitent les auteurs initiaux voire, dans certains cas, les concurrencent sur leurs marchés[69].

Parmi ces données ouvertes utilisées à des fins d'entraînement de modèles d'IA, Common Crawl a récemment été mis en lumière avec le lancement en novembre 2022 de ChatGPT. Le modèle de langage GPT, sous le capot du chatbot d'OpenAI, a été entraîné avec des corpus de texte issus à plus de 60 % de Common Crawl, 22 % de WebText2 comprenant les publications les mieux notées sur Reddit, des données issues de livres et à 3 % issues de Wikipédia[70]. OpenAI, qui n'a plus d'*open* que le nom, déclare aujourd'hui rejeter l'open source et ne publie plus le détail des données utilisées pour l'entraînement des nouvelles versions de ChatGPT[71]. Common Crawl a été constitué à partir de 2007 comme un projet à but non lucratif visant à rendre accessible aux chercheurs l'extraction, la transformation et l'analyse des données du Web. En 2023, les données ouvertes de Common Crawl contiennent le texte de 240 millions de pages web

69. James Vincent, « The scary truth about AI copyright is nobody knows what will happen next », *The Verge*, 2022. https://www.theverge.com/23444685/generative-ai-copyright-infringement-legal-fair-use-training-data.

70. Dennis Layton, « ChatGPT — Show me the Data Sources », *Medium*, 2023. https://medium.com/@dlaytonj2/chatgpt-show-me-the-data-sources-11e9433d57e8.

71. Julien Lausson, « "Nous avions tort" : en dévoilant GPT-4, OpenAI dit rejeter l'open source désormais », *Numerama*, 2023. https://www.numerama.com/tech/1307322-nous-avions-tort-en-devoilant-gpt-4-openai-dit-rejeter-lopen-source-desormais.html.

collectées sur 16 années. L'organisation, qui compte aujourd'hui huit salariés, vante les vertus de l'open data pour améliorer la prise de décision individuelle ou gouvernementale, favoriser les collaborations interdisciplinaires et résoudre des problèmes complexes[72]. Derrière ces objectifs on ne peut plus louables, Common Crawl est dirigée par un rassemblement d'acteurs influents de la Silicon Valley. Si l'on consulte les profils des membres de son conseil d'administration, on trouve des avocats en propriété intellectuelle, des consultants, des communicants et des *data scientists*, tous très insérés dans l'économie de la Silicon Valley. On trouve aussi trois représentants de Google comme Peter Norving, directeur de recherche, l'ingénieur de recherche Pete Warden[73], ou encore Praveen Paritosh, *senior researcher* en IA. Enfin, la présence de Kurt Bollacker confirme l'étonnante convergence entre cyberculture et contre-culture qui a animé la Silicon Valley à partir des années 1970, autour de la figure de Brand[74]. Bollacker est *digital research director* de la Long Now Foundation fondée et présidée par Stewart Brand pour promouvoir une vision de long terme des problèmes mondiaux. Il est aussi conseiller stratégique de MLCommons où il anime le groupe de travail sur les jeux de données d'entraînement pour le *machine learning* (ML). Cette organisation qui se revendique du mouvement des communs de la connaissance compte parmi ses membres fondateurs les principaux géants de la technologie mondiale (Alibaba, Baidu, Google, Intel, Meta, Microsoft, Nvidia...) pour échanger sur les données d'entraînement et partager des benchmarks de performance des technologies d'IA.

Cette mention du mouvement des communs dans le nom MLCommons fait écho à l'avertissement de Kate Crawford sur la

72. Common Crawl, «Common Crawl - Mission», 2023. https://commoncrawl.org/mission.

73. Il est aussi auteur d'un manuel sur la recherche de données publiques, publié aux éditions O'Reilly, maison qui a accueilli la rencontre fondatrice des principes de l'open data comme nous le verrons dans le chapitre suivant. Pete Warden, *Data Source Handbook: A Guide to Public Data*, O'Reilly, 2011.

74. Fred Turner, *Aux sources de l'utopie numérique : De la contre-culture à la cyberculture, Stewart Brand, un homme d'influence*, C&F Éditions, 2013 (2e ed. 2021).

«capture des communs» par l'industrie de l'IA. On pourrait débattre de la caractérisation de communs pour l'ensemble des données du Web. À la suite en particulier des travaux d'Elinor Ostrom[75], les communs désignent des ressources partagées, gérées, et maintenues collectivement par une communauté. David Bollier le résume bien : «*un commun, c'est : une ressource + une communauté + un ensemble de règles sociales. Ces trois éléments doivent être conçus comme formant un ensemble intégré et cohérent*[76]». Le fait de partager une ressource ne suffit pas à la qualifier de communs mais toujours est-il que les acteurs industriels s'en sont saisis comme un slogan. Crawford dénonce un mouvement d'enclosure du fait qu'«*un jeu de données peut toujours être disponible mais la méta-valeur des données — le modèle créé avec — est détenue par le privé*». À propos de projets ouverts comme ImageNet ou Common Crawl, elle évoque un «mythe» de la collecte de données comme une pratique charitable en informatique qui obscurcit les rapports de pouvoirs et protège ceux qui en profitent le plus. Cet avertissement interroge le mouvement de l'open data. Certains acteurs (cela m'est arrivé) peuvent voir l'ouverture comme un «bien en soi» c'est-à-dire, au sens de Nicolas Dodier, une visée qui, en tant que telle, pourrait clore l'argumentation aux yeux de ses énonciateurs[77]. Les propos de Kate Crawford résonnent aussi avec ceux du sociologue espagnol César Rendueles[78]. Dans son dialogue sur les communs avec le sociologue et homme politique Joan Subirats, cofondateur du mouvement Barcelone en commun qui a codirigé la capitale catalane, Rendueles critique l'usage médiatique des communs comme «*un concept sympathique et consensuel, peu suspect de*

75. Elinor Ostrom, *Gouvernance des biens communs : Pour une nouvelle approche des ressources naturelles*, De Boeck Supérieur, 2010. Elinor Ostrom, *Discours de Stockholm, en réception du Nobel d'économie* 2009, C&F éditions, 2020.
76. David Bollier, *La renaissance des communs pour une société de coopération et de partage*, Charles Léopold Mayer, 2014.
77. Nicolas Dodier, «L'espace et le mouvement du sens critique», *Annales. Histoire, sciences sociales*, 60-1, p. 7-31, 2005.
78. César Rendueles & Joan Subirats, *La cité en communs. Des biens communs au municipalisme*, C&F éditions, 2020.

complicité avec la bureaucratie et le marché et qu'on accueille toujours chaleureusement». Il avertit que cette apparente sympathie du concept peut mener à des « *affinités monstrueuses*» et à coïncider avec certains intérêts privés. La récupération des communs n'est pas l'apanage de l'industrie de l'IA, elle est aussi courante dans la sphère politique qui, depuis quelques années, en fait un usage immodéré. Certains comme Lionel Maurel désignent cette récupération politique sous le terme de «*commons washing*[79] », un blanchiment qui peut parfois délaver le concept de sa substance.

L'avertissement de Kate Crawford sur le risque d'enclosure des communs du Web par l'industrie de l'IA prend tout son sens quand on s'intéresse à un acteur comme OpenAI qui a progressivement abandonné toute idée d'ouverture de ses modèles. Elle mérite néanmoins d'être nuancée car la communauté des chercheurs en IA continue de diffuser des modèles ouverts. Par exemple, des chercheurs de Google ont introduit en 2017 dans un article en accès ouvert le modèle des *transformers*. Cette méthode de traitement du langage, qui introduit des mécanismes dits d'«attention» pour prendre en compte le contexte précédent et suivant chaque mot d'une phrase, a constitué le fondement de l'émergence des grands modèles de langage (abrégé LLM de l'anglais «*large language model*»). Google a rendu public en 2018 BERT, un modèle de traitement du langage naturel (NLP) publié sous une licence ouverte autorisant les usages commerciaux, qui a été pré-entraîné sur de grandes quantités de textes issues de Wikipédia notamment et a longtemps été une référence pour traiter des données textuelles[80]. Le modèle des *transformers* a servi de fondement à GPT, le modèle de langage derrière ChatGPT, dont la deuxième version beaucoup plus réduite était open source. Après la sortie de ChatGPT fin 2022, de nombreux LLM open source ont été publiés à un rythme

79. Calimaq, «Leurs Communs numériques ne sont (toujours) pas les nôtres!», *S.I.Lex*, 2020. https://scinfolex.com/2020/04/12/leurs-communs-numeriques-ne-sont-toujours-pas-les-notres/.

80. Pierre-Carl Langlais, «ChatGPT: comment ça marche?», *Sciences communes*, 2023. https://scoms.hypotheses.org/1059.

soutenu[81]. Parmi ceux-ci, on peut citer Llama publié par l'équipe de recherche en IA de Meta (précédemment Facebook) dirigée par le Français Yann Le Cun. La version 2 autorise les usages commerciaux mais contrevient aux principes de l'open source en interdisant Llama pour les entreprises de plus de 700 millions d'usagers (Google ou Amazon sont ciblés) et l'entraînement d'autres IA[82]. Cette dernière condition rappelle la situation ironique d'OpenAI qui, après avoir largement exploité des données du Web sans se préoccuper du droit d'auteur, voit émerger de sérieux concurrents à GPT comme Vicuna. Ce modèle ouvert a été entraîné en partie avec les données de ShareGPT, un site qui permet à quiconque de partager les données de ses échanges avec ChatGPT. Sur le marché émergent des modèles d'IA ouverts, la start-up franco-américaine Hugging Face a récemment levé 235 millions de dollars pour développer sa plateforme et sa communauté facilitant le partage de modèles ouverts et de données d'entraînement. Après une levée de fonds de 100 millions d'euros en quelques jours à l'été 2023, suivie d'une deuxième levée de fonds record de 385 millions d'euros fin 2023[83], une équipe de chercheurs français issus de Google DeepMind et de Meta a lancé Mistral AI, pour devenir leader mondial des LLM open source[84]. Ces modèles ouverts pourraient rapidement dépasser les capacités de ceux d'OpenAI et des autres acteurs majeurs de l'industrie, comme a pu le faire Stable Diffusion pour la génération d'images après avoir été entraîné avec les données d'images ouvertes par le projet LAION.

81. Pour suivre cette actualité, Datactivist et Opsci ont lancé en 2023 un blog et une communauté sur le sujet des LLM ouverts : https://www.lebonllm.fr/.

82. Benj Edwards, « Meta launches Llama 2, a source-available AI model that allows commercial applications », *Ars Technica*, 2023. https://arstechnica.com/information-technology/2023/07/meta-launches-llama-2-an-open-source-ai-model-that-allows-commercial-applications/.

83. AFP, « La start-up française Mistral AI a levé 385 millions d'euros », *Le Monde*, 2023. https://www.lemonde.fr/economie/article/2023/12/11/la-start-up-francaise-mistral-ai-a-leve-385-millions-d-euros_6205065_3234.html.

84. « Mistral AI dégaine sa première alternative à ChatGPT », *Maddyness*, 2023. https://www.maddyness.com/2023/09/27/mistral-ai-premiere-alternative-chatgpt/.

Cette situation inquiète au plus point des géants du secteur comme Google dont un mémo interne écrit par un chercheur a fuité en mai 2023[85] pour alerter sur l'avantage compétitif acquis par les modèles ouverts en quelques mois après la sortie de ChatGPT :

La vérité désagréable est que nous ne sommes pas en position de gagner cette course aux armements, et OpenAI non plus. Pendant que nous nous chamaillions, une troisième faction a tranquillement mangé notre déjeuner. Je parle, bien sûr, de l'open source. En clair, ils nous dépassent. [...] Si nos modèles conservent un léger avantage en termes de qualité, l'écart se réduit étonnamment vite. Les modèles open source sont plus rapides, plus personnalisables, plus privés et plus performants. Ils font des choses avec 100$ et 13 milliards de paramètres que nous avons du mal à faire avec 10 millions de dollars et 540 milliards de paramètres. Et ils le font en quelques semaines, pas en quelques mois. Cela a de profondes implications pour nous. Nous n'avons pas de recette secrète. Notre meilleur espoir est d'apprendre et de collaborer avec ce que d'autres font en dehors de Google.

Ces modèles ouverts pourraient donc progressivement faire évoluer les positions dominantes dans l'industrie de l'IA tout en créant de nouveaux oligopoles.

Ouvrir des données : un projet consensuel ?

Tout au long de ce chapitre, nous avons pu voir que l'ouverture des données s'inscrit dans la lignée d'une diversité de filiations, chacune mobilisant des acteurs et arguments différents. Loin d'être un phénomène récent, l'ouverture des données s'inscrit dans un héritage historique et conceptuel varié, comprenant la transparence et le droit d'accès à l'information, la liberté de l'information et le logiciel libre, le partage des données de la recherche, la modernisation des administrations, les industries de l'information et l'entraînement des modèles

85. Google «We Have No Moat, And Neither Does OpenAI», *SemiAnalysis*, 2023, https://www.semianalysis.com/p/google-we-have-no-moat-and-neither.

d'intelligence artificielle. Cette pluralité des facettes de l'ouverture des données se retrouve tout au long de l'histoire des politiques d'open data que nous allons aborder dans les chapitres suivants, d'abord dans l'émergence des principes de l'open data et ensuite dans sa mise en œuvre en France. Du fait de ces multiples facettes, l'ouverture des données a pu créer une forme de consensus transpartisan comme l'a constaté en 2012 la chercheuse Valérie Peugeot en listant les affiliations politiques des élus ayant adopté une démarche d'ouverture des données publiques[86]. Dix ans après la publication de cet article, le constat est toujours valable : les politiques d'ouverture des données traversent l'échiquier politique. D'après Valérie Peugeot, l'ouverture des données présente les caractéristiques d'une innovation démocratique remarquable du fait de la diversité d'échelles territoriales engagées dans la démarche (villes, départements, régions, états, organisations internationales) et de la rapidité de son adoption par les autorités politiques. Surtout, cette innovation démocratique se distingue selon elle par son caractère consensuel car «*la couleur politique du gouvernement en place au moment de son adoption n'apparaît pas comme un caractère discriminant*» et «*lorsqu'un changement politique est intervenu, aucun gouvernement n'a cherché à remettre en question ce choix politique*». Cette «convergence en trompe-l'œil» masque selon elle une double lecture de l'ouverture des données :

– une approche libertarienne selon laquelle ouvrir les données constitue une opportunité pour «*rendre au marché des fonctions tenues par l'État et donc de contribuer à une réduction de la fiscalité, à une diminution globale du rôle de la puissance publique dans la société*» ;

– une approche issue des biens communs informationnels qui consiste «*non pas à défaire l'État mais à en compléter l'action par des formes de gouvernances auto-organisées*».

86. Valérie Peugeot, «L'ouverture des données publiques : convergence ou malentendu politique?» *in* Bernard Stiegler, *Confiance, croyance, crédit dans les mondes industriels*, FYP Éditions, 2012, p. 1-9.

Pour analyser une politique d'ouverture des données, il faudra donc regarder au-delà de la simple décision d'ouvrir les données et s'intéresser au détail des choix réalisés, comme les types de jeux de données mis à disposition, leur contenu ou les incitations à la réutilisation des données. La question du choix des licences encadrant la réutilisation des données constitue le premier de ces choix qui peuvent « teinter » politiquement une stratégie d'open data en faveur d'une lecture ou de l'autre. C'est cette question de l'encadrement juridique qui a d'abord été traitée dans la définition des grands principes de l'open data.

Les grandes étapes de la définition des principes de l'open data

Après avoir retracé les différentes origines et filiations de l'ouverture des données, je reviens ici sur six moments clés dans la structuration de ce qu'est devenu le mouvement de l'open data dans les années 2000. J'ai sélectionné six épisodes durant lesquels se sont consolidés les grands principes qui définissent aujourd'hui ce qu'on entend par ouverture des données.

Le premier épisode débute en 2005 avec la rédaction de l'Open Definition par l'Open Knowledge Foundation. Fondé sur la définition de l'*open source*, ce texte propose des critères essentiellement juridiques qui décrivent les droits des usagers d'un savoir ouvert.

Le deuxième moment se déroule lors de la réunion de Sebastopol en Californie en 2007, qui a défini les principes de l'ouverture des données gouvernementales. Les participants souhaitaient voir ces principes adoptés par le futur président des États-Unis. Leur ambition a été satisfaite avec la signature par Barack Obama d'un mémorandum sur l'*Open Government* dès son entrée à la Maison Blanche.

L'inventeur du Web, Tim Berners-Lee, joue le premier rôle des deux épisodes suivants. En 2009, il donnait une conférence restée célèbre lors de laquelle il réclamait l'ouverture des données brutes. En 2010, son modèle en cinq étoiles (désignant chacune une étape) proposait une approche progressive pour que les gouvernements adoptent des standards ouverts de données. Tim Berners-Lee a ensuite conseillé le gouvernement britannique dans sa politique d'open data.

Ensuite, nous retournons auprès de l'Open Knowledge Foundation lorsqu'en 2012, elle créait un outil de parangonnage (*benchmarking*), l'Open Data Index, qui classe les États selon la publication d'une sélection de données « essentielles ».

Enfin, je reviens sur l'adoption en 2013 d'une charte par les chefs d'État du G8 qui ont déclaré vouloir faire de l'ouverture des données la pratique par défaut des administrations. Cette déclaration est devenue ensuite la charte internationale de l'open data, et constitue aujourd'hui le texte de référence pour définir l'ouverture des données. À travers ces six épisodes, nous verrons comment un vocabulaire, des revendications, des normes et des pratiques ont accompagné l'élaboration des politiques d'ouverture de données.

Épisode 1, « Open Definition » : les bases juridiques d'un savoir ouvert

En mai 2004, Rufus Pollock, chercheur en économie à l'université de Cambridge (Royaume-Uni), annonçait la création de l'Open Knowledge Foundation (OKFN), une organisation à but non lucratif visant à « *promouvoir l'ouverture de toutes les formes de savoir* […] *information, données et tous les termes synonymes*[87] ». Peu après la création de l'organisation, en août 2005, Pollock invitait les premiers membres de l'OKFN et son réseau de partenaires à adopter collectivement une définition du savoir ouvert. Dans son appel, Pollock souhaitait décliner une série de conditions, essentiellement juridiques, permettant d'établir qu'un savoir est ouvert. La définition devait aussi servir à énumérer les licences ouvertes spécifiques au savoir et à fédérer des disciplines éparses se revendiquant de l'ouverture.

Un contrat de licence est un document juridique qui définit les conditions d'utilisation et de distribution d'une œuvre. Il peut autoriser certaines activités (comme la copie, la modification, la distribution, etc.) ou en interdire d'autres, et peut également imposer des

87. Rufus Pollock, OKFN, « Open Knowledge Foundation Launched », 24 mai 2004. https://blog.okfn.org/2004/05/24/open-knowledge-foundation-launched/.

conditions spécifiques (comme l'attribution de crédit, la distribution uniquement à des fins non commerciales, etc.) Contrairement à un contrat, le simple usage de l'œuvre ou des données vaut en lui-même acceptation des termes de la licence. Des licences prérédigées et standardisées comme Creative Commons pour les œuvres de création ou General Public License (GNU GPL) pour les codes sources des logiciels libres facilitent le travail des auteurs, qui n'ont qu'à indiquer la licence, et des usagers, qui peuvent comprendre leurs droits et devoirs. Cet enjeu juridique était essentiel à l'époque où il était difficile de repérer quelles licences peuvent être qualifiées d'ouvertes ou non.

Pollock n'a pas employé le terme d'open data dans sa définition des savoirs ouverts, mais il signalait une prolifération de mouvements se revendiquant de l'ouverture. Cette définition devait servir à éviter une dilution de la philosophie de l'ouverture et à fédérer différents projets ayant pour point commun l'ouverture du savoir. Elle se fondait directement sur l'expérience du mouvement du logiciel libre en informatique, une filiation clairement affirmée dans le premier brouillon du texte. Pollock y créditait la définition de l'*open source* comme la ressource essentielle ayant servi à la rédaction de sa définition d'un savoir ouvert, mais aussi à forger l'idée même d'ouverture.

Pour la résumer en quelques mots, l'Open Definition décline les conditions de l'ouverture du savoir. La notion de savoir désigne ici un domaine large, qui rassemble des objets informationnels très différents (donnée, document, contenu, œuvre, article…). Sans entrer dans le détail de chacune des clauses, notons que l'Open Definition exclut les licences qui « discriminent » selon les types d'usagers ou la finalité de la réutilisation. Elle demande d'accorder trois droits fondamentaux (utiliser, réutiliser, redistribuer) et autorise à contraindre les réutilisateurs à deux exigences : la citation de la source et le partage des modifications de l'œuvre avec la même licence (clause dite de *share alike*).

Un point a fait débat après la publication de la première version de l'Open Definition : l'exclusion des œuvres adossées à une clause non commerciale. Ce débat porte particulièrement sur le cas des licences Creative Commons. Créées en 2001 par Lawrence Lessig, un juriste de Harvard et militant de la culture libre, ces licences proposent une alternative au *copyright* en permettant aux créateurs de conserver certains droits tout en partageant gratuitement des œuvres[88]. Chaque licence Creative Commons comporte une ou plusieurs clauses standardisées. Elles peuvent être combinées pour exiger de l'usager de citer la source (*Attribution* – BY), interdire les œuvres dérivées, telles les traductions ou les représentations (*Non Derivates* – ND), les usages commerciaux (*Non Commercial* – NC) et demander le partage des œuvres dérivées avec la même licence (*Share Alike* – SA)[89]. Or, l'Open Definition stipule dans son huitième article[90] que «*la licence ne peut exclure l'utilisation de l'œuvre dans un domaine spécifique. Elle ne peut par exemple interdire l'utilisation de l'œuvre dans le domaine commercial*». La définition classe les œuvres publiées avec une clause d'utilisation non commerciale (NC) comme «fermées», au même titre qu'une œuvre diffusée selon les règles classiques du droit d'auteur. Ce choix fait aujourd'hui encore débat parmi les communautés du libre. Pour certains, l'interdiction des usages commerciaux, dans les licences Creative Commons en particulier, est incompatible avec les principes et l'esprit du logiciel et de la culture libres qui devrait faciliter l'utilisation la plus large des œuvres et ressources mises à disposition[91]. Cette clause est souvent considérée comme

88. Christopher Kelty, *Two Bits: The Cultural Significance of Free Software*, Duke University Press, 2008.
89. Une erreur est fréquente concernant l'interprétation des clauses ND et NC : la création d'œuvres dérivées ou la commercialisation restent possibles... mais doivent être négociées avec l'auteur ou l'autrice de l'œuvre. Ceci permet aux artistes de diffuser gratuitement des œuvres pour un usage direct par le public, mais de conserver le cas échéant des moyens d'éditer ou de traduire leur travail contre rémunération.
90. Open Definition, «Définition du Savoir Libre v.1.1». https://www.opendefinition.org/okd/francais/.
91. Calimaq, «Quand la clause Non-Commercial des licences Creative Commons passe en justice», S.I.Lex, 8 mars 2017. https://scinfolex.com/2017/03/08/quand-la-clause-non-commercial-des-licences-creative-commons-passe-en-justice/.

floue car il peut être difficile de déterminer si un usage est commercial ou non[92].

Malgré ces débats parmi les acteurs qui se revendiquent de l'ouverture, la définition du savoir ouvert a constitué une ressource précieuse pour l'ouverture des données publiques en posant la base d'un élargissement de l'*open source* au savoir. Elle a établi des critères essentiellement juridiques qui caractérisent l'ouverture en termes de droits des usagers sans préjuger du type de savoir concerné. Cet effort de définition s'est inscrit aussi dans le prolongement du travail de Creative Commons qui a défini une série de licences assorties à des droits et devoirs des usagers d'un savoir ouvert dans le domaine de la création.

L'Open Definition a fourni une définition et des critères sans formuler de revendications ou d'exigences à l'égard des décideurs politiques. En 2007, quelques mois avant l'élection de Barack Obama, des militants de l'ouverture du savoir se sont réunis pour faire part de leurs demandes au futur président des États-Unis. Portant spécifiquement sur les données gouvernementales, ils ont réclamé une évolution radicale de leurs procédures de diffusion et des conditions de leur réutilisation.

Épisode 2, « Sebastopol » : le moment de définition des principes essentiels de l'open data

Les 7 et 8 décembre 2007[93], se tenait à Sebastopol en Californie une rencontre sponsorisée par la Sunlight Foundation, Google et Yahoo!

92. La licence Creative Commons CC-BY-NC 4.0 FR définit un usage non commercial comme une utilisation qui n'a « *n'a pas principalement pour but ou pour objectif d'obtenir un avantage commercial ou une compensation financière* ». Par exemple, peut-on considérer la diffusion d'un documentaire par un enseignant rémunéré pour son cours comme une utilisation commerciale ? https://creativecommons.org/licenses/by-nc/4.0/legalcode.

93. Open Government Working Group, « Open Government Working Group Meeting Sebastopol, CA », 2007. https://public.resource.org/open_government_meeting.html.

au sein des locaux de la maison d'édition O'Reilly. Cette rencontre avait pour ambition de lister dix principes de l'*Open Government*. Les organisateurs indiquaient dans l'invitation leur espoir que les candidats à l'élection présidentielle des États-Unis suivraient ces recommandations. Signe des multiples facettes de l'open data, l'invitation insistait sur le fait que l'*Open Government* pourrait renouveler la participation de la société civile tout en créant des opportunités économiques pour les entrepreneurs. C'est un basculement sémantique important puisque, comme nous l'avons vu dans le chapitre précédent, l'*open government* désignait aux États-Unis la révélation des secrets étatiques et n'avait pas initialement de portée économique ou entrepreneuriale[94].

Trente participants ont accepté l'invitation, ils ont été sélectionnés en fonction de leur affiliation à une organisation qui demande, partage ou utilise des données publiques. D'autres ont été invités pour leur implication dans des projets très variés de participation citoyenne. Parmi les participants, on peut citer Tim O'Reilly connu notamment pour avoir popularisé l'expression « Web 2.0. », Lawrence Lessig, et Aaron Swartz, créateur de Reddit et militant des libertés numériques, en particulier de l'accès ouvert aux publications scientifiques. L'assemblée était quasi exclusivement masculine, à l'exception de Marcia Hoffmann, représentante de l'Electronic Frontier Foundation (EFF), une ONG internationale de protection des libertés sur Internet.

À l'issue des deux jours de débats et d'ateliers, un communiqué final a été publié insistant sur les bénéfices de l'open data pour la démocratie, l'innovation et l'amélioration du service public. Le texte a défini une série de huit critères pour que des données gouvernementales soient considérées comme ouvertes :
– complètes : toutes les données publiques doivent être rendues disponibles dans les limites légales liées à la vie privée ou à la sécurité ;
– primaires : les données ouvertes sont telles que collectées à la source, non agrégées avec le plus haut niveau de granularité ;

94. Harlan Yu & David G. Robinson, *op. cit.*, 2012.

– fraîches : les données doivent être rendues disponibles dès qu'elles sont produites;
– accessibles : les données doivent être utilisables par le plus grand nombre d'usagers potentiels;
– lisibles par les machines : les données peuvent faire l'objet d'un traitement automatisé par les machines;
– non discriminatoires : elles peuvent être utilisées par tous sans réclamer un enregistrement préalable;
– dans un format ouvert : ce format ne doit pas être la propriété d'une organisation en particulier et doit faire l'objet d'une gouvernance commune par ses usagers;
– avec une licence ouverte : les principes de Sebastopol vont plus loin que l'Open Definition en demandant que les données soient placées dans le domaine public.

Les organisateurs ont atteint leur objectif, à savoir l'adoption de ces principes par le futur président des États-Unis. Le 21 janvier 2009, jour de son investiture à la Maison Blanche, Barack Obama a signé deux mémorandums sur l'*Open Government*. Après la période d'opacité des guerres d'Afghanistan et d'Irak, ce geste devait marquer un tournant fort en faveur de la transparence. Le premier mémorandum exigeait une plus grande coopération des agences gouvernementales aux procédures du droit d'accès régi par le *Freedom of Information Act* (FOIA). Le second réclamait que les agences gouvernementales mettent en œuvre des politiques en faveur de la transparence, la collaboration avec la société civile et la participation des citoyens. Inspiré par les principes de Sebastopol, le nouveau président se réclame de la philosophie de l'ouverture : «*l'ouverture renforcera notre démocratie et promouvra l'efficience et l'efficacité du gouvernement*[95]». Le mémorandum a établi trois principes. Le premier, sur la transparence, demandait que l'information fédérale soit valorisée comme un actif

95. The White House, «Transparency and Open Government», *whitehouse.gov*, 2009. https://obamawhitehouse.archives.gov/the-press-office/transparency-and-open-government.

stratégique pour la nation. Le second encourageait les politiques de participation des citoyens à la vie publique. Enfin, le troisième recommandait des méthodes innovantes et invitait à la collaboration avec les associations et les entreprises. Le président a aussi nommé Vivek Kundra, ancien directeur de la technologie (*Chief Technology Officer*) de la ville de Washington comme directeur de l'innovation (*Chief Innovation Officer*) de la Maison Blanche afin de mettre en œuvre cette réforme. Kundra, en mars 2009, a annoncé la création de `data.gov`, le portail fédéral des données ouvertes, inspiré par l'expérience de l'ouverture des données de la ville de Washington qu'il a pilotée. En décembre 2009, la directive *Open Government* stipulait que les administrations devaient fournir un plan d'action en vue de l'ouverture de nouvelles données. La directive reprend parfois littéralement certains des principes de Sebastopol. On retrouve encore la trace des principes de Sebastopol en 2011 dans l'*Open Government Declaration,* signée par les États-Unis et sept autres pays, qui a par la suite donné naissance à l'*Open Government Partnership*, une organisation internationale qui compte désormais plus de soixante-dix pays membres s'engageant à faire avancer la transparence, la participation et la collaboration avec la société civile.

Cette rencontre a marqué un tournant. C'est à partir de cette date que le terme « open data » est entré dans le débat public et a donné lieu aux premières politiques d'ouverture des données. L'ouverture des données a aussi été popularisée par la mobilisation d'une figure tutélaire, Tim Berners-Lee.

Épisode 3, « Raw Data Now » : la demande de données « brutes » sur le devant de la scène des données

Tim Berners-Lee a formulé son appel à l'ouverture des données brutes le 4 février 2009 à Long Beach en Californie lors d'une conférence TED[96]. Tim Berners-Lee s'y est présenté comme l'inventeur du Web.

96. TED est un réseau de conférences retransmises gratuitement sur le Web qui vise à présenter simplement des idées et à convaincre l'audience de s'impliquer. Le tout en

Dans la vidéo de la conférence dépassant aujourd'hui le million de vues, Tim Berners-Lee racontait d'abord son parcours au sein du CERN, le centre de recherche européen en physique des particules, où il a développé le Web pour faciliter le partage des documents produits dans son laboratoire. Berners-Lee disait ressentir la même difficulté pour accéder aux données que lorsqu'il a créé le Web en 1989 pour faciliter la circulation des documents scientifiques. Il se félicitait de l'émergence des politiques d'open data et des engagements pris par le président Obama à son arrivée à la Maison Blanche (son discours est intervenu deux mois après la signature des mémorandums). Il estimait cependant que l'ouverture des données impliquait aussi de transformer les attitudes des administrations. Il expliquait que, très souvent, les agents publics sont tentés de garder leurs données et trouvent une multitude de raisons pour ne pas les diffuser, ni permettre leur réutilisation. Dans sa présentation, Berners-Lee fait référence au médecin suédois Hans Rosling qui, avec son outil Gapminder, contestait des mythes répandus sur le développement des populations dans le monde. Pour produire cet outil, Rosling avait dû exiger des données à une multitude d'institutions internationales. Avec l'expression *database hugging*, Rosling proposait une métaphore pour désigner les agents qui s'accrochent à leurs données au point de les « câliner ». Berners-Lee reprend cette métaphore et la mime sur la scène de TED.

Il explique que les administrations n'arrêtent le *database hugging* qu'à partir du moment où elles ont présenté leurs données sur un beau site web. Il demande d'inverser cette logique et d'abord de fournir les données.

Hans appelle ça le « database hugging*». Vous serrez votre base de données. Vous ne la laissez pas partir tant que vous n'en avez pas fait un joli site web. [...] Faites-en donc un joli site. Mais avant cela, donnez-nous accès aux données non altérées. On veut des données. On veut des données non altérées. Il faut que nous demandions des données brutes maintenant.*

moins de dix-huit minutes. Tim Berners-Lee, « The next Web », présenté à TED Talk, 12 mars 2009. https://www.ted.com/talks/tim_berners_lee_on_the_next_web.

Tim Berners-Lee demande alors au public de la conférence TED de crier «*Raw data now!*» («Des données brutes maintenant!») à l'attention des administrations.

Ce discours de Tim Berners-Lee a imposé la demande de données brutes comme un aspect essentiel de l'open data avec un slogan facilement mémorable : ouvrez les données brutes maintenant! Cette demande de données brutes s'explique par deux choses. D'une part, en ouvrant les données telles qu'elles sont produites, les administrations n'auraient pas à les retravailler, ce qui a été pensé comme un levier pour faciliter l'ouverture. D'autre part, l'obtention des données brutes est vue comme un moyen de réduire les écarts de connaissance, les asymétries d'information, entre l'administration et la société civile. Puisque les données brutes sont la matière première de l'information publique avant son traitement par l'administration, les mettre à disposition de tout le monde permettra de créer de nouvelles connaissances et de placer les citoyens sur un pied d'égalité en termes d'accès à l'information.

Cette conférence a eu un impact considérable dans la trajectoire de Tim Berners-Lee et dans la création de data.gov.uk. Son appel à l'ouverture des données brutes a été entendu jusqu'au 10 Downing Street. En juin 2009, le Premier ministre, Gordon Brown, a nommé Berners-Lee conseiller à l'information (*information advisor*) du gouvernement[97] aux côtés de Nigel Shadbolt, un professeur d'informatique connu pour avoir fondé la «science du Web».

Le 21 janvier 2010, data.gov.uk était lancé en version bêta. Le 6 mai 2010, David Cameron entrait en fonction au 10 Downing Street. Il avait fait de l'open data une des composantes essentielles de son projet de *Big Society*[98]. Arrivant à la fin de leur mandat d'un an, Berners-Lee et Shadbolt sont restés conseillers du gouvernement au

97. BBC, «Web creator job "beyond politics."», 11 juin 2009. https://news.bbc.co.uk/2/hi/technology/8096273.stm.
98. Pierre Chrzanowski, *data.gov.uk, l'ouverture des données publiques au Royaume-Uni*, Ambassade de France au Royaume Uni, 2010. https://uk.ambafrance.org/data-gov-uk-l-ouverture-des.

sein d'une nouvelle instance intitulée *Public Sector Transparency Board*, chargée de contrôler l'application du *Transparency Agenda*, le programme du Premier ministre Cameron pour la transparence évoqué dans le chapitre précédent. Rufus Pollock, fondateur de l'Open Knowledge Foundation, y a siégé aux côtés notamment de Tom Steinberg, un des participants à la réunion de Sebastopol et fondateur de mySociety, une organisation britannique connue pour ses projets d'innovation civique.

La conférence TED de Tim Berners-Lee a donc imposé la demande de données brutes comme une composante essentielle de l'ouverture des données. Un an après avoir appelé à l'ouverture des données brutes, Tim Berners-Lee a tenté de nouveau d'influencer les politiques d'open data en proposant un classement des formats de données qui incitait les administrations à lier leurs données et à les décrire par des nomenclatures partagées. Ce classement, prenant la forme d'un « modèle en cinq étoiles », a placé l'utilisation de formats ouverts comme une revendication essentielle de l'open data.

Épisode 4, « 5-star model » : des formats ouverts et lisibles par les machines

Après avoir exigé l'ouverture des données brutes, Tim Berners-Lee a appelé à l'utilisation de formats ouverts de données. En 2010, il a proposé un modèle en cinq étapes, une hiérarchie de la première à la cinquième étoile qui, à la manière de la classification des hôtels, permet aux réutilisateurs de distinguer la qualité des données. Sur la boutique en ligne du W3C[99], le consortium en charge des standards du Web, Berners-Lee vend même des mugs sur lesquelles figure son modèle en cinq étoiles. Il a déclaré espérer que la circulation de ces tasses dans les bureaux inciterait à ouvrir et lier toujours plus de données entre elles selon le modèle du Web dit « sémantique », ou « Web de données », qu'il a popularisé avec le chercheur en informatique

99. CafePress, « 5 Star Linked Open Data mug ». https://www.cafepress.com/w3c_shop.597992118.

Figure 2. Le mug 5 étoiles sur la boutique du W3C.

britannique Nigel Shadbolt. Ce modèle vise à utiliser des ontologies partagées pour décrire les objets contenus dans les données et lier les données du même type entre elles.

Dans la hiérarchie de Tim Berners-Lee, les données sont ouvertes dès la validation du premier critère. Il a considéré que, plus une donnée obtient d'étoiles, plus elle sera simple à utiliser. La première étoile demande la publication des données sur le Web, quel que soit leur format avec une licence ouverte. La deuxième étoile exige que les données publiées sur le Web sous une licence ouverte soient lisibles par les machines et structurées. En plus des deux autres critères précédents, l'obtention de la troisième étoile réclame la publication des données dans un format non-propriétaire. Cette insistance sur l'usage de formats ouverts provient du fait que les administrations ont longtemps publié les données sous la forme de fichiers PDF qui, tout en facilitant la lisibilité des documents par les humains, rend compliquée l'exploitation des données par les machines. Concrètement, un tableau de données dans un fichier PDF peut difficilement être extrait sans employer d'outils complexes ou méconnus qui doivent interpréter la structure du tableau et souvent dénaturent les données, les rendant parfois inexploitables. Les administrations ont également souvent recours à des formats propriétaires comme le XLS, le format par défaut dans Microsoft Excel jusqu'en 2007. Des formats qui devaient jusqu'à une date récente être lus par les outils du même propriétaire. Depuis, ce format a été remplacé par le format Office OpenXML dont l'extension de fichier est XLSX. Même si les spécifications de ce dernier format sont publiques et les données exploitables dans d'autres logiciels comme LibreOffice, les militants de l'ouverture des données comme Tim Berners-Lee préconisent plutôt l'emploi du format CSV (*Comma-separated values*, valeurs séparées par des virgules) pour diffuser des données tabulaires. Chaque fichier CSV contient du texte codé selon des standards internationaux qui peut être lu avec un simple éditeur de texte. Chaque ligne d'un fichier CSV contient le même nombre de valeurs, des séquences de texte sont séparées par un caractère. Comme le suggère le nom du format, une virgule fait généralement office de séparateur, mais, dans les pays francophones, le point-virgule est plus fréquemment employé afin d'éviter la confusion avec la virgule utilisée comme séparateur décimal[100]. Les fichiers CSV sont facilement utilisables dans la plupart des langages de programmation du fait que le texte soit codé dans les standards informatiques les plus répandus.

Le niveau technique pour obtenir les deux étoiles suivantes est bien plus élevé. Pour obtenir la quatrième étoile, les données doivent être publiées dans les standards ouverts du W3C (RDF et SPARQL) qui imposent que les objets contenus dans les données soient décrits. Enfin, la cinquième étoile demande qu'elles soient liées à d'autres données publiées sur le Web. Dans les administrations, l'utilisation de formats sémantiques (les deux derniers niveaux du modèle), réclame généralement un travail trop important de transformation des données au regard des moyens alloués aux projets d'open data. On trouve toutefois des données sémantiques dans certains domaines

100. Cela ne manque pas de causer des bugs et des difficultés dans des logiciels créés dans un environnement anglo-saxon. Je dois toujours passer 15 minutes avec mes étudiants à expliquer comment ouvrir un fichier CSV avec séparateur point-virgule dans les différents logiciels de tableur. C'est encore plus complexe dans des outils de visualisation de données populaires (Flourish par exemple) conçus aux États-Unis qui n'acceptent que le séparateur virgule pour les fichiers CSV.

comme la culture ou l'édition ainsi que dans le projet Wikidata sur lequel je reviendrai.

Retenons du classement en cinq étoiles qu'il a suggéré aux administrations d'ouvrir les données de manière progressive. En quelque sorte, Tim Berners-Lee leur propose une marche à suivre : d'abord publier les données sur le Web avec une licence ouverte, ensuite avec des formats lisibles par les machines puis dans des formats ouverts et enfin éventuellement selon les standards du *linked data*. En novembre 2009, il crée la Web Foundation, un organisme à but non lucratif qui vise à maintenir le Web libre et accessible. Elle publie depuis 2013 l'Open Data Barometer, un classement des pays selon leurs politiques d'open data qui évalue les politiques d'accès à l'information, les initiatives publiques en matière d'open data et l'ouverture d'une liste de données publiques jugées essentielles. Même si la méthodologie du baromètre est particulièrement étoffée, je vais plutôt m'intéresser à un autre classement, l'Open Data Index (ODI) de l'OKFN, car il a joué un rôle déterminant en faveur de l'ouverture de certaines données. Surtout, ses critères ont consolidé la définition d'une donnée ouverte et marqué une certaine rupture avec l'ouverture complète revendiquée dans les principes de Sebastopol en délimitant un périmètre de données essentielles, à ouvrir en priorité.

Épisode 5, « Open Data Index » : un score d'ouverture et une sélection des données « essentielles » à ouvrir en priorité

Le 17 avril 2012, un billet sur le blog de l'Open Knowledge Foundation présentait le nouveau projet de l'organisation, l'Open Data Index[101]. Selon Rufus Pollock, l'open data s'est propagé partout dans le monde, mais les données n'ont pas toujours été publiées de la bonne manière. Il explique qu'il ne suffit pas de mettre en ligne quelques feuilles de calcul sous une licence ouverte pour ouvrir les

101. Rufus Pollock, OKFN, « The Open Data Census – Tracking the State of Open Data Around the World », 20 février 2013. https://blog.okfn.org/2013/02/20/open-data-census-tracking-the-state-of-open-data-around-the-world/.

données d'une administration. L'ODI porte sur une sélection de jeux de données essentiels publiés par les gouvernements et évalue leur niveau d'ouverture.

L'Open Data Index prend la forme d'un tableau de bord, qui indique en un coup d'œil le niveau d'ouverture d'une donnée. Les résultats sont présentés dans un tableau dans lequel chaque ligne concerne un pays. Chaque cellule indique le niveau d'ouverture d'une donnée essentielle avec neuf barres. Un code couleur confirme le respect de chaque critère (vert : ouvert, rouge : fermé, bleu : incertain). Chaque jeu de données est évalué selon neuf critères très proches des principes de Sebastopol. Mis à jour chaque année, l'Index est assorti d'un classement qui valorise la progression des « bons élèves ». Sa présentation vise à identifier en un coup d'œil les pays en tête et les données les plus ouvertes.

L'Open Data Index repose sur la sélection de certains jeux de données devant être ouverts en priorité. De 2012 à 2014, ces jeux de données étaient définis par les intitulés suivants :
- les résultats des élections nationales au niveau de la circonscription ;
- les registres des entreprises ;
- les données géographiques sur le territoire national à l'échelle 1:250 000 ;
- les dépenses de l'État au niveau transactionnel ;
- le budget de l'État ;
- la législation (lois et décrets) ;
- les données statistiques nationales sur l'économie et la démographie ;
- la base de données des codes postaux avec leur géolocalisation ;
- les horaires des transports publics nationaux ;
- les données environnementales sur les principaux polluants.

Par rapport à l'Open Definition, aux principes de Sebastopol et aux travaux de Tim Berners-Lee, l'ODI a marqué plusieurs ruptures importantes. Plutôt que de réclamer l'ouverture complète des données sans évaluer préalablement leurs conditions concrètes de production et de réutilisation, il a délimité une sélection de données essentielles à ouvrir prioritairement et partout dans le monde. L'OKFN estimait que ces données sont produites dans chaque pays et sont essentielles à la transparence et à la création de services aux citoyens.

À travers ces cinq épisodes, nous avons abordé des initiatives locales et des instruments dont on a du mal à mesurer la portée concrète au niveau international. Mais en 2013, l'open data est apparu à l'agenda des discussions des chefs d'État participants à la réunion du G8 en Irlande du Nord. Comment la charte qui en résulte a-t-elle traduit ces initiatives dans le langage de la diplomatie et des engagements internationaux des États ?

Épisode 6, « G8 » : la reconnaissance de données à forte valeur ajoutée

Les 17 et 18 juin 2013 à Loughe Erne en Irlande du Nord, le Premier ministre britannique, David Cameron, accueillait la réunion du G8[102]. Les journalistes en ont essentiellement retenu les déclarations autour de la Syrie et de la lutte contre l'évasion fiscale. David Cameron entendait pourtant faire de Loughe Erne le « sommet de la transparence ». L'agenda comportait une session sur la publication d'informations sur les industries extractives, la transparence de la propriété des terres et l'adoption d'une charte sur l'open data.

La charte[103] part du constat que l'ouverture des données publiques pourrait renouveler la croissance économique et rendre les gouvernements plus redevables et efficaces. Le préambule détaille les bénéfices de l'ouverture des données : création de services,

102. Le G8 réunit les chefs d'État des plus grandes puissances économiques mondiales (Allemagne, Canada, États-Unis d'Amérique, France, Royaume-Uni, Italie, Japon, Russie). Depuis l'annexion de la Crimée en 2014, la Russie en est exclue et le groupe est désormais le G7.

103. Etalab, « Les Chefs d'État du G8 signent une Charte pour l'Ouverture des Données Publiques », 18 juin 2013. https://www.etalab.gouv.fr/leschefsdetat-dug8signentunechartepourlouverturedesdonneespubliques.

transparence de l'action publique, meilleure gouvernance, amélioration du débat public, lutte contre la corruption, soutien à l'innovation des entreprises et de la société civile, prospérité renouvelée... Pour éviter que l'ouverture des données publiques ne soit une « opportunité manquée », les chefs d'État du G8 ont décidé de l'adoption de cinq principes pour régir l'accès aux données.

Les trois premiers principes établissent les conditions d'ouverture des données puis les deux derniers fixent deux objectifs : l'amélioration de la gouvernance et le soutien à l'innovation. Le premier point de la charte annonce que les pays signataires s'engagent à faire de l'ouverture la nouvelle norme pour les données publiques. Chaque État membre devra publier un plan d'action pour mettre en œuvre la charte du G8. Dans son deuxième principe, la charte promet la publication de données de qualité. Les gouvernements s'engagent à publier les données dès que possible, « *sous leur forme originale et non modifiée, et au plus fin niveau de granularité disponible* ». Cette dernière ressemble fortement aux exigences de données « primaires » des principes de Sebastopol ou de la demande de données brutes de Tim Berners-Lee. Selon le troisième principe, les données doivent être publiées dans des portails uniques par pays qui n'exigent pas l'enregistrement des utilisateurs. Elles doivent aussi être gratuites et « *dans des formats ouverts chaque fois que possible.* » Dans le quatrième principe, les États du G8 s'engagent à partager leur expertise technique avec les pays du monde entier, notamment au sein d'initiatives multilatérales telles que l'*Open Government Partnership*. Ils déclarent vouloir identifier les jeux de données à ouvrir en priorité avec les organisations de la société civile. Dans le cinquième principe, les gouvernements s'engagent à développer la culture de l'ouverture des données et à encourager les organisations de la société civile à se saisir des données.

À travers ce résumé, on voit donc que la charte du G8 s'est inscrite dans la continuité des définitions de l'open data évoquées précédemment. En particulier, elle a repris la majeure partie des principes de l'Open Government Data établis à Sebastopol. La charte s'est inspirée de l'Open Data Index en sélectionnant des données à forte valeur ajoutée devant être ouvertes en priorité. La charte indique que l'ouverture des données devra se faire de manière progressive en se concentrant d'abord sur les données «à forte valeur ajoutée», celles pour lesquelles une multitude d'usages potentiels est projetée.

Après 2013, le suivi de la charte sur l'open data n'a pas figuré au programme des sommets. Le G7 de juin 2014 était dédié à la crise en Crimée et celui de 2015 en Allemagne n'a pas évoqué la charte, le pays hôte n'ayant pas publié son plan d'action. Bien qu'elle ne soit plus au programme des débats du G7, la charte a été par la suite reprise par un groupe qui s'est notamment réuni lors de l'Open Data Conference de 2015 à Ottawa afin de produire une charte internationale de l'open data, dépassant les seuls pays du G8. Cette charte a été officiellement publiée en octobre 2015 en marge de l'Assemblée générale des Nations Unies[104].

Adoptée par une quinzaine de pays dans le monde dont la France, la Charte internationale sur les données ouvertes fixe cinq grands principes :
- faire de l'open data la pratique par défaut des administrations ;
- publier les données en temps opportun, désagrégées et de qualité ;
- publier les données sur des portails centralisés, sans enregistrement préalable, avec une licence ouverte ;
- fournir les données dans des formats structurés et normalisés favorisant l'interopérabilité et la réutilisation ;
- ouvrir les données pour améliorer la gouvernance et encourager la participation citoyenne ;
- favoriser le développement inclusif et l'innovation en donnant du pouvoir d'agir à tous.

La charte internationale de l'open data s'inscrit dans la continuité des définitions évoquées précédemment. Elle fixe des grands objectifs

104. Open Data Charter, «Seventeen Governments Adopt the New International Open Data Charter», 2015. https://opendatacharter.net/seventeen-governments-adopt-the-new-international-open-data-charter/.

politiques qui dépassent les textes évoqués précédemment. Surtout, elle a donné lieu à la création d'une organisation, l'Open Data Charter, en charge de promouvoir ces principes et de définir une stratégie pour faire aboutir ses objectifs.

Entre une ouverture complète ou une sélection de données ouvertes : une question de principes

Lors de ces six épisodes, nous avons fait la navette essentiellement entre les États-Unis et la Grande-Bretagne à la rencontre d'acteurs, très majoritairement masculins, aux profils divers : des informaticiens mais aussi des juristes, des experts de l'innovation, des diplomates ou encore des gouvernants. Même si les intitulés des professions varient, on remarque que les acteurs qui ont défini les grands principes de l'open data étaient d'abord portés sur les questions techniques de la mise à disposition des données et moins sur les conditions politiques ou organisationnelles de l'ouverture. C'est particulièrement vrai au sujet des principes issus de la rencontre de Sebastopol qui, encore aujourd'hui, définissent ce qu'on entend classiquement par open data. Harlan Yu et David Robinson[105] ont montré que les principes de Sebastopol étaient guidés essentiellement par des considérations techniques. En effet, l'ensemble des principes portent sur la manière dont les données doivent être mises à disposition mais ne s'intéressent pas au contenu des données. Les auteurs expliquent qu'un régime pourrait ainsi ouvrir des données en respectant ces principes sans que cela contribue à renforcer la transparence et la reddition des comptes qui sont pourtant promus parmi les bénéfices de l'ouverture de données. Par exemple, le gouvernement de Singapour, où la liberté d'expression est restreinte et le même parti est au pouvoir depuis 1959, a investi massivement dans l'ouverture des données publiques. Les données publiées sur `data.gov.sg` ont été sélectionnées pour la capacité à créer de la valeur et des services pratiques sans renforcer la

105. Harlan Yu & David G. Robinson, *op. cit.*, 2012.

transparence du régime, le portail servant à générer une impression de transparence et d'ouverture[106].

L'ensemble de ces textes peuvent donner une impression de consensus sur ce qui définit l'open data, mais on peut souligner une tension importante entre deux modèles : l'un qui prône une ouverture exhaustive (l'ouverture complète dans les principes de Sebastopol), l'autre qui insiste sur la mise à disposition prioritaire de données jugées essentielles (la sélection de données essentielles dans l'Open Data Index ou dans la charte internationale de l'open data). La charte du G8 puis la charte internationale de l'open data se situent en quelque sorte sur une ligne de partage en demandant à la fois l'ouverture de l'ensemble des données par défaut dès leur production et en désignant des données essentielles à ouvrir en priorité. Début 2018, l'Open Data Charter, l'organisation en charge de la promotion de la charte internationale de l'open data, a publié sa nouvelle stratégie de développement. Passé relativement inaperçu, ce document dénote pourtant d'un tournant majeur dans les principes de l'open data. L'organisation y acte des limites du modèle fondé sur l'ouverture exhaustive des données qui a poussé les administrations à publier des données en masse sans forcément se préoccuper de leur utilisabilité. La stratégie incite à un basculement vers un modèle nommé «*publishing with a purpose*» (publier avec un objectif) dans lequel les administrations travaillent avec des communautés d'usagers de données pour résoudre des problèmes liés aux politiques publiques, s'engagent à publier des jeux de données essentiels pour relever ce défi et à apprendre puis s'adapter pour maximiser l'impact de l'ouverture des données[107]. En 2020, un groupe d'une trentaine de personnalités internationales de l'open data a poursuivi cette réflexion en

106. Hallam Stevens, «Open data, closed government: Unpacking data.gov.sg», *First Monday*, 2019. vol. 24, n°4. https://firstmonday.org/ojs/index.php/fm/article/view/9851/7746.

107. Ania Calderon, Open Data Charter, «Publishing with Purpose», *Medium*, 29 janvier 2018. https://medium.com/@opendatacharter/publishing-with-purpose-introducing-our-2018-strategy-ddbf7ab4609.

publiant un rapport sur la « troisième vague » de l'ouverture des données[108]. Pour les auteurs, la première vague repose sur le droit d'accès à l'information. Reprenant une notion en marketing où le client, ou l'usager, est « tiré » vers le produit, la première vague repose sur une stratégie dite de « *pull* » où l'ouverture des données repose uniquement sur la demande. La deuxième vague correspond aux politiques d'ouverture des données par défaut et repose sur une stratégie de « *push* » où l'administration « pousse » les données sur le Web sans nécessairement se concerter avec les parties prenantes concernées par ces données ou s'assurer qu'ils sont en capacité de s'en saisir. On retrouve ici le postulat de l'existence de « *data publics* » évoqué précédemment avec les travaux d'Evelyn Ruppert. La troisième vague repose sur le principe « publier avec un objectif », elle étend le cercle des usagers des données et favorise des collaborations avec les communautés concernées par les données. Les auteurs considèrent que chacune des vagues complétera la précédente sans la remplacer, créant un effet cumulatif vers plus de transparence. Cette notion de troisième vague court néanmoins le risque d'être perçue par les acteurs comme un signal pour abandonner le principe d'ouverture par défaut de la seconde vague, voire de réduire la portée du droit d'accès à l'information publique de la première vague.

Ces enjeux liés à l'utilisabilité et à l'impact des données seront au cœur de la deuxième partie de cet ouvrage dans laquelle je dresserai un bilan critique de l'ouverture des données publiques en France au regard des promesses de transparence, d'innovation et de modernisation de l'État formulées autour des politiques d'open data. Nous verrons que la « première vague », le droit d'accès aux documents administratifs, est encore souvent contournée en France. Il en va de même du principe d'ouverture des données par défaut, pourtant prévu dans la loi de 2016 pour une République numérique, qui est loin d'avoir

108. Stefaan Verhulst, Andrew Young *et al.*, « The Emergence of a Third Wave of Open Data: How to Accelerate the Re-Use of Data for Public Interest Purposes While Ensuring Data Rights and Community Flourishing », *GovLab*, octobre 2020. https://opendatapolicylab.org/images/odpl/third-wave-of-opendata.pdf.

atteint la portée prévue par le législateur. Mais, avant cela, il nous faut comprendre comment les principes de l'open data ont été diffusés et mis en œuvre en France.

Le long chemin en France vers l'ouverture des données par défaut

La loi pour une République numérique promulguée en 2016 prévoit que l'ouverture des données soit la règle pour toutes les administrations de plus de 50 agents, pour les collectivités territoriales de plus de 3 500 habitants. Cette loi qui fixe un principe d'open data par défaut place la France en tête des classements mondiaux sur l'ouverture des données. Comment est-on arrivé à cette situation ? Comment l'open data a-t-il été importé en France ?

Nous allons retracer dans ce chapitre les grandes étapes qui ont mené à ce que l'ouverture des données devienne la norme en France. Cette histoire est ponctuée de revirements qui témoignent du fait que l'ouverture des données reste encore faiblement ancrée dans l'administration et peine à devenir la norme comme le prévoit pourtant la loi. De fait, les premières politiques d'ouverture de données ont d'abord été impulsées par des collectivités territoriales pionnières comme les villes de Rennes, Nantes ou Paris. L'État avait pris une orientation différente en misant sur le développement des redevances plutôt que sur la gratuité et l'ouverture des données. En 2011, une administration dédiée à l'open data a été créée avec la mission Etalab qui anime le portail national `data.gouv.fr`. Nous verrons qu'Etalab a vu ses attaches administratives évoluer au fil des gouvernements successifs et son action s'étendre bien au-delà de l'open data pour devenir une administration des données. Il n'en reste pas moins que l'ouverture des données peine encore aujourd'hui à entrer dans les routines de l'administration.

Les premières initiatives locales et les demandes citoyennes d'ouverture des données

Au moment même où les principes de l'open data commençaient à émerger, la France prenait une orientation bien différente du principe de gratuité des données. En décembre 2006, le rapport Lévy-Jouyet préconisait de valoriser les données publiques comme un actif du «*patrimoine immatériel de l'État notamment par la création de nouvelles redevances*[109]». Ce rapport proposait que l'État se dote d'un bras armé pour développer les recettes issues de la vente de données publiques, de logiciels ou encore de la valorisation des marques publiques comme le Louvre. Ce service à compétence nationale, l'Agence du patrimoine immatériel de l'État (APIE), a été créé le 12 mai 2007. À l'époque, l'Association pour la Fondation d'un Internet Nouvelle Génération (Fing), un think tank de prospective et de veille sur les technologies numériques, s'était interrogée sur la pertinence du développement des redevances pour les données publiques. Dans un article sur son site d'actualité, *InternetActu*, Hubert Guillaud, son rédacteur en chef, prédisait alors que si le secteur public vendait ses données, des acteurs privés comme Google proposeraient leurs propres données, souvent gratuitement, accroissant ainsi la dépendance des innovateurs à l'égard des plateformes[110]. Les critiques n'ont pas suffi à changer les orientations politiques. En 2008, l'APIE a eu pour mission de créer un portail national d'accès aux données publiques. Cette initiative s'inscrivait dans le cadre de la transposition d'une directive européenne de 2003 qui demandait aux États membres de mettre en place des portails pour faciliter la

109. Éric, Besson, Secrétariat d'État chargé de la prospective, de l'évaluation des politiques publiques et du développement de l'économie numérique, *France Numérique 2012 - Plan de développement de l'économie numérique*, 2006. http://francenumerique2012.fr/pdf/081020_FRANCE_NUMERIQUE_2012.pdf.
Maurice Lévy & Jean-Pierre Jouyet, *L'économie de l'immatériel. La croissance de demain*, 2006. https://medias.vie-publique.fr/data_storage_s3/rapport/pdf/064000880.pdf.
110. Hubert Guillaud, «L'immatériel sera-t-il payant?», *InternetActu.net*, 2007. https://www.internetactu.net/2007/06/14/limmateriel-sera-t-il-payant/.

découverte des données publiques. Tout laissait donc à penser que l'apie allait multiplier les redevances pour les données publiques.

Mais, au même moment, la société civile commençait à se mobiliser en faveur de l'ouverture et de la gratuité des données. La Fing, évoquée précédemment, a joué un rôle essentiel de passeur des principes de l'open data en France. *InternetActu* traduisait déjà en 2007 les principes de Sebastopol quelques jours après leur publication[111]. Plusieurs membres de la Fing ont contribué à un ouvrage qui réclamait que les ressources numériques soient «*régies par un principe d'ouverture à l'accès et à la réutilisation par tous*[112]». Le livre est adossé à un programme d'expérimentation et de prospective urbaine intitulé *Villes* 2.0 auquel a participé notamment la ville de Rennes, première ville à ouvrir ses données en France. Ce programme a permis de créer un cadre et un groupe de réflexion précurseur sur l'ouverture des données par les collectivités locales. En octobre 2009, l'association Regards Citoyens était créée. Elle est rapidement devenue un acteur essentiel dans l'émergence du mouvement de l'open data en France. Créée par des militants du logiciel et de la culture libres, l'association s'est structurée autour d'une mission de diffusion et de partage de l'information politique afin de renforcer la transparence de la vie publique. Son premier projet, le site nosdeputes.fr qui, dans le mois de son lancement en octobre 2009 a reçu près de 100000 visites[113], permet de suivre l'activité des parlementaires à partir des données extraites automatiquement du site de l'Assemblée nationale. Reprenant les valeurs et les pratiques de militantisme du logiciel libre et s'appuyant sur son expérience de réutilisateur des données

111. Hubert Guillaud, «Principes pour des données publiques ouvertes», *InternetActu.net*, 2007. https://www.internetactu.net/2007/12/20/principes-pour-des-donnees-publiques-ouvertes/.

112. Daniel Kaplan & Thierry Marcou, *La ville 2.0, plateforme d'innovation ouverte*, FYP Éditions, 2009.

113. Regards Citoyens, «Bienvenue sur RegardsCitoyens.org!», 2009. https://www.regardscitoyens.org/bienvenue-sur-regardscitoyens-org.

parlementaires, Regards Citoyens est rapidement devenu un acteur essentiel de l'ouverture des données.

La Fing et Regards Citoyens s'étaient associés avec d'autres acteurs (Social Media Club France, Silicon Sentier, La Netscouade) pour organiser la première rencontre en France se revendiquant officiellement de l'open data. Cet événement[114] qui s'est tenu le 12 décembre 2009 et a rassemblé une soixantaine de personnes à Paris, prenait la forme d'un barcamp, une « non-conférence ouverte » où les participants apportent le contenu selon le principe « pas de spectateur, tous participants ». Cette rencontre avait pour objectifs d'inscrire la France dans le mouvement international naissant de l'open data et de « construire la démonstration » de l'intérêt de l'ouverture des données par rapport à l'approche de commercialisation choisie par le gouvernement. La Fing a organisé une deuxième rencontre, toujours à la Cantine Silicon Sentier à Paris, le 11 février 2010, lors de laquelle la ville de Rennes annonçait s'engager dans l'ouverture de ses données, une première en France. Le lendemain, le 12 février 2010, une commission de huit experts nommés par le gouvernement rendait son rapport « France Numérique 2012 » intitulé « *amélioration de la relation numérique à l'usager*[115] ». La proposition 22 du rapport dirigé par le député Franck Riester appelait à « *créer une plateforme d'innovation de services "État lab" pour permettre aux acteurs tiers de développer des services innovants à partir de données publiques* ». Le rapport ne réclamait pas la gratuité des données et recommandait de prendre appui sur le travail de l'APIE pour développer cet « État lab ». Au début de l'année 2010, rien ne laissait à penser qu'en l'espace de quelques mois l'APIE allait être dessaisie de la valorisation des données publiques comme nous le verrons par la suite.

114. Barcamp, « Open Data Camp Paris », 12 décembre 2009, La Cantine, Paris. http://barcamp.org/w/page/3913118/opendatacampparis1.

115. Groupe "Experts Numériques", « Amélioration de la relation numérique à l'usager », 12 février 2010. https://medias.vie-publique.fr/data_storage_s3/rapport/pdf/104000078.pdf.

L'abandon progressif de l'approche fondée sur les redevances défendue par l'APIE s'explique d'abord par le fait que, dans le sillon de la ville de Rennes, de nombreuses collectivités territoriales ont lancé leur portail open data fournissant gratuitement des centaines de jeux de données et montrant l'intérêt de l'ouverture pour l'innovation par rapport au développement des redevances. À Rennes, en quelques semaines, des développeurs utilisent les données mises à disposition et publient des applications mobiles qui indiquent l'emplacement d'un vélo ou d'une place de stationnement à proximité. Un concours intitulé «Rennes Métropole en accès libre» a permis la création de nombreuses applications réutilisant les données. S'appuyant sur l'expérience de Rennes, la Fing publia en janvier 2011 un guide de l'ouverture des données des collectivités locales pour essaimer la démarche. Au début de la même année, plusieurs collectivités locales françaises lancent leurs portails open data comme la ville de Paris en janvier, la ville de Nantes en février, ou celle de Montpellier en avril. En septembre 2011, Arnaud Montebourg se saisissait du sujet en déclarant au lancement du portail du département de Saône-et-Loire qu'il présidait : «*il y a eu la révolution arabe grâce à Wikileaks, il y aura la VIe République grâce à l'open data*[116].»

Au niveau international, le lancement de `data.gov` en 2009 et la politique d'open data de l'administration Obama étaient très médiatisés. Difficile dans ces conditions pour le gouvernement français de prendre une direction opposée. Un voyage d'études à Washington des conseillers numériques de l'exécutif ainsi que de la secrétaire d'État en charge des questions numériques, Nathalie Kozsciuzko-Morizet, a provoqué le renvoi de l'APIE et la redéfinition du projet. Lors des échanges avec les officiels à Washington, la gratuité des données était

116. LiberTIC, «L'Open Data du CG71, ce qui va changer en France», 2011. `https://libertic.wordpress.com/2011/09/29/l-open-data-du-cg71-ce-qui-va-changer-en-france/`. L'association Libertic, créée pour obtenir l'ouverture des données à Nantes et animée notamment par Claire Gallon, a contribué à sensibiliser les acteurs locaux dans tout le pays à l'ouverture des données.

présentée comme une des conditions du « succès » de data.gov car elle avait réduit les entraves à la créativité des usagers.

Enfin, le contexte politique de l'époque a contribué à l'abandon de la stratégie de l'APIE. Avant le lancement de data.gouv.fr, des collectivités locales (essentiellement dirigées par des élus socialistes) ont mis en œuvre des politiques d'open data. Le site data.gouv.fr aurait été créé en vue de la campagne présidentielle pour renforcer le bilan du président sortant, Nicolas Sarkozy, et afficher la transparence et l'innovation du candidat. La création de la mission Etalab en charge de piloter l'ouverture des données a en effet été précipitée quelques mois avant le début de la campagne officielle.

La création d'Etalab et le lancement de data.gouv.fr

Le 21 février 2011, la mission « Etalab » était créée par décret et placée sous l'autorité du Premier ministre. Le décret donnait pour missions à Etalab de créer le portail data.gouv.fr et de coordonner les actions des administrations pour faciliter la réutilisation des informations publiques. Sa direction a été attribuée à Séverin Naudet, ancien vice-président du site de partage de vidéos Dailymotion, nommé en 2007 conseiller de François Fillon pour les affaires numériques. Un autre décret imposait en mai 2011 à chaque ministère de désigner un interlocuteur unique pour Etalab, en charge de transmettre les données et répondre aux demandes d'ouverture.

Après une série de rencontres avec des acteurs mobilisés dans l'ouverture des données, le 17 octobre 2011, Etalab a publié la Licence Ouverte, un document qui fixe les conditions juridiques de la réutilisation des données. La licence acte la gratuité des données publiées, autorise les usages commerciaux et impose aux réutilisateurs de citer la source. Regards Citoyens a salué sa publication en annonçant que la Licence Ouverte « *répond globalement aux attentes et aux demandes de la communauté des réutilisateurs* »[117].

117. Regards Citoyens, « Open data & Etalab : la guerre française des licences

La première version de data.gouv.fr a été lancée le 5 décembre 2011. Etalab communiquait particulièrement sur le nombre de données publiées sur le site (352 000) qui excédaient les chiffres annoncés pour data.gov aux États-Unis et data.gov.uk au Royaume-Uni. Cette course au chiffre a conduit Etalab à découper certaines bases de données nationales en une base pour chacune des 36 000 communes françaises, ce qui rendait difficile certains usages nécessitant de croiser les données de plusieurs territoires.

Après l'élection présidentielle et le changement de majorité, l'ouverture de nouvelles données sur data.gouv.fr stagnait et l'avenir d'Etalab était incertain du fait de la dépendance du projet au pouvoir en place. Cette incertitude a été exacerbée par un article dans *Les Échos* en octobre 2012 qui annonçait que certaines administrations pourraient commercialiser leurs données publiques[118]. Les ministres avaient pourtant signé une charte de déontologie qui disposait que le gouvernement «*mène une action déterminée pour la mise à disposition gratuite et commode sur Internet d'un grand nombre de données publiques*[119]*.*» Cette période d'incertitude suite à l'alternance souligne la fragilité de la politique d'ouverture des données publiques. En ouvrant des données, les agents ont souvent répondu à une injonction politique plutôt que participer à une pratique normale de l'administration.

En décembre 2012, les services du Premier ministre ont annoncé la nomination d'Henri Verdier à la tête d'Etalab. Ancien directeur de Cap Digital, pôle de compétitivité des entreprises du numérique en Île-de-France, il a aussi fondé MFG Labs, une entreprise spécialisée

s'achève !», https://www.regardscitoyens.org/opendata-etalab-la-guerre-francaise-des-licences-sacheve, 19 octobre 2011.

118. Nicolas Rauline, «Open Data : l'État pourrait renoncer à la gratuité de certaines données publiques», *Les Échos*, 17 octobre 2012. https://www.lesechos.fr/2012/10/open-data-letat-pourrait-renoncer-a-la-gratuite-des-donnees-publiques-364822.

119. .Guillaume Champeau, «Internet et l'Open Data dans la déontologie du gouvernement Ayrault», *Numerama*, 18 mai 2012. https://www.numerama.com/politique/22634-internet-et-l-open-data-dans-la-deontologie-du-gouvernement-ayrault.html.

dans l'exploitation de données massives. Le 18 décembre 2012, le Premier ministre annonçait « *réaffirmer le principe de gratuité de la réutilisation des données publiques*[120] », dissipant les doutes sur l'éventuel abandon de la politique d'open data. Etalab a alors changé de rattachement pour rejoindre le SGMAP (Secrétariat général pour la modernisation de l'action publique), l'open data devenant un moyen essentiel pour transformer l'action publique avant d'être une ressource pour l'économie comme dans la précédente mandature.

La feuille de route du gouvernement publiée en février 2013[121] a fixé comme priorité la publication de jeux de données « stratégiques » (à la place d'une quête de quantité de données) et la refonte du portail data.gouv.fr. Pour cette refonte, Henri Verdier déclarait s'inspirer du livre qu'il a coécrit avec Nicolas Colin[122] dans lequel les auteurs postulent que la richesse dans l'économie numérique dépend de capacité d'un acteur à capter la valeur de la « multitude », la foule d'individus capables de contribuer volontairement à des projets numériques. Le nouveau data.gouv.fr a été lancé le 18 décembre 2013 à Matignon et présentait les données publiques comme un « *bien commun informationnel* » édifié avec les citoyens. Au même moment, la pertinence des redevances a été remise en cause par le rapport du magistrat à la Cour des comptes Mohamed Adnène Trojette au Premier ministre sur les redevances. Il a montré que les recettes en France s'élevaient à 34,7 millions d'euros en 2012, en diminution par rapport à 2010 où elles s'élevaient à 52,1 millions d'euros[123]. Il a invité les acteurs à « *la transition vers de nouveaux modèles économiques [qui] revêt un caractère*

120. Xavier Berne, « Le gouvernement réaffirme le principe de gratuité des données publiques », *Next INpact*, 18 décembre 2012. https://next.ink/33487/76176-le-gouvernement-reaffirme-principe-gratuite-donnees-publiques/.

121. Etalab, « La feuille de route du Gouvernement en matière d'ouverture et de partage des données publiques », 28 février 2013. https://www.etalab.gouv.fr/lafeuillederoutedugouvernementenmatieredouvertureetdepartagedesdonneespubliques.

122. Nicolas Colin & Henri Verdier, *L'Âge de la multitude*, Armand Collin, 2012.

123. Mohamed Adnène Trojette, *Ouverture des données publiques. Les exceptions au principe de gratuité sont-elles toutes légitimes ?* Rapport au Premier Ministre, 2013.

d'urgence, pour maintenir et améliorer la qualité des informations publiques, voire pour garantir la pérennité du service public ».

La mission d'Etalab a progressivement évolué pour encourager le public à se saisir des données et coordonner la circulation et l'exploitation des données dans l'État. Après s'être concentrée sur l'ouverture des données, Etalab s'intéresse désormais aux données tout court.

Etalab : de l'ouverture à l'administration des données

Au-delà de ses missions concernant l'ouverture des données, l'équipe d'Etalab a été progressivement impliquée dans de nombreux projets liés à la transformation numérique de l'État. L'expérience de la refonte de `data.gouv.fr`, projet *open source* piloté par une petite équipe au sein d'Etalab et développé en moins de six mois, a initié une «*nouvelle manière de construire des services publics numériques*» avec le développement du programme de start-up d'État `beta.gouv.fr`. Ces équipes d'une dizaine de personnes maximum, financées par une administration et développées au sein d'un incubateur ministériel, doivent étudier un problème dans une phase d'investigation puis construire une première version d'un produit numérique lors d'une phase d'expérimentation. Si l'expérimentation affiche des résultats probants, la start-up d'État passe dans une phase d'accélération qui vise au déploiement du produit au niveau national et enfin d'une phase de transfert vers l'administration. Cette méthodologie qui a servi à la refonte de `data.gouv.fr` a donné naissance à un réseau interministériel d'incubateurs et a formulé la promesse d'un renouvellement de l'action publique, voire d'un dépassement de la bureaucratie[124]. Ces start-up d'État ont tenté de simplifier la candidature aux marchés publics (Marchés publics simplifiés), de simuler les droits aux aides sociales[125] (`mes-aides.gouv.fr`) ou encore de prédire les

124. Laure Célérier & Mehdi Arfaoui, «La start-up comme nouvel esprit de l'action publique? Enquête sur la startupisation de l'action publique et ses contraintes», *Gouvernement et action publique*, 2022, vol. 10, n° 3, p. 43-69.

besoins de recrutement des entreprises (La Bonne Boîte). Près d'une centaine de projets ont appliqué cette méthode qui est aujourd'hui au cœur du développement numérique de l'État.

La consécration de cette méthode de développement des usages numériques a été accompagnée de la montée en puissance d'Henri Verdier au sein de l'État. Le 19 septembre 2014, le directeur d'Etalab a été promu par décret administrateur général des données, traduction française du rôle de *Chief Data Officer* attribué dans plusieurs administrations aux États-Unis. Ce rôle dépasse largement l'ouverture des données, Henri Verdier devait coordonner l'action des administrations en matière d'« *inventaire, de gouvernance, de production, de circulation et d'exploitation des données* ». Dans le cadre de ses missions, il pouvait être saisi par tout citoyen ou toute personne morale et devait remettre chaque année un rapport au Premier ministre sur la gouvernance des données. L'équipe de l'AGD composée de plusieurs *data scientists* a conduit plusieurs expérimentations avec des administrations dans des domaines variés tels que la consommation électrique de l'État, les vols de voiture ou l'emploi. Henri Verdier a ensuite été nommé en septembre 2015 directeur interministériel du numérique et du système d'information et de communication de l'État (Dinsic). Laure Lucchesi, spécialiste de la transformation numérique et des stratégies fondées sur la donnée, lui a succédé à la direction d'Etalab. Dans ses fonctions, Henri Verdier a promu la notion d'« État-plateforme » qu'il a repris à Tim O'Reilly et théorisé dans son livre de 2012 coécrit avec Nicolas Colin. L'État plateforme est devenu à partir de 2014 un pilier de la stratégie de la Dinsic visant à favoriser la circulation des données par des API[126]. Cette notion est relayée dans le rapport annuel du Conseil d'État de 2017 et dans le rapport de la Cour des comptes de 2018[127].

125. Marie Alauzen, « Splendeurs et misères d'une start-up d'État : Dispute dans la lutte contre le non-recours aux droits sociaux en France (2013-2020) », *Réseaux*, 2021, vol. 225, nº 1, p. 121-150.

126. Une API pour *Application Programming Interface* (interface de programmation d'application) permet à un serveur de présenter ses données pour les rendre exploitables en ligne par un autre serveur, soit de manière ouverte, soit nécessitant une adhésion.

L'entrée de la France dans le Partenariat pour un gouvernement ouvert (*Open Government Partnership*) a marqué une autre évolution forte pour Etalab, qui n'était alors plus seulement en charge de l'ouverture des données, mais de l'ouverture du gouvernement. En avril 2014, lors de la conférence de Paris sur le gouvernement ouvert, Henri Verdier a annoncé que la France allait rejoindre cette organisation internationale créée en 2009 par le président Obama, pour promouvoir les « bonnes pratiques » en matière de transparence des États, la participation des citoyens et la collaboration avec la société civile. En plus de leurs missions liées à l'ouverture des données, les agents d'Etalab ont assuré une grande partie de la représentation de la France au sein de cette institution internationale et ont élaboré, en concertation avec la société civile, les engagements que prendrait le gouvernement dans le cadre de son plan d'action. Ces nouvelles missions liées à des enjeux de participation étaient critiquées en particulier par l'association Regards Citoyens qui considérait qu'elles détournaient Etalab de son rôle : « *il est temps que Etalab se recentre sur les actions concrètes simples et rapides au cœur de ses missions pour vraiment faire avancer la transparence et l'Open Data*[128] ». Par la suite, la France a intensifié son engagement dans le partenariat en rejoignant son comité directeur en août 2014 puis en prenant sa présidence en 2016. En décembre 2016, Paris a accueilli le sommet annuel du Partenariat pour un gouvernement ouvert, un événement coordonné par Etalab et accueillant près de 4000 participants de 140 nationalités différentes venus débattre de transparence de l'action publique, de la participation citoyenne et de l'innovation démocratique. Conçu comme une « COP21 *de la démocratie* », l'événement a connu un certain « *désintérêt* »[129] médiatique. Un collectif d'associations de défense des libertés

127. Gilles Jeannot, « Vie et mort de l'État plateforme », *Revue française d'administration publique*, 2020, vol. 173, n° 1, p. 165-179.
128. Regards Citoyens, « La France présidera-t-elle l'Open Communication Partnership ? », Regards Citoyens, 20 juillet 2015. https://www.regardscitoyens.org/la-france-presidera-t-elle-lopen-communication-partnership/.

numériques, dont la Quadrature du Net, la Ligue des droits de l'homme, l'April et Framasoft, a annoncé boycotter ce sommet dénonçant un «*leurre*» du fait de la surveillance des citoyens en état d'urgence et de l'opacité de certaines décisions gouvernementales[130].

Le long chemin vers la loi pour une République numérique : comment l'ouverture des données est devenue la norme ?

L'idée d'une grande loi sur le numérique ne figurait pas dans le programme du président Hollande. Comment expliquer l'adoption de la loi pour une République numérique et ses mesures ambitieuses en matière d'open data dans un contexte où les priorités d'action législatives ne manquaient pas ? Pour la politiste Anne Bellon qui a étudié en détail les coulisses politiques de l'élaboration de la loi pour une République numérique, cette mise à l'agenda gouvernemental doit à la mobilisation d'une coalition de réformateurs numériques gravitant dans l'entourage du parti socialiste[131]. Ces réformateurs, nouveaux venus dans l'espace gouvernemental et administratif, entendaient faire du numérique la pointe avancée d'une modernisation de l'action publique. Ils ont dû réaliser un travail au long cours pour faire accepter l'idée d'une loi spécifique consacrant l'ouverture et la transparence de l'action publique. Peu après sa prise de fonctions, en octobre 2012, Fleur Pellerin, ministre déléguée à l'Économie numérique, déclarait à l'Assemblée nationale que le gouvernement présenterait, au cours du premier semestre 2013, de nouvelles règles sur la protection des données personnelles. Ce projet a été précisé à la suite d'un séminaire gouvernemental sur le numérique en février 2013, dont le compte

129. Jérôme Hourdeaux, «Henri Verdier : "Vers un développement démocratique durable"», *Mediapart*, 6 décembre 2016. https://www.mediapart.fr/journal/culture-idees/061216/henri-verdier-vers-un-developpement-democratique-durable.

130. La Quadrature du Net, «Le "gouvernement ouvert" à la française : un leurre ?», 2016. https://www.laquadrature.net/files/20161205-article-pgo.pdf.

131. Anne Bellon, «L'élaboration de la loi république numérique au gouvernement. Sociologie du travail politique des réformateurs numériques», *Réseaux*, 2021, vol. 225, n° 1, p. 23-53.

rendu annonçait un projet de loi «sur la protection des droits et des libertés numériques» présenté au début de l'année 2014. La nomination le 9 avril 2014 de la députée des Français de l'étranger Axelle Lemaire, spécialiste du numérique, au secrétariat d'État chargée du numérique, dans le gouvernement Valls I, a relancé ce projet de loi. En septembre 2014, le Premier ministre chargeait le Conseil national du numérique, alors présidé par Benoît Thieulin (un des organisateurs de la rencontre évoquée précédemment en 2009 à la Cantine de Paris), d'une grande concertation sur le numérique comportant dans ses axes de travail la question des «*données comme moteur de la transformation de l'action publique et de l'économie*[132]». Ouverte d'octobre 2014 à janvier 2015, la concertation du Conseil national du numérique (CNNum) a reçu plus de 17000 contributions par 2300 contributeurs, et 70 ateliers ont été organisés pour encourager la participation. Publié en juin 2015, le rapport qui en résulte est foisonnant et porte sur une multitude de thématiques liées à la croissance, la protection des données, la transformation de l'action publique ou encore la société face à la métamorphose numérique. Le terme «open data» y est mentionné 50 fois et celui d'«ouverture des données» 47 fois. Se donnant pour objectif de «*donner une nouvelle ambition à la stratégie d'ouverture des données publiques*», le conseil réclame d'inclure dans la loi un principe d'ouverture des données par défaut et «*un objectif général de gratuité des données publiques*». Il propose plusieurs dispositions pour encourager, au cas par cas, le partage des données des acteurs privés. D'autres mesures proposées par le conseil n'ont pas été reprises dans la loi pour une République numérique, en particulier sur la mise en place de dispositifs d'accompagnement des collectivités territoriales dans l'appropriation de leurs obligations légales ou encore de renforcement de la médiation numérique sur les sujets liés aux données. Avec la publication de ce rapport, la secrétaire d'État chargé du numérique annonçait que son projet de loi numérique sera

132. CNNum, *Ambition numérique: pour une politique française et européenne de la transition numérique*, Rapport au Premier ministre, 2015. https://cnnumerique.fr/files/2018-04/CNNum—rapport-ambition-numerique.pdf.

mis en ligne avant la fin du mois de juin en vue d'une consultation publique et d'un débat parlementaire à l'automne.

Toutefois, au courant de l'été 2015, le projet de loi a souffert de la concurrence entre ministères ce qui l'a privé de certaines dispositions phares en matière d'open data. Le 31 juillet, la secrétaire d'État en charge de la réforme de l'État et de la simplification, Clotilde Valter, présentait en conseil des ministres un projet de loi visant à transposer en droit français la directive européenne PSI de 2013. La loi Lemaire devait transposer cette directive mais, le 18 juillet, la France avait dépassé le délai et se retrouvait exposée à des amendes de la Commission européenne. Examinée en procédure accélérée et définitivement adoptée en décembre 2015, la loi Valter a inscrit le principe de gratuité des informations publiques dans la loi mais maintient des exceptions pour la culture, l'enseignement et la recherche. Les redevances ont été maintenues pour les administrations «*tenues de couvrir par des recettes propres*» la fourniture des données[133]. La loi suggère que les données soient ouvertes «*si possible* » dans «*un standard ouvert et aisément réutilisable* », une formulation pusillanime qui illustre la transposition «*au rabais*» dénoncée par Regards Citoyens[134]. Quelques jours après l'annonce de la loi Valter, le 6 août 2015, la loi Macron pour la croissance, l'activité et l'égalité des chances économiques était adoptée. Elle prévoit que les entreprises assurant des «*services réguliers de transport public de personnes*» (train, métro, bus, avion...) et des «*services de mobilité*» (vélos en libre-service ou covoiturage), sont tenues de diffuser «*librement, immédiatement et gratuitement*», dans un «*format ouvert*», des informations portant sur leurs horaires planifiés et en temps réel ainsi que sur la disponibilité de leurs services, les incidents constatés sur le réseau[135]. Le lendemain,

133. Xavier Berne, «La loi sur la gratuité des données publiques définitivement adoptée par le Parlement», *NextInpact*, 2015. https://next.ink/15880/97778-la-loi-sur-gratuite-donnees-publiques-definitivement-adoptee-par-parlement/.

134. Sabine Blanc, «Projet de loi Valter: un (tout) petit pas pour l'open data», *La Gazette des Communes*, 2015. https://www.lagazettedescommunes.com/422741/projet-de-loi-valter-un-tout-petit-pas-pour-lopendata/.

le 7 août 2015, un article de la loi NOTRe (Nouvelle Organisation Territoriale de la République) portée par Marylise Lebranchu, ministre de la Décentralisation et de la Fonction publique, oblige les collectivités de plus de 3 500 habitants à rendre accessibles les données produites ou reçues dans le cadre d'une mission de service public, privant la loi pour une République numérique d'une de ses dispositions phare[136]. Enfin, en novembre 2016, était adoptée la loi la loi sur la transparence, l'action contre la corruption et la modernisation de la vie économique, dite «Sapin II» l'enregistrement des lobbyistes dans un registre des représentants d'intérêts devant être ouvert. Cette abondance de textes sur l'open data a été perçue par certains acteurs comme une forme de «*cacophonie* [137]» et un «*saucissonnage*[138]» du numérique sur plusieurs textes, risquant de diluer l'ambition initiale.

Face à la concurrence d'autres ministères, l'organisation d'une consultation en ligne entre juillet et octobre 2015 peut être analysée, selon Anne Bellon, comme une ressource pour remobiliser les soutiens à la réforme numérique de l'action publique, au sein comme hors de l'administration et du gouvernement. Cette consultation a pris une forme inédite en soumettant sur une plateforme en ligne les 30 articles du projet de loi à l'avis des citoyens. Plus de 21 000 participants ont voté sur les articles, proposé des arguments pour et contre chaque article, commenté le texte et apporté des propositions pour le compléter. Parmi les plus de 8 000 contributions, 90 ont été intégrées dans le texte qui a été complété de dix articles. Le gouvernement a fourni une réponse aux 200 contributions ayant reçu le plus de votes.

135. Geneviève Zembri-Mary, «Open data et transports publics. Introduction», *Transports urbains*, 2018, vol. 132, n° 1, p. 7-8.

136. Xavier Berne, «[MàJ] Open Data et collectivités territoriales: la loi NOTRe entre en vigueur», *NextInpact*, 2015. https://next.ink/17391/95861-la-transparence-sur-donnees-collectivites-territoriales-definitivement-votee/.

137. Sabine Blanc, *op. cit.*, 2015.

138. Amaelle Guiton, «Loi numérique: l'Assemblée nationale dans le vif des débats», *Libération*, 20 janvier 2016. https://www.liberation.fr/futurs/2016/01/20/loi-numerique-l-assemblee-nationale-dans-le-vif-des-debats_1427723/.

Certaines contributions très populaires ont dû être écartées du texte de loi présenté au Parlement du fait des consultations avec les administrations concernées, d'autres ont dû être reformulées pour entrer dans le cadre administratif d'un projet de loi. Valérie Peugeot, à l'époque vice-présidente du CNNum, soulignait que cette expérimentation a constitué une première dans l'histoire de la fabrique de la loi en France et une avancée démocratique en permettant «*d'élargir le cercle des personnes impliquées dans des débats qui se déroulent habituellement entre spécialistes et experts*» et «*d'avoir déstabilisé un certain nombre de lobbyistes, habitués à pousser leur influence en arpentant les couloirs de Bercy, désormais contraints d'exposer leur point de vue publiquement*[139]».

Le projet de loi pour une République numérique a finalement été présenté, le 9 décembre 2015, par Emmanuel Macron et Axelle Lemaire, en Conseil des ministres. Après le vote en première lecture de l'Assemblée nationale le 26 janvier 2016, le projet de loi a été adopté par le Sénat, à 322 voix pour, une contre, le 3 mai 2016. Sur les sujets liés aux données, des débats particulièrement vifs ont eu lieu sur les questions liées au maintien ou non des redevances, le renforcement des pouvoirs de la Cada, les exceptions au droit d'auteur pour la fouille de textes (*text data mining*) et sur l'idée d'un domaine commun informationnel affirmant une définition positive du domaine public[140]. La loi a définitivement été adoptée par le Sénat, le 28 septembre 2016. Son titre I qui vise à «*favoriser la circulation des données et du savoir*» comporte un grand nombre de dispositions sur l'ouverture des données et l'accès à la connaissance. Le titre II sur la

139. Valérie Peugeot et Bastien Engelbach, «Retour sur la loi pour une République numérique», *La Fonda,* 2016. https://fonda.asso.fr/ressources/retour-sur-la-loi-pour-une-republique-numerique.

140. Un amendement visait à donner une définition positive du domaine public, absente du code de la propriété intellectuelle pour renforcer son effectivité. Seules la doctrine et une définition négative permettent de désigner ce qui relève du domaine public. Il a fait l'objet d'une opposition affirmée de la part du ministère de la culture.
Marc Rees, «Contre les communs, l'argumentaire de Fleur Pellerin adressé à des députés», *NextInpact,* 2016, https://next.ink/15595/98142-contre-communs-argumentaire-fleur-pellerin-adresse-a-deputes/.

protection des individus comporte des dispositions sur la neutralité du Net, la portabilité des données ou encore le devenir des données personnelles après le décès d'une personne, tandis que le titre III qui vise à garantir l'accès au numérique pour tous, installe un droit au maintien de la connexion et reconnaît le e-sport. En matière d'open data[141], la loi impose un principe fort d'ouverture des données par défaut à toutes les administrations. Les administrations de moins de 50 agents (seuil fixé par un décret du 28 décembre 2016) et les collectivités territoriales de moins de 3 500 habitants sont dispensées de ces obligations. Ces deux seuils sont cumulatifs : une administration de 3 500 habitants mais moins de 50 agents est dispensée de l'obligation d'ouverture des données. L'ouverture concerne un périmètre très large comprenant les documents communiqués suite à des demandes d'accès, les «*bases de données*» et les données «*dont la publication présente un intérêt économique, social, sanitaire ou environnemental*» depuis octobre 2018. Rares sont les données publiques qui ne sont donc pas concernées par cette obligation d'ouverture. L'obligation concerne aussi les entreprises délégataires d'une mission de service public. Les données collectées ou produites à l'occasion de l'exploitation du service public faisant l'objet d'un contrat doivent être fournies gratuitement aux acteurs publics, en charge alors de les diffuser. La loi ne prévoit pas de sanctions pour les administrations qui ne respecteraient pas cette obligation, elle mise sur la pédagogie et l'incitation[142] sans prévoir toutefois dans la loi des dispositifs d'accompagnement. Axelle Lemaire a néanmoins confié à l'association OpenDataFrance une mission d'expertise portant sur un état des lieux de la situation des collectivités territoriales vis-à-vis de l'ouverture des données, l'identification des facteurs de succès et des besoins des collectivités[143].

141. Xavier Berne, «On vous explique le volet "Open Data" de la loi Lemaire», *NextInpact*, 2016. https://next.ink/12509/101397-on-vous-explique-volet-open-data-loi-lemaire/.

142. Jacques Priol, *Le big data des territoires : Open data, protection des données, smart city, civic tech, services publics... Les nouvelles stratégies de la donnée au service de l'intérêt général*, FYP éditions, 2017.

La loi consacre les principes de l'open data d'un point de vue technique par l'utilisation de standards ouverts pour la communication des documents administratifs afin de faciliter la réutilisation des données par les machines. L'administration (ministères, collectivités territoriales, établissements publics...) est dorénavant tenue, lorsqu'elle communique un document administratif au format électronique, de le mettre à disposition du citoyen «*dans un standard ouvert, aisément réutilisable et exploitable par un système de traitement automatisé*». Concrètement, cela empêche la publication de fichiers PDF là où un fichier CSV pourrait être diffusé. D'un point de vue juridique, la loi limite par décret les licences qui peuvent être utilisées par les administrations. Le décret du 27 avril 2017 autorise deux licences : la Licence Ouverte d'Etalab et la licence OpenDataBaseLicense (ODBL) conçue dans une logique de «pot commun» permettant de garantir que les données resteront ouvertes après leur réutilisation. Les administrations voulant utiliser une autre licence doivent remplir une procédure d'homologation auprès des services du Premier ministre. Celle-ci impose un exposé des motifs ayant conduit à choisir une licence hors de la liste fixée dans le décret et une consultation des usagers affectés par la licence proposée. L'homologation doit être faite pour chaque jeu de données même si la licence reste la même.

En plus du principe général d'ouverture des données, la loi distingue certaines données faisant l'objet d'un régime juridique particulier. La loi prévoit ainsi la création d'un service public de la donnée (SPD) qui vise à faciliter la réutilisation des jeux de données de référence, ceux qui présentent le plus fort impact économique et social[144].

143. Axelle Lemaire, «Lettre de mission à l'association Open Data France», 2016. https://www.economie.gouv.fr/files/files/PDF/lettre-open-date-collectivites-locales-juillet-2016.pdf.

144. À l'issue d'une consultation publique organisée par Etalab en octobre 2016, neuf bases de données ont été sélectionnées au sein du service public de la donnée : la base Sirene des entreprises (Insee), le Répertoire national des associations (Ministère de l'intérieur), le Plan cadastral informatisé (DGFIP), le Registre parcellaire graphique (Agence des services et de paiement), le Référentiel à grande échelle (IGN), la Base adresse nationale (IGN, La Poste, OpenStreetMap-France), le Référentiel de l'organisat

Elle distingue ces données car elles constituent une référence pour nommer ou identifier des produits, des services, des territoires ou des personnes (données pivots) et doivent dès lors être mises à disposition avec un niveau élevé de qualité. La loi réclame qu'elles soient documentées en détail, mises à jour fréquemment et disponibles 99 % du temps[145]. Une procédure de signalement doit permettre de corriger les erreurs rapidement. En plus des données de référence, la loi distingue aussi des données dites «*d'intérêt général*» pour désigner des données détenues par des acteurs privés qui pourraient aider à la mise en œuvre des politiques publiques et servir à l'intérêt général. Les dispositions prévues dans la loi permettent uniquement au ministre de l'Économie d'imposer à certaines entreprises la transmission de certaines données afin qu'elles puissent être intégrées dans des enquêtes statistiques de l'Insee. Cette décision doit être précédée d'une concertation et d'une étude de faisabilité. Une amende de 25 000 € peut contraindre les entreprises récalcitrantes. Le débat parlementaire a permis d'introduire de nombreuses ouvertures de données sectorielles :

– Décisions de justice : tous les jugements rendus par les juridictions civiles et administratives doivent être ouverts à titre gratuit, à une date devant être précisée par décret, après une analyse du risque de ré-identification des personnes.

– Subventions publiques : les acteurs publics attribuant une subvention de plus 23 000 € doivent diffuser les «*données essentielles de la convention de subvention* », dans un standard défini par décret.

– Temps de parole des politiques : le Conseil supérieur de l'audiovisuel (CSA) aura l'obligation d'ouvrir les données sur les temps d'intervention, à la radio et à la télévision, des personnalités politiques.

– Limitations de vitesse : les gestionnaires du domaine public routier doivent transmettre au ministère de l'Intérieur les vitesses limites des

ion administrative de l'État (DILA), le Répertoire opérationnel des métiers et des emplois (Pôle emploi), le code officiel géographique (Insee).

145. Lucie Cluzel-Métayer, «La construction d'un service public de la donnée», *Revue française d'administration publique*, 2018, vol. 167, n° 3, p. 491-500.

tronçons routiers dans des modalités définies par décret, afin de créer une base de données nationale des limitations de vitesse.
– Énergie : les gestionnaires des réseaux doivent ouvrir, sous une forme agrégée garantissant l'anonymat, les données détaillées de consommation et de production d'énergie.

Enfin, la loi élargit le principe d'ouverture aux algorithmes et aux publications scientifiques. Sur demande, les administrations doivent communiquer les règles de mise en œuvre des traitements algorithmiques intervenant dans une décision individuelle. Une «*mention explicite*» doit figurer pour informer les usagers qu'une décision individuelle a été prise avec l'aide d'un algorithme. La décision peut être frappée de nullité en l'absence de cette mention. Concernant l'accès ouvert aux publications scientifiques, la loi autorise la diffusion ouverte, sans la rendre obligatoire, de la version finale du manuscrit auteur. L'éditeur peut seulement exiger de différer la publication, dans un délai allant de 6 mois à un an selon les disciplines.

Au moment où l'ouverture des données était devenue la règle, la mise en œuvre de cette réforme a dû faire face à de nombreuses résistances. La loi pour une République numérique renvoyait à de nombreux décrets d'application pour préciser sa mise en œuvre. Axelle Lemaire espérait signer la totalité des décrets d'application dans les six mois après l'adoption de la loi mais le contexte de la campagne présidentielle, et des résistances administratives ont retardé leur élaboration. Un an après l'adoption de la loi, les principaux décrets d'application sur la mise en œuvre du principe d'open data par défaut avaient été publiés[146] mais d'autres manquaient à l'appel. Celui concernant la base de données nationale des limites de vitesse n'a finalement jamais été publié. Ceux concernant l'ouverture des décisions de justice ont été repoussés à plusieurs reprises. Cette disposition de la loi Lemaire avait été introduite par amendement

146. Xavier Berne, «Décrets d'application de la loi Numérique : on fait le point», *NextInpact*, 2017. https://next.ink/9084/104942-decrets-dapplication-loi-numerique-on-fait-point/.

gouvernemental l'avant-veille de la discussion en séance publique de la loi pour une République numérique. Elle visait à développer l'écosystème émergent des entreprises de la *legal tech* mais n'avait pas fait l'objet d'une étude d'impact ou d'une concertation alors qu'elle constituait une réforme majeure pour les professionnels du droit. Là où une sélection de décisions était publiée sur Légifrance, la mise à disposition de l'ensemble des jugements des juridictions civiles et administratives pourrait constituer une transformation en profondeur de la justice[147]. La justice est certainement le secteur où l'open data a suscité à la fois l'espoir et la crainte d'un bouleversement des pratiques et des rapports entre acteurs. Notamment pour les juridictions du premier degré[148] dont les décisions sont peu connues (2000 jugements sur Légifrance) et massives avec près de 3 millions de décisions par an[149]. Face à un tel volume de données, le recours aux outils d'IA pourrait favoriser une meilleure connaissance de la jurisprudence par les juges du fond. Des services d'analyse des décisions ou de calcul de la probabilité de l'issue d'un litige créeraient une plus grande prévisibilité des décisions entraînant une harmonisation de la jurisprudence et un recours de manière croissante au règlement amiable pour des différends dont l'issue est prévisible. Des craintes se sont exprimées sur la possibilité d'un profilage des juges ou des stratégies de choix de juridiction. L'IA pourrait décharger les juges des tâches routinières pour qu'ils se concentrent sur celles à plus forte expertise, ce qui pourrait réduire (et privatiser) leur pouvoir d'appréciation souveraine et augmenter la pression du rendement qui s'impose déjà à eux.

147. Thibault Douville, « Open data des décisions de justice, cinq ans après : état des lieux et perspective », *Légipresse*, n° 65, HS1, p. 49-61, 2021.
148. Les juridictions de premier degré sont les premières à rendre une décision (exemple : tribunal judiciaire). En cas de désaccord avec la décision rendue, une affaire peut être jugée une seconde fois par une juridiction de second degré (exemple : cours d'appel).
149. Pascale Deumier, « L'effet de l'open data sur la jurisprudence des juges du fond », colloque « En faveur d'un procès civil artificiellement intelligent : une approche comparative », 2023. https://www.ildirittoprocessualecivile.it/wp-content/uploads/2023/07/3_2023_contributo-03.pdf.

Beaucoup plus lointaines et prospectives en 2017 qu'aujourd'hui avec l'engouement autour de ChatGPT et des IA génératives, ces promesses et craintes du rôle de l'IA alimentée par les décisions de justice ont provoqué une « bataille de lobbying » au moment de la publication des décrets de la loi Lemaire[150]. Après maints reports dus aussi en grande partie à la difficulté technique de l'anonymisation de ces données, le ministère de la Justice a confié en 2017 une mission de réflexion au professeur Loïc Cadiet qui, dans son rapport, a suggéré de renforcer les techniques de « pseudonymisation » des décisions, de réguler les outils de justice prédictive et de confier la gestion des bases de données ouvertes à la Cour de cassation et au Conseil d'État[151]. Finalement, suivant en grande partie les préconisations du rapport Cadiet, la loi du 23 mars 2019 de programmation et de réforme de la justice, et son décret d'application de juin 2020, ont confié la responsabilité de l'ouverture au Conseil d'État pour les juridictions administratives et à la Cour de cassation pour l'ordre judiciaire. Les décisions font l'objet d'une occultation des noms et prénoms des parties ou des tiers mentionnées dans la décision. Pour les magistrats et les membres du greffe, cette occultation est réalisée en cas de risque à leur sécurité ou à leur entourage, ou pour le respect de leur vie privée. Les craintes autour du profilage des juges ont été encadrées par la loi qui prévoit des sanctions en cas de « *réutilisation ayant pour objet ou pour effet d'évaluer, d'analyser, de comparer ou de prédire leurs pratiques professionnelles réelles ou supposées* ». Un arrêté d'avril 2021 a fixé un calendrier d'ouverture avec de premières ouvertures des données entre septembre 2021 et juin 2022 pour la justice administrative, les cours d'appel et la Cour de cassation. Pour les autres juridictions civiles et pénales, ces ouvertures auront lieu entre fin 2024 et fin 2025.

150. Xavier Berne, « Cour de cassation et associations réclament les décrets sur l'ouverture des décisions de justice », *NextInpact*, 2018. https://next.ink/7584/106953-cour-cassation-et-associations-reclament-decrets-sur-louverture-decisions-justice/.

151. Loïc Cadiet, « Rapport sur l'open data des décisions de Justice : Mission d'étude et de préfiguration sur l'ouverture au public des décisions de justice », *Rapport à Madame la garde des Sceaux, ministre de la Justice*, 2017. https://www.justice.gouv.fr/rapport-lopen-data-decisions-justice.

Au-delà de la question des décrets d'application de la loi Lemaire, s'est posée la question du portage de l'open data au niveau du gouvernement et de la haute administration. Après l'élection d'Emmanuel Macron, le nouveau secrétaire d'État au numérique Mounir Mahjoubi n'avait pas exprimé de véritable intérêt pour l'open data. Le sujet de l'ouverture des données s'est toutefois frayé un chemin dans le rapport de Cédric Villani, mathématicien et député de l'Essonne, pour la mission sur l'intelligence artificielle que lui a confiée le Premier ministre Édouard Philippe. Ce rapport, remis le 29 mars 2018 au président de la République, devait poser les bases d'une stratégie nationale ambitieuse pour la France en matière d'intelligence artificielle. Le rapport Villani[152] soulignait l'importance de l'ouverture des données pour le développement de celle-ci :

Il est tout d'abord urgent d'accélérer et d'étoffer la politique d'ouverture des données publiques (open data), en particulier s'agissant des données critiques pour les applications en IA. La démarche d'open data fait l'objet d'une politique volontariste depuis plusieurs années, notamment sous l'impulsion de la loi pour une République numérique : cet effort, important, doit être soutenu.

Mettre l'accent sur l'utilité de l'open data pour l'intelligence artificielle n'a pas accéléré l'ouverture des données publiques. En décembre 2018, du fait notamment de mésententes avec Mounir Mahjoubi[153], Henri Verdier a été remplacé par Nadi Bou Hanna, polytechnicien ingénieur du Corps des mines[154], fondateur à partir de

152. Cédric Villani, *Donner un sens à l'intelligence artificielle. Pour une stratégie nationale et européenne, rapport remis au Président de la République*, 2018. https://www.vie-publique.fr/rapport/37225-donner-un-sens-lintelligence-artificielle-pour-une-strategie-nation.

153. «Dinsic : Henri Verdier dans le viseur de Mounir Mahjoubi», *La Lettre A*, 13 juillet 2018. https://www.lalettrea.fr/action-publique_executif/2018/07/13/dinsic—henri-verdier-dans-le-viseur-de-mounir-mahjoubi,108316794-bre.

154. Certains ont interprété le remplacement d'Henri Verdier comme une reprise en main de la direction du numérique par le Corps des mines. Lire notamment : Sabine Blanc, «Le corps des Mines à la conquête du numérique»,

2007 d'un cabinet de conseil en stratégie numérique et concepteur de logiciels de dématérialisation du service public. Le nouveau directeur interministériel au numérique (Dinum) avait Etalab sous sa responsabilité. S'inscrivant en rupture avec son prédécesseur, Nadi Bou Hanna avait placé l'ouverture des données en retrait face aux enjeux d'échange de données entre administrations. Il avait affirmé lors de sa première interview que l'ouverture des données n'était pas sa première priorité :

Aujourd'hui, la première priorité en matière d'ouverture des données, c'est déjà de s'assurer qu'entre administrations, les données utiles circulent, pour éviter de les redemander systématiquement aux tiers. Ça, c'est le niveau zéro, avant même de passer au niveau un qui est celui de l'ouverture des données[155].

Ce relatif désintérêt pour l'open data s'est reflété en particulier dans la feuille de route 2019-2022 de la Dinum[156] intitulée « tech.gouv » qui, avant sa mise à jour en septembre 2021, ne contenait aucune mention de l'ouverture des données ni de data.gouv.fr. Le manque d'appui à l'open data de la part du directeur interministériel au numérique pouvait être perçu par certains comme une remise en cause du principe d'open data par défaut prévu par la loi pour une République numérique de 2016. Sa nomination a aussi provoqué des départs au sein de la Dinum et d'Etalab, notamment celui de Christian Quest[157], contributeur notoire à OpenStreetMap et à

Contexte, 2018. https://www.contexte.com/article/numerique/le-corps-des-mines-a-la-conquete-du-numerique_84431.html.

155. Xavier Berne, « Entretien avec Nadi Bou Hanna, nouveau Directeur interministériel au numérique (Dinsic) », *NextInpact*, 14 mars 2019. https://next.ink/7584/106953-cour-cassation-et-associations-reclament-decrets-sur-louverture-decisions-justice/.

156. Dinum, « *tech.gouv* : L'État lance un programme pour accélérer la transformation numérique du service public », 16 avril 2019. https://www.numerique.gouv.fr/actualites/tech-gouv-accelerer-la-transformation-numerique-du-service-public/.

157. Xavier Berne, « Remous autour d'une démission à la Dinsic », *NextInpact*, 27 février 2019. https://www.nextinpact.com/lebrief/38171/7898-remous-autour-d-

l'époque chargé de mission au sein d'Etalab, qui a dénoncé une «*feuille de route utilitariste et court-termiste*» dans laquelle il ne retrouve «*quasiment aucune des valeurs qui [l']ont fait rejoindre Etalab* ». Ce relatif désintérêt du DSI de l'État pour l'open data n'a pas entraîné le démantèlement d'Etalab comme certains ont pu le craindre. La mission a dû prioriser la circulation des données entre administrations avec notamment le développement du portail api.gouv.fr. En mai 2021, Nadi Bou Hana a quitté la Dinum après que des accusations de «management brutal» soient parues dans la presse[158] et des critiques sur son opposition à l'open data pendant la pandémie (voir le chapitre suivant). Stéphanie Schaer l'a remplacé au poste de directrice interministérielle du numérique en septembre 2022. Ancienne cadre de Bercy, elle a notamment lancé la startup d'État «Signaux Faibles», qui permet de détecter précocement les entreprises en difficulté grâce à des données détenues par les administrations pour mieux les accompagner. Elle aussi a été directrice de cabinet d'Élisabeth Borne au ministère du Travail puis sa conseillère à Matignon. Sa feuille de route à la Dinum publiée en 2023 évoque l'open data comme une réussite qui a permis la «*concrétisation de services utiles aux citoyens* » et a fourni «*des informations objectives et fiables aux journalistes pour contribuer à la transparence du débat public* ». Mais elle n'en fait pas un axe de travail, considérant qu'«*au-delà de l'ouverture des données, il est crucial pour l'État de pleinement tirer parti de ses données en les exploitant* [159] ».

Malgré un portage instable au niveau interministériel, les avancées sectorielles en matière d'open data se sont poursuivies. En juillet 2018, Frédérique Vidal, la ministre de l'Enseignement

une-demission-a-la-dinsic.

158. Anaïs Coignac, «Changement de tête à la direction interministérielle du numérique, sur fond d'accusations de management brutal», *Le Monde.fr*, 2021. https://www.lemonde.fr/politique/article/2021/12/08/changement-de-tete-a-la-direction-interministerielle-du-numerique-en-pleine-crise-interne_6105148_823448.html.

159. Dinum, «Feuille de route de la Dinum – Une stratégie numérique au service de l'efficacité de l'action publique», 2023. https://www.numerique.gouv.fr/publications/feuille-de-route-dinum/.

supérieur, de la Recherche et de l'Innovation, annonçait le plan national pour la science ouverte[160]. Celui-ci prévoit, entre autres, de rendre obligatoire l'accès ouvert pour les publications et les données issues de recherches financées sur projet. Il crée le Comité pour la science ouverte (COSO), une instance à la gouvernance ouverte qui vise à proposer des orientations et accompagner la mise en œuvre de la politique de science ouverte. Il dote le ministère de la fonction d'administrateur des données et incite les opérateurs de la recherche à se doter d'une politique de science ouverte. Un deuxième plan national pour la science ouverte a été annoncé en 2021 créant, notamment, un entrepôt national de données de recherche (`recherche.data.gouv.fr`) intervenant en complément des infrastructures existantes et comportant un catalogue unifié des données déposées sur d'autres entrepôts. Le plan prévoit la généralisation des plans de gestion de données et l'organisation d'un réseau d'administrateur des données au sein des établissements d'enseignement supérieur et de recherche. Du côté de Bercy, en application de la loi de 2018 « pour un État au service d'une société de confiance », la direction générale des finances publiques (DGFIP) a publié en mai 2019, les données des Demandes de valeur foncière (DVF) qui regroupent les informations, y compris le prix, sur les transactions immobilières des cinq dernières années[161]. La loi d'orientation des mobilités (LOM) du 24 décembre 2019 a élargi l'ouverture des données de transport et de mobilité aux services de mobilité partagée, comme les voitures, vélos ou trottinettes en libre-service. Alors que certains décrets d'application de la loi Macron de

160. Ministère de l'Enseignement supérieur, de la Recherche et de l'Innovation, « Le Plan national pour la science ouverte : les résultats de la recherche scientifique ouverts à tous, sans entrave, sans délai, sans paiement », 2018. https://web.archive.org/web/20201127141118/https://www.enseignementsup-recherche.gouv.fr/cid132529/le-plan-national-pour-la-science-ouverte-les-resultats-de-la-recherche-scientifique-ouverts-a-tous-sans-entrave-sans-delai-sans-paiement.html.

161. Mathilde Hoang, Etalab, « Bercy libère 15 millions de transactions immobilières en ouvrant la base des demandes de valeurs foncières », 3 mai 2019. https://www.etalab.gouv.fr/bercy-libere-15-millions-de-transactions-immobilieres-en-ouvrant-la-base-des-demandes-de-valeurs-foncieres.

2016 n'avaient jamais été publiés, la loi précise le cadre de l'ouverture des données de transport avec la création d'une plateforme nationale des données de mobilité (`transport.data.gouv.fr`), la collecte obligatoire de données sur l'accessibilité des réseaux et l'utilisation de formats standards.

L'ancrage instable de l'ouverture des données dans l'administration

L'ouverture des données fait face à deux grands défis. Le premier est celui de la généralisation. La loi pour une République numérique donne pour objectif aux acteurs publics que l'open data devienne la norme plutôt que l'exception. Selon les données de l'observatoire de l'open data des territoires publiées par l'association OpenDataFrance, en 2022, 748 collectivités territoriales ont déjà ouvert au moins un jeu de données sur les plus de 4000 concernées par la loi. Tous les acteurs investis d'une mission de service public sont concernés : le défi est immense mais les outils et les moyens pour la mise en œuvre de cette obligation manquent. Même dans les collectivités locales qui ont déjà ouvert des données, l'open data est loin d'être entré dans les routines de l'administration. Le risque est celui d'une fracture entre les grandes collectivités riches en capacité d'organiser un projet d'ouverture des données et des collectivités de taille plus modeste qui ne pourront pas s'engager dans une telle démarche.

Le deuxième défi porte sur la pérennisation de l'ouverture des données. La mission Etalab, dont nous venons de retracer la trajectoire, a des attaches sans cesse mouvantes dans l'administration ce qui rend incertaine sa capacité d'action en l'absence de soutien politique fort. L'ouverture des données doit aussi sans cesse changer de justification selon les orientations politiques. Par exemple, Etalab a été créée pour encourager le développement de services pratiques à partir de données publiques puis est devenu un acteur essentiel de la transformation de l'administration et du développement de la participation citoyenne. L'open data doit aussi pouvoir survivre aux moments d'alternance : même si des collectivités de droite comme de gauche ont initié des politiques d'open data[162], se pose la question de la pérennité des données ouvertes face aux extrêmes. Après l'élection de Donald Trump, la Maison Blanche a ainsi effacé son portail open data et ordonné la disparition de plusieurs bases de données environnementales révélant la question critique de l'archivage des données[163].

L'ancrage instable de l'ouverture des données dans l'administration s'est particulièrement ressenti pendant la pandémie de Covid-19. Alors que la demande de données n'a jamais été aussi forte, l'ouverture n'a pas été tout de suite la norme comme le prévoit pourtant la loi. Les données ont été ouvertes suite à de nombreuses mobilisations et initiatives citoyennes qui ont contribué à leur lisibilité dans une situation où les données n'ont jamais été aussi scrutées.

162. Valérie Peugeot, « L'ouverture des données publiques : convergence ou malentendu politique ? », *in* Bernard Stiegler, *Confiance, croyance, crédit dans les mondes industriels*, FYP Éditions, 2012, p. 1-9,65.
163. Morgan Lynch, « White House Open Data Disappears, Raising Transparency Questions », *Meritalk*, 2017. https://www.meritalk.com/articles/white-house-open-data-disappears-transparency-donald-trump-sunlight-foundation/.

La pandémie de Covid-19, un moment charnière

Pendant la pandémie[164], une grande part de la population a scruté quotidiennement des indicateurs très variés (contaminations, entrées à l'hôpital, passages en réanimation, décès, tests, injections de vaccins, état des stocks, part des variants, en passant par les taux d'incidence et de positivité, le niveau du Ro…). Selon l'évolution de ces chiffres, nous pouvions envisager de revoir des proches, de nous rendre sur notre lieu de travail, de partir en voyage, d'aller dîner au restaurant ou de sortir de chez nous passée une certaine heure. Cette situation inédite a été résumée par Emmanuel Didier[165] dans AOC le 16 avril 2020 : «*toutes les mesures politiques, tous nos discours, toutes nos réflexions sont orientées et conformées, à un degré rarement atteint, par des outils quantitatifs*». Ce constat s'est étendu bien au-delà de la première vague et de son confinement drastique.

Ce chapitre revient sur l'ouverture des données liées à la pandémie de Covid-19. Comment le principe d'ouverture des données par défaut prévu par la loi pour une République numérique a-t-il été appliqué pendant la pandémie? La situation d'urgence a-t-elle retardé ou accéléré la diffusion des données? Qui sont les acteurs qui se sont saisis de ces données? Je montrerai comment la pandémie a constitué un moment charnière pour le mouvement récent de l'open data et a relancé à la politique d'ouverture des données en France. Ce chapitre

164. Ce chapitre reprend en partie un article de revue : Samuel Goëta, «La pandémie de Covid-19 : un moment charnière pour l'ouverture des données en France», *Statistique et Société*, vol. 10, n° 2, 2022. https://statistique-et-societe.fr/index.php/stat_soc/article/view/853.

165. Emmanuel Didier, «Politique du nombre de morts», *AOC - Analyse Opinion Critique*, 16 avril 2020. https://aoc.media/opinion/2020/04/15/politique-du-nombre-de-morts/.

décrit d'abord les premiers outils internationaux de suivi de la pandémie de Covid-19 qui ont posé une exigence internationale d'ouverture et d'actualisation des données de veille sanitaire. Il nous conduit ensuite à étudier la mise en place des outils de surveillance de la pandémie en France et à comprendre comment les premières ouvertures ont été accompagnées par des initiatives citoyennes de collecte et de visualisation des données. Nous verrons ensuite que l'utilisation massive des données sur la pandémie a conduit le gouvernement à relancer la politique d'open data qui semblait s'essouffler en France. Les médiateurs de données comme CovidTracker ont joué un rôle essentiel dans l'ouverture de nouvelles données sur la pandémie.

Une pandémie instantanément mise en données

Il n'est pas excessif d'affirmer que la pandémie a débuté par une ouverture de données. Le 31 décembre 2019, les autorités de la ville de Wuhan en Chine annonçaient publiquement les signes d'une épidémie de pneumonie. Six jours plus tard, le 5 janvier 2020, le département des zoonoses du Centre chinois de contrôle et de prévention des maladies soumettait le génome du virus identifié dans le marché de fruits de mer de Wuhan sur Genbank[166], une des plus anciennes et plus grandes bases de données en génétique au monde[167]. Le 11 janvier, ces données étaient publiées. La publication du génome a lancé la course internationale aux vaccins; plusieurs équipes déjà préparées à l'éventualité de l'émergence d'un nouveau virus se sont constituées le jour même de la publication du génome. Dans un documentaire[168] de la BBC, la professeure Teresa Lambe de l'université d'Oxford a raconté qu'elle avait reçu une notification de la publication du

166. «Wuhan seafood market pneumonia virus isolate Wuhan-Hu-1, complete genome», National Library of Medicine, 2020. https://www.ncbi.nlm.nih.gov/nuccore/MN908947.1.
167. «Timeline of the COVID-19 pandemic in January 2020», *Wikipedia*. https://en.wikipedia.org/wiki/Timeline_of_the_COVID-19_pandemic_in_January_2020.
168. Catherine Gale, «Covid-19, la course aux vaccins», *ARTE*, 2021.

génome dans la nuit du 10 au 11 janvier et s'était lancée immédiatement dans la conception d'un nouveau vaccin : « *au petit matin, toujours en pyjama dans ma chambre, je me suis collée devant mon ordinateur pour développer un vaccin* ». Le 16 janvier, sans avoir eu accès au virus, une équipe de l'hôpital universitaire de la Charité de Berlin menée par le professeur Christian Drosten publiait le protocole du premier test RT-PCR[169].

Les données de veille épidémique ont circulé plus difficilement du fait de la complexité à détecter les cas, mais aussi de l'opacité qui a régné en Chine sur l'émergence de la pandémie. Une initiative a toutefois donné une grande visibilité aux chiffres sur la circulation de l'épidémie. Le 21 janvier, Ensheng Dong, doctorant à l'école d'ingénieur de l'université Johns Hopkins, sur les conseils de Lauren Gardner, sa directrice de thèse, a développé un tableau de bord de suivi de la pandémie[170]. Composé d'une carte du monde avec des points rouges regroupant les cas, le tableau de bord a attiré en quelques semaines plusieurs millions de visiteurs. Ces données, collectées de manière manuelle ou automatisée selon les pays, sont devenues la source internationale de référence, au moins pendant la première vague de l'épidémie, pour connaître l'évolution des contaminations partout dans le monde. Le tableau de bord de l'université Johns Hopkins a aussi posé une exigence d'ouverture et de mise à jour quotidienne des données, devenues la norme internationale en matière de veille sanitaire sur la Covid-19. Cet outil a aussi montré l'importance de la médiation, au-delà des données brutes, pour aider le public à suivre l'évolution de l'épidémie.

169. Victor Corman *et al.*, « Detection of 2019 novel coronavirus (2019-nCoV) by real-time RT-PCR », *Eurosurveillance*, janvier 2020, vol. 25, n° 3. https://www.eurosurveillance.org/content/10.2807/1560-7917.ES.2020.25.3.2000045.

170. Kyle Swenson, « How the Johns Hopkins coronavirus tracker was built » *The Washington Post*, 29 juin 2020. https://www.washingtonpost.com/local/johns-hopkins-tracker/2020/06/29/daea7eea-a03f-11ea-9590-1858a893bd59_story.html.

Un dispositif de surveillance mis en place en urgence en France

En France, un dispositif de surveillance de la propagation de la Covid-19 a été mis en place à partir du 10 janvier 2020[171]. Conçu à la suite de la pandémie de grippe A (H2N1) en 2009, le plan national de prévention et de lutte « pandémie grippale » de 2011 prévoyait des outils de pilotage adaptés aux quatre stades de l'épidémie[172]. Le premier stade visait à freiner l'introduction du virus sur le territoire. Le 24 janvier 2020, les trois premiers cas de Covid-19 ont été déclarés en France[173]. Le deuxième stade, qui visait à freiner la propagation du virus, a été déclenché le 29 février avec une centaine de cas déclarés sur le territoire. Les autorités ont tenté de retracer et d'isoler l'ensemble des cas contacts, mais très vite l'épidémie est devenue hors de contrôle. Au troisième stade qui a été déclaré le 14 mars 2020 par le gouvernement, le plan national de prévention prévoyait l'arrêt de la surveillance individuelle des cas avec l'augmentation rapide du nombre de personnes infectées. Le ministère des Solidarités et de la Santé et Santé Publique France sont alors passés dans une stratégie de surveillance dite « syndromique » qui consistait à identifier la part de la population présentant des symptômes de l'infection à la Covid-19, même si ces signes se retrouvent dans d'autres maladies. Pour assurer cette surveillance, Santé Publique France a comptabilisé les passages aux urgences hospitalières pour suspicion de Covid-19 en s'appuyant sur un réseau de 194 services de réanimation et le dispositif SI-VIC (Système d'information pour le suivi des victimes) conçu en 2016 suite aux attentats de Paris pour des événements et des catastrophes impliquant un grand nombre de victimes. Concrètement, ces

171. Santé Publique France, *Livret de présentation « Le suivi de l'épidémie de COVID-19 »*, mars 2020. https://solidarites-sante.gouv.fr/IMG/pdf/livret_suivi_epidemie_covid-19_-_270320.pdf.

172. Secrétariat général de la défense et de la sécurité nationale, *Plan national de prévention et de lutte « Pandémie grippale »*, octobre 2011. https://solidarites-sante.gouv.fr/IMG/pdf/Plan_Pandemie_Grippale_2011.pdf.

173. Chronologie de la pandémie de Covid-19 en France, *Wikipédia*, 2020. https://fr.wikipedia.org/wiki/Chronologie_de_la_pandémie_de_Covid-19_en_France.

systèmes d'information ont permis de collecter des indicateurs essentiels pour suivre l'engorgement des hôpitaux comme le nombre de patients hospitalisés pour Covid-19, placés en réanimation, guéris ou décédés. La médecine dite «de ville» a aussi fait l'objet d'une surveillance avec une remontée du nombre quotidien de patients présentant les signes d'une infection respiratoire aiguë. Ces données ont été collectées parmi les praticiens membres du réseau Sentinelles ou d'une des associations SOS Médecins puis extrapolées à l'ensemble des généralistes de la même zone[174]. La prévalence des pathologies saisonnières comme la grippe est estimée avec une méthodologie similaire.

Avec l'accélération de la propagation du virus, les autorités ont ainsi assumé de ne plus compter individuellement les cas. Santé Publique France a pourtant continué à communiquer quotidiennement le nombre de cas confirmés malgré des avertissements sur son site : «*du fait de la difficulté de l'identification et de la confirmation biologique de l'ensemble des cas de Covid-19, les données présentées sous-estiment le nombre réel de cas*[175]». La France n'a pas procédé à un dépistage de grande envergure de la Covid-19, les tests ayant généralement été réservés à des publics particuliers : malades à l'hôpital, personnel soignant, personnes à risques… Malgré ces limites évidentes, l'indicateur du nombre de cas confirmés a pourtant été très scruté, à la fois en valeur absolue et en comparaison avec d'autres pays, y compris certains ayant adopté des politiques de tests massifs de leur population.

174. Réseau Sentinelles, *Méthodes statistiques du réseau Sentinelles*. https://www.sentiweb.fr/france/fr/?page=methodes.

175. «Cas confirmés, hospitalisés, guéris… Comment les malades du coronavirus sont comptabilisés en France», *France Info*, 25 mars 2020. https://www.francetvinfo.fr/sante/maladie/coronavirus/cas-confirmes-hospitalises-gueris-comment-les-malades-du-coronavirus-sont-comptabilises-en-france_3884155.html.

Des premières ouvertures de données incitées par des initiatives citoyennes

Dès l'apparition des premiers cas, Santé Publique France et le ministère de la Santé ont communiqué ces indicateurs aux médias sans pour autant ouvrir les données. Ces indicateurs étaient principalement communiqués sous la forme de communiqués de presse au format PDF ou à l'oral lors de points presse : impossible de télécharger les données pour réaliser des analyses ou proposer de nouvelles visualisations. Au moment du confinement, Santé Publique France n'avait pas de compte sur data.gouv.fr[176]. Son outil d'observation cartographique, Geodes, n'a inclus des données sur la Covid-19 qu'à partir du 18 mars 2020[177].

Pour y remédier, des collectifs citoyens ont produit et actualisé des données dès le début du mois de mars 2020. Le 6 mars, Lior Perez, ingénieur en science des données chez Météo France, lançait un appel sur LinkedIn pour collecter des données exploitables et ouvertes à partir des chiffres publiés dans les communiqués de presse et interventions de Santé Publique France ou des Agences régionales de santé (ARS). Le 14 mars 2020[178], ce projet a fusionné avec celui d'une autre équipe initiée à titre personnel par Jérôme Desboeufs et Bastien Guerry, deux agents d'Etalab. Une communauté en ligne intitulée opencovid19-fr s'est structurée autour de canaux de discussions sur Slack réunissant 1 200 membres qui y ont échangé près de 90 000 messages[179]. À partir du 13 mars 2020, cette communauté a produit un tableau de bord de suivi de l'évolution de l'épidémie en France

176. Simon Chignard, « L'open data de crise : entre mobilisation citoyenne et communication gouvernementale », *Annales des Mines, Enjeux numériques*, juin 2021, p. 73-77.
177. Santé Publique France, « Covid-19 : Point épidémiologique – Situation au 15 mars 2020 à minuit », 2020. https://www.santepubliquefrance.fr/content/download/237536/2535424.
178. Léa Taieb, « Ces citoyens luttent contre le coronavirus grâce à une arme : la data », *Les Echos*, 2 avril 2020. https://start.lesechos.fr/societe/engagement-societal/ces-citoyens-luttent-contre-le-coronavirus-grace-a-une-arme-la-data-1191396.
179. Simon Chignard, 2021, *op. cit.*

intitulé veille-coronavirus.fr alimenté par les données collectées par les contributeurs d'opencovid19-fr.

En réponse à la demande de plus en plus importante d'ouverture des données, les autorités sanitaires ont diffusé certaines données officielles en open data. Le 19 mars 2020, Santé Publique France publiait sur data.gouv.fr les données sur la pression hospitalière (nombre de patients hospitalisés, en réanimation, retournés à domicile ou décédés), les urgences (nombre de passages pour suspicion de Covid-19) et la médecine de ville (actes médicaux au sein du réseau SOS Médecins pour suspicion de Covid-19)[180]. Le 27 mars, Santé Publique France publiait en complément un jeu de données sur le nombre de tests de dépistage de la Covid-19 réalisés par département. Ce système de surveillance a été remplacé en mai 2020 par un système d'information dédié au dépistage de la Covid-19 nommé SI-DEP. Opéré par l'Assistance publique - Hôpitaux de Paris (AP-HP), SI-DEP collecte à l'échelle nationale tous les résultats de tests de dépistage de la Covid-19[181]. En complément de ces données, l'Insee a publié le 27 mars 2020 « à titre exceptionnel » des données quotidiennes sur l'évolution de la mortalité en France, toutes causes de décès réunies. Chaque vendredi, l'institut statistique a publié des données sur le nombre de décès constatés 11 jours plus tôt (7 jours pour les communes ayant dématérialisé la déclaration des décès). Des fichiers détaillés ont permis de connaître la date et la commune du décès, l'âge et le sexe du défunt, sa commune de résidence et le lieu de décès (hôpital ou clinique, domicile, maison de retraite, autres)[182].

180. « Données relatives à l'épidémie du Covid-19 », *data.gouv.fr*, 2020. https://web.archive.org/web/20200323212238/https://www.data.gouv.fr/fr/datasets/donnees-relatives-a-lepidemie-du-covid-19/.

181. « Le Système d'Information de Dépistage Populationnel (SI-DEP) opéré par l'AP-HP évolue pour fournir des résultats de tests certifiés ». https://www.aphp.fr/actualite/le-systeme-dinformation-de-depistage-populationnel-si-dep-opere-par-lap-hp-evolue-pour.

182. « Nombre de décès quotidiens », Insee. https://www.insee.fr/fr/statistiques/4487988?sommaire=4487854.

Après ces premières ouvertures de données, fin mars 2020, le tableau de bord `veille-coronavirus.fr` a rapidement été repris au sein de l'État afin de devenir l'outil officiel du gouvernement pour le suivi de la pandémie. Le 28 mars 2020, lors d'un point presse avec le Premier ministre, le directeur général de la santé, Jérôme Salomon, annonçait l'ouverture des données liées à la pandémie et la publication du tableau de bord. Son discours vantait les bénéfices de l'open data et soulignait l'importance de la collaboration avec les acteurs de la société civile, désignant vraisemblablement les bénévoles d'`open-covid19-fr` :

Le libre accès aux données relatives à l'épidémie, ce qu'on appelle l'open data, assure la confiance des citoyens dans les éléments qui leur sont communiqués, favorise les actions de prévention contre la propagation du virus et facilite la prise de décision. La diffusion et l'exploitation de ces données ont été rendues possibles grâce à une collaboration étroite entre plusieurs administrations et la société civile.

Ces données ont encore gagné en importance au moment du déconfinement. Le 28 avril 2020, le Premier ministre Édouard Philippe présentait à l'Assemblée nationale la stratégie de déconfinement comprenant une différenciation selon la circulation du virus dans les territoires. La carte de vigilance distinguait pour chaque département un niveau rouge ou vert basé sur trois indicateurs : la proportion de passages aux urgences pour une suspicion de Covid-19, le taux d'occupation des lits de réanimation par des patients atteints de Covid-19 et le taux de couverture des besoins en tests estimés au 11 mai[183]. À partir du 28 mai, ces critères ont été remplacés par quatre indicateurs : le taux d'incidence (tests positifs pour 100 000 habitants), le taux de positivité des tests, l'évolution du R0 (nombre de personnes contaminées par chaque malade) et le taux d'occupation des lits en réanimation. Ces indicateurs très scrutés ont été publiés le 30 avril sur

183. Données de la carte de vigilance COVID-19, *data.gouv.fr*, 20 octobre 2020. `https://www.data.gouv.fr/fr/datasets/donnees-de-la-carte-de-vigilance-covid-19/`.

data.gouv.fr et intégrés dans le tableau de bord du gouvernement. Fin juin 2020, des données au niveau infra-départemental (EPCI) ont été publiées par Santé Publique France pour permettre un suivi plus localisé de l'épidémie[184].

Des données réutilisées massivement, une relance de la politique d'ouverture des données

Les données publiées sur data.gouv.fr liées à la Covid-19 ont répondu à une très forte demande de la part d'usagers très variés. De mars à octobre 2020, plus du tiers des visites (37 %) sur data.gouv.fr concernait des jeux de données publiés par Santé Publique France, l'Insee (fichier des personnes décédées) ou opencovid19-fr[185]. Les statistiques disponibles en ligne sur stats.data.gouv.fr montrent une explosion du trafic sur le portail national data.gouv.fr pendant les périodes de déconfinement en mai et novembre 2020. Ces données ont été ainsi très scrutées par un large public, soucieux de savoir quand le déconfinement pourrait avoir lieu. En mai 2020, les données ont servi en particulier à calculer les indicateurs de la carte de vigilance qui déterminaient département par département les conditions de la reprise des activités. Le 24 novembre 2020, le président Emmanuel Macron déclarait lors d'un discours télévisé envisager un déconfinement d'ici au 15 décembre 2020 si la situation sanitaire continuait de s'améliorer avec des objectifs de 5 000 nouveaux cas positifs quotidiens et moins de 3 000 patients en réanimation. Les données liées à la propagation du virus ont alors été très suivies pour prévoir si les réunions lors des fêtes de fin d'année étaient envisageables.

184. Samuel Goëta sur Twitter, 2 novembre 2020. https://twitter.com/samgoeta/status/1323341113965580289.
185. Ce chiffre a été calculé à partir de l'outil de statistiques de fréquentation, stats.data.gouv.fr, qui comptabilise le trafic sur l'ensemble des sites d'Etalab. Les données brutes ayant permis ce calcul sont publiées par Datactivist sur data.gouv.fr. https://www.data.gouv.fr/fr/datasets/nombre-de-visiteurs-par-jour-depuis-2014-des-url-de-data-gouv-fr-1/.

La forte croissance de la fréquentation de data.gouv.fr en 2020 et l'importance des visualisations issues de données ouvertes dans le débat public ont contribué à relancer la politique d'open data du gouvernement. Avant la pandémie, l'ouverture des données semblait sur la sellette depuis la nomination en décembre 2018 de Nadi Bou Hanna à la Direction interministérielle au numérique (Dinum). Tentant de tirer les leçons de la pandémie sur la gouvernance des données publiques, le rapport du député Éric Bothorel, remis au Premier ministre le 23 décembre 2020, a donné lieu à une relance vigoureuse de l'ouverture des données au sein de l'État. Selon sa lettre de mission ce rapport devait identifier les freins à lever pour favoriser l'ouverture des données, accélérer le partage des données dites d'intérêt général collectées par des acteurs privés et l'ouverture des codes sources des applications et logiciels développés par les administrations. Le rapport a abouti le 28 avril 2021 à une circulaire du Premier ministre imposant notamment la nomination d'un administrateur des données, des algorithmes et des codes sources (AMDAC) dans chaque ministère et la publication par chaque ministère d'une feuille de route sur l'ouverture des données et des codes sources le 28 septembre 2021[186]. Les quinze feuilles de route publiées ont totalisé plus de 500 actions sur les enjeux des AMDAC, certaines jugées pusillanimes par des acteurs de la société civile[187]. Quoi qu'il en soit, la mobilisation des agents dans les ministères pour l'élaboration de ces feuilles de route a replacé le sujet de l'open data comme une priorité de l'administration.

186. Données, algorithmes et codes sources : une mobilisation générale sans précédent, à travers 15 feuilles de route ministérielles, *numerique.gouv.fr*, 27 septembre 2021. https://www.numerique.gouv.fr/actualites/donnees-algorithmes-codes-sources-mobilisation-generale-sans-precedent-15-feuilles-de-route-ministerielles/.
187. Christian Quest, « Data, code, algos : 15 feuilles de route et plus de 500 actions », *#TeamOpenData*, septembre 2021. https://teamopendata.org/t/data-code-algos-15-feuilles-de-route-et-plus-de-500-actions/3129/7.

L'émergence de médiateurs issus de la société civile dans l'ouverture et la compréhension des données sur la pandémie

Le rapport du député Bothorel a aussi contribué à mettre en lumière le rôle des initiatives de la société civile pour « accélérer » l'innovation de la sphère publique et renforcer la transparence des décisions. Deux initiatives font l'objet d'une étude de cas dans le rapport : Opencovid19-fr (évoqué précédemment) et CovidTracker. Cette dernière initiative mérite qu'on s'y attarde tant sa visibilité auprès du grand public a été importante et son rôle central dans l'ouverture des données liées à la pandémie à partir de la fin de l'année 2020. CovidTracker est une initiative lancée par Guillaume Rozier, un ingénieur en science des données de 24 ans qui, au moment de la première vague, terminait ses études à TELECOM Nancy[188]. En mars 2020, stagiaire dans une banque luxembourgeoise, ne pouvant pas télétravailler ni rester au Luxembourg, il a décidé d'occuper son temps libre en analysant les données de la pandémie fournies par l'université Johns Hopkins. Début mars, il publiait sur Twitter un graphique pour montrer un décalage de neuf jours[189] entre la situation en France et celle en Italie où la croissance du nombre de cas était exponentielle. Au fur et à mesure de l'avancée de la première vague, ses tweets ont été très relayés, aboutissant à la publication de son site intitulé CovidTracker en avril 2020. Le 13 avril 2020, 15 000 personnes l'avaient consulté[190]. De nombreux médiateurs issus de formation en sciences des données comme lui ont contribué à visualiser et à expliquer les données de la pandémie. En novembre 2020, *Le Parisien* publiait un article sur « ces jeunes geeks passés maîtres en suivi de

188. Elsa Bembaron, « Comment est né le site très suivi CovidTracker », *Le Figaro*, 29 décembre 2020.

189. Guillaume Rozier, « Comparaison du nombre de cas totaux déclarés en France et en Italie (au 10 mars 2020). #Covid-19. On remarque un retard de 8 à 9 jours de l'épidémie en France par rapport à l'Italie. », *Twitter*, 11 mars 2020. https://twitter.com/GuillaumeRozier/status/1237723117419716608.

190. « [Covid-19] : un élève de Télécom Nancy réalise un outil de visualisation de données de l'épidémie », 22 avril 2020. https://factuel.univ-lorraine.fr/node/14224.

l'épidémie» dressant le portrait des «3G» : Germain Forestier, Guillaume Saint-Quentin et Guillaume Rozier, trois spécialistes des données analysant quotidiennement sur Twitter les données de la pandémie[191]. Cet article a attiré l'attention de la rédaction de *Quotidien* qui a invité Guillaume Rozier sur le plateau pour présenter CovidTracker au million et demi de téléspectateurs de l'émission d'actualités de TMC. L'ingénieur y a livré un plaidoyer en faveur de l'ouverture des données, présentées comme une «*mine d'or sous exploitée*» et un moyen d'améliorer la qualité de nos vies[192].

En plus de fournir des outils de visualisation des données, CovidTracker a joué un rôle essentiel dans l'ouverture de nouvelles données liées à la pandémie. En novembre 2020[193], Elias Orphelin, un des premiers contributeurs de CovidTracker, relayait avec Guillaume Rozier sur Twitter une demande d'ouverture des données de détection de la concentration du SARS-COV-2 dans les eaux usées. Publiée sur madada.fr, un site qui facilite l'exercice du droit d'accès aux documents administratifs[194], la demande a été adressée au ministère de l'Enseignement supérieur, de la Recherche et de l'Innovation (MESRI) qui a consacré trois millions d'euros au projet d'Observatoire épidémiologique dans les eaux usées (OBEPINE). Lancé en juillet, OBEPINE visait à réaliser un suivi en temps réel des traces de Covid-19 dans les eaux usées sur tout le territoire national afin d'anticiper les évolutions de la pandémie. La demande formulée par Elias Orphelin le 20 novembre 2020 a reçu une réponse favorable du MESRI le 9 janvier

191. Berrod Nicolas, «Covid-19 : ces jeunes "geeks" passés maîtres en suivi de l'épidémie», *Le Parisien,* 9 nov. 2020. https://www.leparisien.fr/societe/covid-19-ces-jeunes-geeks-passes-maitres-en-suivi-de-l-epidemie-09-11-2020-8407395.php.

192. @Qofficiel, Quotidien «"L'analyse de données peut sauver des vies!" @GuillaumeRozier, le fondateur de CovidTracker, dans #Quotidien». https://twitter.com/Qofficiel/status/1328790471531966464.

193. Elias Orphelin, «L'analyse des données des eaux usées pourrait devenir un indicateur essentiel dans le suivi de l'épidémie», *Twitter*, 2020. https://twitter.com/eorphelin/status/1329366338058465280.

194. Le site madada.fr est édité par l'association Open Knowledge France dont je suis cofondateur et administrateur.

2021. À cette occasion, les bénévoles de CovidTracker ont découvert les modalités d'exercice du droit d'accès et aussi ses lenteurs. La réponse favorable n'a conduit à l'ouverture des données que six mois après la demande initiale alors que le Code des relations entre le public et l'administration (CRPA) prévoit un délai d'un mois pour le traitement des demandes d'accès aux documents administratifs.

Les bénévoles de CovidTracker ont aussi joué un rôle essentiel dans l'ouverture des données liées aux variants. À la fin du mois de décembre, avec l'émergence du variant dit « anglais » (renommé au printemps « alpha » par l'OMS), les craintes d'une diffusion de cette souche plus contagieuse sur le territoire français étaient fortes ; elles ont été confirmées le 25 décembre 2020. Pour suivre cette propagation, le 7 février 2021, la Direction générale de la santé (DGS) a exigé que tout test positif fasse l'objet d'un criblage pour déterminer s'il s'agit d'une contamination par un variant d'intérêt[195]. Le 19 février sur Twitter[196], Elias Orphelin repérait sur le bureau du Premier ministre Jean Castex un article de *La Voix du Nord* qui évoquait un tableau Excel avec la part de variant et l'évolution du taux d'incidence dans chaque département[197]. Le contributeur de CovidTracker demandait sur Twitter la publication de ces données qui n'étaient toujours pas accessibles au citoyen et formulait trois jours plus tard une demande d'accès aux documents administratifs[198] au ministère de la Santé via madada.fr. Guillaume Rozier s'est fait l'écho de la demande

195. « Stratégie de freinage de la propagation des variantes du Sars-Cov-2 », *DGS Urgent*, 2021.

196. Elias Orphelin, « Sur le bureau de @JeanCASTEX, un Excel comparant pour chaque département l'incidence et la part de variant. Monsieur le Premier Ministre, pouvez-vous svp transférer ce document aux citoyens ? Car ces chiffres ne sont toujours pas communiqués !! », *Twitter*, 2021. https://twitter.com/eorphelin/status/1362818832885309446.

197. Julien Lécuyer, « Covid-19 : face à "un ennemi qui change", l'exécutif obligé de naviguer à vue », *La Voix du Nord*, 19 février 2021.

198. Elias Orphelin, « Circulation des variants de la Covid-19 sur le territoire – Une demande d'accès à l'information à Ministère des solidarités et de la santé », *Ma Dada*, 2021. https://madada.fr/demande/circulation_des_variants_de_la_c.

d'Elias Orphelin en lançant sur Twitter le hashtag #ExcelDeCastex, repris une centaine de fois par les usagers du réseau social, et en regrettant dans l'émission *C à Vous* sur France 5 la non-publication de ces données[199]. Le 8 mars 2021, les données sur la part des variants par département ont été publiées par Santé Publique France sur data.gouv.fr en réponse à cette mobilisation.

CovidTracker s'est aussi illustré dans l'ouverture des données liées à la vaccination. Le 27 décembre 2020, la première dose de vaccin contre la Covid-19 était administrée à une septuagénaire en Seine-Saint-Denis. La campagne de vaccination s'est appuyée sur un système d'information nommé VAC-SI (Vaccin Covid-SI) lancé le 4 janvier 2020. Le suivi de la campagne de vaccination était devenu essentiel, sa lenteur a beaucoup été critiquée en comparaison avec d'autres pays européens. Le 27 décembre 2020, Guillaume Rozier avait lancé VaccinTracker, un site présentant des graphiques et des cartes pour comprendre l'évolution de la campagne vaccinale[200]. Quelques jours plus tard, le ministre de la Santé Olivier Véran s'est entretenu avec Guillaume Rozier le félicitant sur BFMTV pour son travail. À partir du 30 décembre, son cabinet a transmis à Guillaume Rozier chaque jour par SMS les chiffres quotidiens de la vaccination. Le fondateur de CovidTracker publiait alors quotidiennement les chiffres repris dans la presse pour suivre la campagne de vaccination. Le 11 janvier, il mettait fin à cette exclusivité en publiant un message sur le site VaccinTracker relayé sur Twitter[201] «*cette situation n'est pas conforme avec nos principes d'OpenData. VaccinTracker ne sera désormais mis à*

199. @cavousf5, C à vous, *Twitter*, 22 février 2021. https://twitter.com/cavousf5/status/1363916869414092802.
200. Guillaume Rozier, «Voici un tout nouvel outil, VaccinTracker! Suivez l'évolution de la vaccination contre la #Covid-19 en France. Nombre de personnes vaccinées, types de vaccins autorisés, phases de vaccination…», *Twitter*, 2020. https://twitter.com/GuillaumeRozier/status/1343209878064525312.
201. Rozier Guillaume, «Message important à propos des données de vaccination. VaccinTracker ne sera désormais mis à jour qu'à partir de données publiques officielles #OpenData.», *Twitter*, 11 janvier 2021. https://twitter.com/GuillaumeRozier/status/1348576613928230912.

jour qu'à partir de données publiques officielles, dès que celles-ci seront disponibles. » Se revendiquant des principes de l'open data, il refusait de mettre à jour le site tant que les données ne seraient pas publiques. Un premier pas est franchi par le ministère de la Santé le jour même, le 11 janvier, avec un communiqué de presse annonçant «*plus de 138000*» vaccinations en France depuis le début de la campagne[202] avec les chiffres pour chaque région. Les données sur le nombre quotidien de vaccinations en France et dans chaque région ont été finalement publiées sur data.gouv.fr le 12 janvier 2021. Elles ont été complétées le 23 janvier par des données sur les livraisons et les stocks de vaccins. À partir du 27 janvier, les données ont été directement alimentées depuis le système d'information VAC-SI alors qu'elles provenaient auparavant de remontées des agences régionales de santé (ARS).

La pandémie : collaboration ou concurrence entre l'État et la société civile

Au début de l'année 2021, CovidTracker occupait une place croissante dans la médiation des données liées à l'évolution de la pandémie. Par exemple, le 25 février 2021 lors d'une conférence de presse, le Premier ministre Jean Castex s'appuyait sur un graphique représentant l'évolution du taux d'incidence des plus de 80 ans. La source affichée était CovidTracker[203]. À partir d'avril 2021, CovidTracker a étendu son champ d'action au-delà de la visualisation et de l'analyse de données en intervenant directement dans la campagne de vaccination avec le lancement de «Vite Ma Dose!», un nouvel outil qui détecte automatiquement le prochain rendez-vous disponible à proximité sur Doctolib puis l'ensemble des plateformes de prise de rendez-

202. Ministère de la santé, «Vaccination contre la COVID en France : au 11 janvier 2021, plus de 138000 personnes ont été vaccinées en France», 2021. https://solidarites-sante.gouv.fr/IMG/pdf/cp_dgs_chiffres_vaccination_110121_.pdf.

203. David Libeau, «Pourquoi "CovidTracker" a été adopté par le gouvernement et les médias (entre autres)», 2021 https://blog.davidlibeau.fr/pourquoi-covidtracker-a-ete-adopte-par-le-gourvenement-et-les-medias-entre-autres/.

vous. En proposant ce service qui répondait à la grande difficulté pour trouver un créneau à l'époque, la notoriété de CovidTracker a alors explosé. Au même moment, le site Covidliste était lancé à l'initiative de Martin Daniel, *data scientist*, et Mathieu Ripert, ingénieur, en collaboration avec Dr Antoine Roux, pneumologue. Covidliste permet aux centres de vaccination de toucher rapidement les personnes à proximité inscrites sur une liste d'attente pour leur proposer les doses restantes à la fin de journée ou celles proches de leur expiration. Ces sites, entièrement maintenus et animés par des bénévoles, ont progressivement joué un rôle important dans la campagne de vaccination. Ils ont aussi été critiqués d'une part pour avoir collecté des données sensibles de santé et d'autre part pour avoir renforcé les inégalités d'accès à la vaccination en favorisant les personnes les plus à l'aise avec les outils numériques.

L'émergence de ces nouveaux outils interrogeait au sein du gouvernement et de l'administration. Ils représentaient une forme d'idéal de l'open data dans lequel la société civile s'approprie rapidement les données ouvertes et propose de nouveaux services adaptés aux besoins de la population. Mais ces services auraient pu être proposés par le service public. Face au succès de ViteMaDose, Guillaume Rozier a pu être présenté comme celui qui « *ringardise le ministère de la Santé*[204] ». Plusieurs articles opposaient l'agilité et l'innovation d'acteurs comme CovidTracker aux « lenteurs » de l'administration. Dans ce contexte, la Direction interministérielle de la transformation publique (DITP) s'est associée à CovidTracker pour organiser un hackathon, un événement de deux jours les 23 et 24 avril 2021, pour faire émerger de nouveaux outils de lutte contre la pandémie, mais aussi pour montrer le caractère innovant et collaboratif de l'administration. L'événement rassemblait des représentants de nombreuses administrations (Santé Publique France, Assurance Maladie, ARS Île-

204. M.L., « Guillaume Rozier : le CV du jeune ingénieur qui ringardise le ministère de la Santé », 7 avril 2021, *LExpress.fr*. https://www.lexpress.fr/actualite/societe/guillaume-rozier-le-cv-du-jeune-ingenieur-qui-ringardise-le-ministere-de-la-sante_2148411.html.

de-France…) et organisations citoyennes (Covidliste, collectif Du Côté de la Science, Bayes Impact…). Pendant deux jours, dans un espace en ligne facilitant l'interaction entre les participants, les équipes ont fait émerger une dizaine de projets comme un mémorial des victimes de la Covid ou un outil d'analyse de l'effet des conditions climatiques sur la propagation du virus. Certains projets ont été accompagnés par le ministère de la Santé par la suite, comme un quiz sur les idées reçues liées à vaccination qui a été relayé par ce dernier[205]. Un projet visant à faciliter l'échange de doses entre centres de vaccination a également été soutenu dans son développement par une subvention visant à l'étendre potentiellement à d'autres produits sanitaires aux contraintes similaires.

Le hackathon a permis l'ouverture de nouvelles données comme celles d'OBEPINE qui, malgré l'appui du MESRI, n'étaient toujours pas publiées. En particulier, à l'occasion du hackathon, j'avais formulé avec Elias Orphelin de CovidTracker une demande d'ouverture des données sur le nombre de cas et d'hospitalisations selon le statut vaccinal des personnes. L'idée que ces données puissent permettre d'évaluer l'impact de la vaccination sur les contaminations ou les hospitalisations voire le nombre de vies « sauvées » par le vaccin avait émergé pendant le hackathon. Ces données n'étaient pas collectées, elles nécessitaient de relier les systèmes VAC-SI, SI-DEP et SI-VIC qui n'avaient pas d'identifiants communs[206]. De premiers résultats du croisement de ces bases ont été publiés en juillet 2021 par la Direction de la recherche, des études, de l'évaluation et des statistiques (Dress) du ministère de la Santé[207] puis ouverts sur le portail

205. Ministère de la santé, « Le #HackathonCovid organisé en avril a permis de faire émerger des projets citoyens pour lutter contre la pandémie. », *Twitter*, 26 juin 2021. https://mobile.twitter.com/sante_gouv/status/1408681433359699975.

206. Florian Gouthière, « Sur quoi se base Olivier Véran pour affirmer que 93 % des patients Covid admis dans 30 grands hôpitaux de France ne sont pas vaccinés ? », *Libération*, 19 2021. https://www.liberation.fr/checknews/sur-quoi-se-base-olivier-veran-pour-affirmer-que-93-des-patients-covid-admis-dans-30-grands-hopitaux-de-france-ne-sont-pas-vaccines-20210719_L7T6UG4UGVE4FDCRHLJZ7P5XRY/.

de la Dress[208]. Les données indiquaient, à l'échelle nationale, la part des personnes vaccinées ou non selon leur classe d'âge parmi les dépistages, hospitalisations et placements en soin intensif pour infection au coronavirus. Elles ont donné lieu à la création par CovidTracker de VaxImpact, un site qui permet de visualiser l'impact de la vaccination sur l'épidémie et calcule la réduction des risques d'hospitalisation du fait de la vaccination. Consécration de ses travaux, le 20 juillet 2021, Guillaume Rozier était décoré Chevalier de l'ordre national du Mérite par le président de la République. Il a dédié sa médaille aux nombreux contributeurs qui l'ont aidé à développer CovidTracker et les services associés comme ViteMaDose ou VaccinTracker. En mars 2023, Guillaume Rozier est devenu conseiller du président de la République, sur les sujets de la stratégie numérique et des données publiques. Dans ses fonctions, il a notamment travaillé à l'ouverture des données de Météo France, encore soumises à redevances, et au montage d'un « data lab » à l'Élysée produisant des tableaux de bord à destination du président de la République et de son équipe de veille.

L'open data : une arme anti-complotisme ?

L'accès aux données sur la pandémie a mis en lumière les faiblesses de la mise en œuvre du droit d'accès aux documents administratifs et du principe d'ouverture des données par défaut prévu par la loi pour une République numérique. Le rapport du député Bothorel s'est appuyé sur ces failles pour relancer la politique d'ouverture des données de l'État qui semblait subir une forme d'essoufflement. Dans *Les Échos*,

207. DREES, « Les appariements SI-VIC, SI-DEP et VAC-SI | Direction de la recherche, des études, de l'évaluation et des statistiques », 29 juillet 2021. https://drees.solidarites-sante.gouv.fr/sources-outils-et-enquetes/les-appariements-si-vic-si-dep-et-vac-si.

208. DATA.DREES, « Covid-19 : résultats par âge issus des appariements entre SI-VIC, SI-DEP et VAC-SI », 2021. https://data.drees.solidarites-sante.gouv.fr/explore/dataset/covid-19-resultats-par-age-issus-des-appariements-entre-si-vic-si-dep-et-vac-si/information/.

Éric Bothorel présentait même le Covid-19 comme un décideur politique à part entière : «*la pandémie est le meilleur secrétaire d'État au Numérique qu'on ait eu depuis quinze ans, c'est un formidable accélérateur pour la coopération entre les administrations et les secteurs d'activité.*» Les initiatives de la société civile comme Opencovid19-fr ou CovidTracker (il y en aurait bien d'autres à citer) ont aussi renouvelé le plaidoyer de l'ouverture des données en faisant de l'open data un outil essentiel de gestion de la crise sanitaire. L'émergence de médiateurs de données a été vue comme un «bouleversement» ou un «accélérateur» de changements dans certaines administrations[209].

Si l'on s'intéresse maintenant plus directement aux données elles-mêmes, cette rétrospective souligne l'importance des systèmes d'information dans la collecte et la circulation des données liées à la pandémie. Derrière une grande partie des frictions ou des retards dénoncés par certains acteurs et journalistes comme des «*couacs*» ou des «*cafouillages*[210]», se cachent certainement des situations complexes et inédites où la circulation des données n'allait pas de soi et reposait sur un travail humain considérable. La question de la fiabilité des données est aussi revenue régulièrement, les producteurs comme les usagers n'hésitant pas à avertir sur les incertitudes ou les limites des données utilisées. Cette situation s'est présentée par exemple pendant la première vague quand les tests n'étaient pas disponibles en nombre suffisant et que les chiffres de dépistage rendaient compte d'une réalité très éloignée de la situation épidémique. La fermeture des laboratoires lors des jours fériés a aussi donné l'impression de baisses factices de la circulation du virus. Les acteurs ont appris progressivement à composer avec ces incertitudes ou à s'adapter à une situation

209. Solveig Godeluck, «L'open data, une révolution silencieuse dans l'administration», *Les Échos*, 6 juillet 2021.
210. Brice Le Borgne, «Urgence, cafouillages, "mille-feuille" d'indicateurs… Dans les coulisses des données très stratégiques sur le Covid-19», *France Info*, 10 septembre 2021. https://www.francetvinfo.fr/sante/maladie/coronavirus/urgence-cafouillages-mille-feuille-d-indicateurs-dans-les-coulisses-des-donnees-tres-strategiques-sur-le-covid-19_4099757.html.

mouvante, par exemple avec l'émergence des variants ou des vaccins qui ont changé la donne à plusieurs reprises.

On peut aussi s'interroger sur les effets de l'ouverture de ces données. Guillaume Rozier a répété à plusieurs reprises que l'open data était une « arme anti-complotisme » expliquant que « *si les autorités disent "il y a 300 morts aujourd'hui", vous aurez toujours des gens qui diront "ils mentent, ce n'est pas vrai !". Les données publiques, détaillées par département, par jour, par âge, par sexe, permettent de vérifier ce qu'il en est.*[211] » Une affirmation qui rejoint celle d'Amélie de Montchalin, alors ministre de la Transformation et de la Fonction publique, sur le site de *L'Opinion* : « *les gens pensent que les chiffres mis en ligne par CovidTracker constituent la vérité. Si c'est nous qui les donnons, on pense que l'on ment* ». Ouvrir des données à un haut niveau de précision et permettre à quiconque de les analyser renforce-t-il la confiance dans les faits ? Les premiers travaux parus sur la pandémie ont alerté sur la pollution cognitive que l'explosion des indicateurs et des visualisations de données génère, phénomène décrit sous le terme d'*infodemics*[212]. D'autres ont montré que la circulation des données sur la pandémie alimente au contraire l'ère dite de « post-vérité » qui réduit l'influence des faits objectifs par rapport aux appels à l'émotion ou aux opinions personnelles[213]. Il est bien connu qu'un gouvernement dont les décisions sont justifiées uniquement par des nombres crée du ressentiment et de la défiance[214]. La période que nous avons traversée, où une série d'indicateurs sanitaires déterminaient notre quotidien, a probablement entretenu ce phénomène. L'ouverture des données semble être une condition nécessaire à la confiance, je doute toutefois qu'elle soit suffisante.

211. Benoît Floc'h, « Covid-19 : l'enjeu crucial des données publiques », *Le Monde*, 6 mars 2021. https://www.lemonde.fr/planete/article/2021/03/06/covid-19-l-enjeu-crucial-des-donnees-publiques_6072158_3244.html.

212. Anatoliy Gruzd, Manlio De Domenico, Pier Luigi Sacco & Sylvie Briand, « Studying the COVID-19 infodemic at scale », *Big Data & Society*, 2021.

213. Taylor Shelton, « A post-truth pandemic? », *Big Data & Society*, 2020.

214. William Davies, « Comment la statistique a perdu son pouvoir – et pourquoi nous devrions craindre ce qui va suivre », *Statistique et Société*, 2017, vol. 5, n° 1, p. 11-20.

Enfin, au moment où j'écris ces lignes en 2023, on peut s'interroger sur l'« héritage » de la pandémie sur nos pratiques informationnelles. Depuis que l'OMS a déclaré la fin de l'état d'urgence, les données liées à la Covid-19 sont beaucoup moins scrutées mais leur volume est également beaucoup plus réduit. Le dispositif de surveillance de l'épidémie a été considérablement allégé avec la fermeture de SI-DEP le 30 juin 2023, revenant à l'approche « syndromique » qui précédait la pandémie reposant sur le réseau SOS Médecins pour les soins de ville, les urgences hospitalières et les certificats de mortalité[215]. Les cas sont aussi détectés depuis les déclarations des laboratoires publics et privés et aussi à travers l'analyse des eaux usées. Certains épidémiologistes considèrent être « dans le brouillard » et n'avoir qu'une « idée fractionnée » de la situation[216] tandis que d'autres considèrent que la Covid-19 doit être suivie comme une autre maladie respiratoire. La pandémie a eu pour effet de consacrer le format du tableau de bord qui facilite le suivi d'une série d'indicateurs clés dans la décision publique, où il est déjà bien installé avec les outils de *business intelligence*, mais aussi auprès du grand public. En juillet 2023, au moment de la fermeture de son propre tableau de bord de suivi de la pandémie, le journal *Le Monde* a publié un article sur l'intérêt de ce format éditorial[217]. Comme de nombreux médias, *Le Monde* a connu un grand succès d'audience avec ce format qui était assez inédit par le choix des indicateurs, l'usage de données mises à jour quotidiennement et un travail continu d'amélioration et de

215. Santé Publique France, « Surveillance du COVID-19 à partir du 1er juillet 2023 », 2023. https://www.santepubliquefrance.fr/les-actualites/2023/surveillance-du-covid-19-a-partir-du-1er-juillet-2023.

216. Céline Hussonnois-Alaya, « "On est dans le brouillard" : le difficile suivi de l'épidémie de Covid-19 », *BFMTV*, 2 octobre 2023. https://www.bfmtv.com/sante/on-est-dans-le-brouillard-le-difficile-suivi-de-l-epidemie-de-covid-19_AN-202310020005.html.

217. Gary Dagorn, « Au terme de trois ans de suivi de l'épidémie, la fin du tableau de bord du Covid-19 du "Monde" », *Le Monde*, 30 juin 2023. https://www.lemonde.fr/les-decodeurs/article/2023/06/30/fin-de-si-dep-retour-sur-trois-ans-de-suivi-du-covid-19-dans-le-monde_6179970_4355770.html.

maintenance des flux de données. Avec près de 31 millions de visites, le tableau de bord a dépassé la fréquentation de n'importe quel article. Pour ce quotidien comme d'autres titres de presse, le format tableau de bord est devenu incontournable dans le suivi des crises, que ce soit sur l'évolution du front en Ukraine à partir des données collectées en source ouverte depuis les réseaux sociaux en *Open Source Intelligence* (OSINT), l'évolution de la production d'électricité et du stockage de gaz lors de la crise énergétique qui a suivi le déclenchement de la guerre en Ukraine ou sur les conséquences du réchauffement climatique comme la sécheresse. L'ouverture des données est devenue une composante indispensable du suivi et de la maîtrise des crises qui se succèdent, que ce soit pour l'information du public, la concertation sur les mesures à prendre ou la prise de décision publique. Le gouvernement a ainsi publié et ouvert les données du « baromètre de l'action publique », qui décline au niveau national et départemental les principaux indicateurs de l'action gouvernementale. La politique de planification écologique du gouvernement d'Élisabeth Borne s'articule autour d'un tableau de bord décrivant la situation actuelle à partir de données publiques et l'objectif cible. Il doit servir à évaluer la mise en œuvre et l'impact de la feuille de route « France Nation Verte »[218].

Au terme de cette première partie, j'ai présenté les origines de la notion d'open data et son introduction en France puis son institutionnalisation devenant une obligation légale pour les acteurs publics concernés. La pandémie a mis à l'épreuve la politique d'open data par défaut mais a aussi montré son utilité dans la gestion de la crise et l'information du public. Nous poursuivrons cette réflexion sur les limites de l'ouverture des données en France dans la seconde partie qui propose un bilan critique des réalisations permises par l'open data en matière de transparence, d'innovation et de modernisation de l'État.

218. France Nation Verte, « Tableau de bord de la planification écologique », 2023. https://www.gouvernement.fr/upload/media/content/0001/06/27899b60fe0cf622dc033d34bd8b2f1ab0c8102c.pdf.

Partie II.
Un bilan critique de l'open data

Un renouvellement de la transparence en demi-teinte

L'ouverture des données en France, rendue obligatoire par la loi pour une République numérique, ressemble à bien des égards à la tour de Pise. Ce superbe édifice, qui attire les regards du monde entier, doit son inclinaison à des fondations instables.

Au sous-sol de cet édifice, se trouve le droit d'accès aux documents administratifs. En vigueur depuis 1978 et reconnu comme ayant une valeur constitutionnelle depuis 2020[219], ce droit reste mal connu, mal appliqué et laisse de nombreuses possibilités de contournement aux administrations. En surface, l'ouverture des données est vue comme la promesse d'un renouvellement en profondeur de la transparence administrative locale et étatique. Le niveau de précision des données ouvertes, leur granularité, devrait permettre d'enquêter et de mobiliser les citoyens au plus proche des phénomènes. Dans les faits, pour beaucoup de journalistes et de militants, les données ouvertes mises à disposition par les collectivités ou l'État se révèlent décevantes. Les éléments potentiellement « sensibles » d'un jeu de données sont bien souvent écartés avant que celui-ci ne soit ouvert, par exemple les indicateurs liés aux financements. Les citoyens ne disposant pas d'un contre-pouvoir légal efficace, la transparence volontaire des administrations n'a donné que peu de résultats par rapport

219. Laurent Radisson, « Accès à l'information environnementale : un droit à valeur constitutionnelle », *Actu-Environnement*, 2020. https://www.actu-environnement.com/ae/news/acces-documents-administratifs-doit-conseil-constitutionnel-information-environnement-35310.php4.

aux promesses d'un renouvellement en profondeur de la transparence de l'action publique par l'open data.

Comme nous le verrons à travers une série d'exemples dans des domaines variés, les données sont soit manquantes, soit généralement trop «inoffensives» pour constituer une véritable «*machine à scandale*[220]» et permettre des révélations. De plus, les agents publics n'ont généralement pas le mandat pour ouvrir des données «sensibles», celles pouvant révéler des faiblesses de l'action publique, servir à l'opposition ou à proposer des politiques alternatives. Ces données ne sont généralement ouvertes qu'à la faveur d'une décision des élus. Du fait de fondations juridiques instables, l'open data n'a pas encore rempli ses promesses de réduction des asymétries d'information entre les citoyens et l'administration.

Les fondements juridiques instables de la transparence administrative

Pour comprendre pourquoi l'open data n'a pas suffisamment renforcé la transparence de l'administration, je vous propose d'abord de revenir sur les conditions d'adoption du socle législatif de l'ouverture des données. Juridiquement, l'open data repose principalement sur la loi du 17 juillet 1978 sur l'amélioration des relations entre l'administration et le public, dite «loi Cada», pour Commission d'accès aux documents administratifs. Aujourd'hui codifiée dans le Code des relations entre le public et l'administration (CRPA), cette loi a d'abord été élaborée pour favoriser l'efficacité de l'administration avant de renforcer la transparence administrative. L'ancêtre de la Cada, la commission dite «Ordonneau» (du nom du conseiller d'État qui l'a présidée) créée en février 1977 par décret, avait pour mission de dresser une liste des documents administratifs communicables «*sous réserve d'approbation par arrêté ministériel*». Cette commission ne visait pas à mettre un terme aux principes de confidentialité et de secret qui étaient des

220. Sylvain Parasie, «Des machines à scandale. Éléments pour une sociologie morale des bases de données», *Réseaux*, 2013, vol. 178-179, n° 2-3, p. 127-161.

éléments clés de la culture administrative[221]. L'accès aux documents administratifs était plus l'exception que la règle et la commission a jugé au bout d'un an de travail qu'il était impossible de distinguer les documents communicables. C'est le Parlement qui a pris lui-même l'initiative de la réforme. Après le rejet de nombreuses propositions de loi sur la liberté d'accès aux documents administratifs portées par des représentants des principaux groupes politiques, l'Assemblée nationale devait se prononcer en 1977 sur un projet de loi visant à améliorer les relations entre l'administration et le public. Ce projet au contenu hétéroclite ne contenait aucune disposition sur le droit d'accès aux documents administratifs et n'avait pas pour mission de mettre fin au principe du secret administratif. C'est pourtant ce projet de loi, largement amendé par les députés et sénateurs, avec l'aval du gouvernement, qui a permis la reconnaissance du droit d'accès aux documents administratifs. Comme l'explique Franck Moderne, professeur à l'université Paris I qui a retracé l'émergence de la loi du 17 juillet 1978, ce texte a été mis au point «*dans une certaine ambiguïté, inséré dans un contexte de réformes administratives qui n'était pas préparé à le recevoir*». Dans ce contexte, on ne peut pas s'attendre à ce «*qu'il résolve à lui seul les multiples difficultés du droit d'accès aux documents administratifs*».

La loi Cada a donc été élaborée dans un contexte d'incertitude sur ses finalités : s'agissait-il d'améliorer l'efficacité de l'administration, les relations avec le public ou de répondre à l'exigence de la société civile en matière de transparence de l'administration ? Son élaboration est particulièrement inédite : quelle autre liberté fondamentale a été accordée par une succession d'amendements ? Ce contexte était peu propice à la conception minutieuse d'une procédure de demande d'accès aux documents administratifs qui aurait favorisé véritablement la transparence de l'action publique. Au contraire, l'exercice du droit d'accès aux documents administratifs se révèle décourageant

221. Franck Moderne, «Conception et élaboration de la loi du 17 juillet 1978», *in Transparence et secret. Colloque pour le XXVe anniversaire de la loi du 17 juillet 1978 sur l'accès aux documents administratifs*, La Documentation française, 2003.

pour quiconque souhaite comprendre les coulisses des décisions de l'administration et contrôler l'action publique. Au premier abord, la loi Cada prévoit une grande simplicité de l'exercice de la demande qui peut être transmise par courrier, fax, mail ou par formulaire en ligne sans formalisme particulier, en se référant seulement à la loi. De préférence, la demande doit être transmise prioritairement à la personne responsable de l'accès au document administratif (Prada). Le code des relations entre le public et l'administration rend obligatoire la désignation d'une Prada pour les communes de plus de 10000 habitants. Son rôle consiste à assurer le suivi des demandes et servir d'interlocuteur à la Cada. La fonction de Prada est encore peu valorisée dans les carrières, peu connue du public et souvent confiée à des agents disposant d'un poids relativement faible au sein de leur administration[222]. Si ce rôle n'a pas été attribué dans l'administration, le citoyen peut soit transmettre sa demande à une adresse générique, soit à n'importe quel agent qui doit se charger de la transmettre. Dans la course d'obstacles du droit d'accès, nombreux sont les citoyens qui tombent dès la première barrière que constitue la recherche d'un interlocuteur. De ce fait, selon Jacques Chevallier, les usagers de la Cada sont pour l'essentiel des initiés «*familiers des démarches administratives, qui sont capables, de par leur position sociale, leur formation, leur profession, d'utiliser les ressources que leur offrent les textes et qui ne craignent pas d'affronter l'administration en se posant en quémandeurs pugnaces et revendicatifs*». Le requérant doit aussi désigner précisément le document réclamé ce qui implique à la fois de connaître son existence et de pouvoir le décrire[223]. C'est souvent impossible dès lors qu'on n'a pas connaissance du document. Ce deuxième obstacle écarte, selon

222. Jacques Chevallier, «Les pratiques administratives», *in Transparence et secret, op. cit.*
223. Suite à la ratification par la France de la convention internationale d'Aarhus de 1998 sur la participation du public dans les décisions environnementales et à la directive européenne INSPIRE de 2005 sur les données environnementales et géographiques, le droit d'accès a été assoupli en matière environnementale. Dans ces domaines, le droit d'accès peut s'exercer sur une information dont dispose l'administration, même si elle ne l'a pas reprise dans un document et le demandeur est dispensé de désigner un document précis.

Chevallier, 25 % des demandes qui sont qualifiées d'imprécises et donc jugées irrecevables par la Cada. Il est impossible de connaître le pourcentage de demandes écartées pour ce motif par les administrations elles-mêmes (aucun accusé de réception ni enregistrement formel des demandes n'est obligatoire). Enfin, les demandes doivent porter sur des documents qui ne sont pas préparatoires à une décision administrative «*tant qu'elle est en cours d'élaboration*». Ce troisième obstacle dans la procédure limite considérablement le rôle de contre-pouvoir que pourrait constituer le droit d'accès.

Une fois passés ces trois obstacles, l'administration a un délai d'un mois pour répondre à la demande. Dans les faits, les demandes reçoivent très rarement un avis, ni favorable, ni défavorable, ni même un accusé de réception de la part de l'administration saisie. La plupart du temps, les requêtes restent lettre morte et tombent sous le coup du refus implicite qui ouvre la possibilité d'une saisine de la Cada. L'autorité administrative a alors un mois pour répondre à la demande, mais, face à l'accroissement des demandes d'avis et de conseils et par manque de moyens, la commission annonce dans son rapport annuel de 2021 un délai moyen de 82 jours[224]. Dans les faits, ce délai est parfois bien plus élevé quand la commission accuse réception des demandes longtemps après les avoir reçues. Cette subtilité réduit l'affichage du délai moyen de réponse tel qu'annoncé officiellement par la commission. Pendant l'instruction des demandes, la Cada interroge uniquement l'administration, n'échange pratiquement jamais avec le demandeur et les échanges avec la commission se résument à des courriels types. Cela crée une situation paradoxale où l'institution censée promouvoir la transparence est perçue par ses usagers comme «*une entité lointaine, opaque, dont le fonctionnement reste*

224. Les rapports annuels de la Cada indiquent un taux d'avis favorable qui varie entre 50 et 60 % des avis selon les années. Les avis défavorables varient entre 9 et 10 % selon les années. Le reste est réparti entre des demandes irrecevables, ne relevant pas de la compétence de la Cada ainsi que des demandes abandonnées soit parce que l'administration a communiqué le document avant la production de l'avis ou que le demandeur s'est désisté. Cada, *Rapport d'activité*, 2021. https://www.cada.fr/sites/default/files/rapport_2021.pdf.

entouré d'un mystère entretenu par la rédaction souvent très laconique des avis[225]». Les avis de la Cada sont majoritairement favorables au demandeur[226]. Cependant, la Cada émet des avis consultatifs et n'exerce pas de pouvoir de sanctions auprès des administrations. L'administration peut donc ignorer l'avis de la Cada sans conséquence juridique tant que le requérant ne saisit pas le tribunal administratif, lequel statue en moyenne en 17 mois[227]. Bien qu'il ne soit pas nécessaire de faire appel à un avocat, saisir le tribunal administratif demande de rédiger un mémoire en défense, un exercice juridique relativement complexe, rendant ainsi la démarche inaccessible à la plupart des citoyens. Le requérant peut enfin saisir le Conseil d'État ce qui demande des moyens juridiques considérables. Finalement, la Cada ne sert peut-être pas tant à favoriser la transparence qu'à limiter les contentieux liés au droit d'accès : «*sa fonction est de prévenir le recours au juge, soit en incitant le service récalcitrant à communiquer, soit en dissuadant l'administré de poursuivre son action*[228]». Le temps et la lourdeur de la procédure se révèlent très souvent décourageants et poussent de nombreux demandeurs à abandonner leurs requêtes. C'est ce qu'a souligné la mission commune d'information du Sénat sur le droit à l'information publique au terme de ses auditions[229] :

Les représentants des associations et certains des journalistes entendus par la mission ont indiqué qu'ils ne saisissaient généralement pas la Cada en cas de refus de l'administration, dans la mesure où, le plus souvent, ils ont besoin de consulter les documents sans tarder, pour pouvoir intervenir utilement dans leur champ ou attirer l'attention du public.

Ces failles dans le droit d'accès à l'information publique provoquent une grande frilosité des agents face à la transparence. La Cada s'en plaint elle-même déplorant que les administrations

225. Jacques Chevallier, 2003, *op. cit.*
226. Cada, 2021, *op.cit.*
227. Corinne Bouchoux, *Refonder le droit à l'information publique à l'heure du numérique : un enjeu citoyen, une opportunité stratégique*, Sénat, 2014, p. 82.
228. Jacques Chevallier, 2003, *op. cit.*
229. Corinne Bouchoux, 2014, *op. cit.*

attendent un avis pour communiquer les documents[230] :

Paradoxalement, ce qui est un comble, l'existence de la Cada est parfois un prétexte à l'attentisme. Nous avons en effet des exemples, où c'est l'administration elle-même qui invite le demandeur à saisir la Cada, en faisant de la production de l'avis de la commission la condition d'une réponse positive, alors que la solution va de soi.

La Cada joue ainsi le rôle d'une « piqûre de rappel » du droit d'accès, une procédure légale mal connue des agents, voire parfois inconnue bien qu'existant depuis 1978[231] :

[Certaines administrations] se croient fondées à refuser la communication en l'absence d'un texte spécial l'autorisant, pensent qu'il faut un intérêt pour agir, ignorent les délais, méconnaissent l'étendue des compétences de la Cada – quand elles ne découvrent pas à cette occasion son existence [...].

La charge de travail liée au traitement des demandes et à la communication des documents n'est généralement pas prise en compte dans les missions des agents, ce qui occasionne des délais supplémentaires. Les administrations font aussi part d'une « *interprétation trop extensive des exceptions*[232] », instrumentalisant parfois la protection de la vie privée ou le secret des affaires pour ne pas communiquer les documents.

La frilosité de l'administration à l'égard de la transparence va même jusqu'à l'utilisation de formats de données non lisibles par les machines, empêchant tout nouvel usage des données. Suite à une demande concernant les propriétés bâties de la commune transmise à la ville d'Épinal, j'ai reçu par courrier un pli volumineux contenant un tableur imprimé sur plusieurs centaines de pages. Je demandais pourtant des données « dans un format ouvert, numérique et réutilisable »

230. Cada, *Rapport d'activité*, 2016. https://www.cada.fr/sites/default/files/rapport_d_activite_2016.pdf.
231. Jacques Chevallier, 2003, *op. cit.*
232. Corinne Bouchoux, 2014, *op. cit.* p. 80.

conformément à la loi pour une République numérique. Pour le transcrire en données numériques, il aurait fallu scanner et utiliser un logiciel de reconnaissance de caractère qui s'adapte généralement mal aux tableaux de données. Autre exemple : en octobre 2016, le ministère de l'Éducation nationale a transmis une vingtaine de pages par courrier à l'association Droits des lycéens pour répondre à l'avis favorable de la Cada pour la communication du code source de l'algorithme d'affectation en licence du logiciel Admission Post Bac (APB). Ces données nativement numériques étaient alors évidemment inutilisables en l'état d'autant plus que la documentation du code source était particulièrement nébuleuse, une mesquinerie qui n'a fait que relancer la polémique.

La transparence est donc encore loin d'être une évidence dans le fonctionnement quotidien de l'administration française du fait essentiellement d'un cadre juridique laxiste qui laisse libre cours aux stratégies de contournement des demandes. La France est l'un des premiers pays au monde à avoir accordé un droit de savoir à ses citoyens, mais le droit d'accès français est en pratique beaucoup plus faible que celui d'autres pays. Le classement RTI Rating, géré par les ONG Access Info et le Centre for Law and Democracy, évalue la qualité des lois d'accès à l'information dans le monde. Il donne un score de 65 sur 150 au droit d'accès français là où, par exemple, la loi au Royaume-Uni reçoit une note de 100 et celle du Mexique 136. La France est ainsi classée au 106e rang sur 136 pays dans ce classement qui ne tient compte que des dispositions législatives et non de leur mise en application[233]. Même si, comme nous le verrons, le cadre juridique existant permet d'obtenir des données dignes d'intérêt au terme d'une démarche opiniâtre, il y a encore fort à faire pour renforcer le droit d'accès en France. Comment dans ces conditions espérer que l'ouverture volontaire des données par les administrations françaises résolve les asymétries d'information entre le public et les institutions ? Nous allons voir dans la section suivante que les données ouvertes par

233. Centre for Law and Democracy & Access Info, « RTI Rating ». https://www.rti-rating.org/country-data/France/.

l'administration ont rarement pu servir de support à des enquêtes ou apporter des révélations.

L'open data : un carburant pour les « machines à scandale » ?

Les militants de l'open data ont érigé un idéal dans lequel les données ouvertes permettraient de révéler des réalités passées inaperçues. L'utilisation de données est généralement associée à une forme d'objectivité qui tend à discréditer les formes narratives ou interprétatives de révélation[234]. L'usage des données ouvertes permettrait de constituer de véritables « *machines à scandales*[235] » selon l'expression de Sylvain Parasie, chercheur au Médialab de Sciences Po. L'open data pourrait ainsi distribuer le contrôle de l'action publique à des milliers de citoyens qui pourraient inspecter les milliers de données mises à disposition et prendre de meilleures décisions. Les journalistes se sont déjà saisis de longue date du potentiel de révélation des données à travers la discipline du journalisme assisté par ordinateur (« *Computer-Assisted Reporting* ») qui a émergé à la fin des années 1960 aux États-Unis et a permis d'enquêter en explorant des bases de données jusqu'alors trop massives par rapport aux modalités de dépouillement manuelles et humaines. Dans les années 2000, « *les journalistes d'investigation ne sont plus les seuls acteurs à se saisir de bases de données pour prendre l'opinion à témoin*[236] » avec l'émergence des « hackers civiques », des développeurs partageant avec les journalistes la cause de la liberté de l'information et un goût pour la révélation.

Éric Dagiral et Sylvain Parasie ont conduit une étude sur quinze projets réutilisant des données ouvertes à des fins de révélation et d'investigation. Elle montre que ces projets imputent des responsabilités selon différentes modalités allant de l'usage de catégories les plus

234. Clare Birchall, « Radical Transparency? », *Cultural Studies ↔ Critical Methodologies*, *op. cit.*, p. 77-88.
235. Sylvain Parasie, 2013, *op. cit.*
236. Sylvain Parasie & Éric Dagiral, « Data-driven journalism and the public good: "Computer-assisted-reporters" and "programmer-journalists" in Chicago », *New Media & Society*, 2012, vol. 15, n° 6, p. 853-871.

neutres et factuelles possibles (comme pour le projet `NosDeputes.fr` de Regards Citoyens), à la sélection d'événements ou de cas litigieux, en passant par la création de nouvelles catégories et jusqu'à la dénonciation pure et simple de cas immoraux. Ces projets mobilisent un public soit en s'appuyant sur les intermédiaires traditionnels de l'information et du militantisme (journalistes, chercheurs, ONG, experts...), soit en servant d'appui à l'enquête collective du public devenant «*une sorte d'agence de presse des données publiques*». Sylvain Parasie conclut que la mobilisation des données par les activistes et les journalistes pourrait refaçonner l'élaboration de nos indignations collectives de deux façons. D'une part, les données ouvertes par leur granularité (leur niveau de précision) offrent la possibilité d'aller au plus proche des phénomènes et donc de mobiliser localement en «*distribu[ant] via les machines nos indignations collectives*». D'autre part, l'ouverture des données qui alimentent le débat public et l'agenda médiatique participent à un «*processus de décentralisation des centres de calcul*».

Jusqu'à une date récente, seules les grandes institutions publiques et privées étaient en mesure de constituer de grandes bases de données et d'élaborer des indicateurs statistiques permettant d'alimenter le débat public[237]. Or des organisations de presse et des associations militantes considèrent aujourd'hui les bases de données comme des formes permettant de gagner en marge de manœuvre à l'égard des institutions. À travers la structuration et le traitement des données, un ensemble de réalités peuvent ainsi être offertes aux citoyens et en quelque sorte proposées à leur indignation collective.

Pour les militants, les journalistes et les chercheurs, l'utilisation de données ouvertes devrait donc renouveler la capacité de révéler des informations et renforcer le pouvoir d'agir des contre-pouvoirs citoyens. Qu'en est-il dans les faits en France ? Qu'ont permis de révéler les données ouvertes ? Afin de comprendre l'impact des politiques d'open data sur la transparence de la vie publique, explorons

237. Alain Desrosières, *La politique des grands nombres. Histoire de la raison statistique*, La Découverte, 1993, p. 397-400.

quelques exemples de révélation et de mobilisation rendues possibles par des données ouvertes volontairement par l'administration. En mai 2015, un journaliste de l'AFP participant à un événement de réutilisation de données organisé par les douanes a découvert dans un fichier sur les marchés publics que la Direction nationale du renseignement et des enquêtes douanières (DNRED) a commandés dès 2010 des IMSI-catcher. Ces antennes mobiles qui siphonnent toutes les données des téléphones à proximité sont illégales. Une commande avait été passée auprès d'Amesys, société poursuivie par la justice française pour complicité d'acte de torture en Libye[238]. Cette découverte embarrassante a été reprise par les principaux médias. Dans ce cas, c'est une entrée dans une base de données qui a été l'objet de la révélation. C'est aussi le cas dans une autre affaire dont la portée a été considérable pour la vie politique française, les soupçons de détournements de fonds publics et d'abus de biens sociaux de François Fillon.

Les journalistes du *Canard Enchaîné* ont expliqué que l'enquête sur François Fillon, alors candidat à l'élection présidentielle, a été déclenchée par une mention dans la déclaration d'intérêts du candidat à la Haute Autorité de la transparence de la vie publique (HATVP). Cette dernière mentionne l'emploi de Pénélope Fillon à *La Revue des Deux Mondes* sans que l'on puisse retrouver la trace de ses contributions. C'est en partant de cet indice que l'enquête les a menés à découvrir l'emploi présumé fictif de Pénélope Fillon en tant que collaboratrice parlementaire. Certes, ces données étaient contenues dans des fichiers PDF qui ne peuvent pas être exploités automatiquement, mais, depuis le 1er juillet 2017, toutes les nouvelles déclarations sont publiées dans un format lisible par les machines sur `data.gouv.fr` par la HATVP. Comme l'a expliqué Isabelle Barré, journaliste au *Canard enchaîné*, ce sont ces fichiers qui ont déclenché l'enquête et non une hypothétique « taupe » dans l'équipe de campagne du candidat

238. Andréa Fradin, « C'est illégal ? Tant pis ! Les douanes ont acheté des Imsi-catchers », *Rue89*, 21 mai 2015. https://www.nouvelobs.com/rue89/rue89-police-justice/20150521.RUE9157/c-est-illegal-tant-pis-les-douanes-ont-achete-des-imsi-catchers.html.

Fillon[239] :

S'il n'y avait pas eu la création de la Haute Autorité pour la transparence à la suite de l'affaire Cahuzac, ces déclarations n'auraient pas existé et, sans ces déclarations, on n'aurait jamais eu le premier indice. On aurait très bien pu passer aussi à côté de ce scoop.

Autre exemple, début 2016, des données ouvertes ont été utilisées par l'association Paysages de France pour calculer l'impact d'un projet de décret autorisant l'implantation de panneaux publicitaires dans les petites communes et les parcs naturels. L'association, épaulée par un bénévole, a produit une série de cartes interactives pour montrer l'impact de cette mesure. Les cartes ont été reprises par plusieurs médias nationaux et locaux[240], diffusées dans le journal télévisé de France 2 en février 2016 et ont servi le travail de mobilisation de l'association. En février 2016, le gouvernement a renoncé au projet de décret face à la contestation. On peut aussi rappeler la contre-expertise évoquée en introduction sur l'abaissement de la limitation de vitesse à 80 km/h réalisée par l'association 40 millions d'automobilistes sur trois tronçons tests montrant que « *la limitation de vitesse n'a en rien permis de réduire la mortalité routière sur ces axes*[241] ».

Plus récemment, les données ouvertes par l'Assurance maladie sur la campagne de vaccination contre la Covid-19 ont permis aux journalistes de mettre en évidence de fortes inégalités territoriales.

239. Benoît Jourdain, « "Il n'y a pas eu de main qui nous guidait" : une journaliste du "Canard enchaîné" revient sur l'affaire Fillon », *France Info*, 2 février 2018. https://www.francetvinfo.fr/politique/francois-fillon/affaires-fillon/video-il-n-y-a-pas-eu-de-main-qui-nous-guidait-une-journaliste-du-canard-enchaine-revient-sur-l-affaire-fillon_2589360.html.

240. Paul Desgranges, « Histoire et press-book de ma contribution à la lutte menée par l'association "Paysages de France" contre un projet de décret gouvernemental sur l'affichage publicitaire », 2016. https://pdfext.github.io/doc/CartographieProjetD%C3%A9cretGouvernementalAffichagePublicitaire.pdf.

241. 40 millions d'automobilistes, « 80 km/h : le 1er bilan de l'expérimentation », 2018. https://www.40millionsdautomobilistes.com/images/PDF/Bilan-experimentation-80.pdf.

Ouvertes à partir de mai 2021, ces données détaillent le lieu de résidence des personnes vaccinées agrégées à l'échelle du département et de la commune pour les métropoles de Paris, Lyon et Marseille. Elles indiquent aussi la part des personnes vaccinées parmi les patients atteints de certaines pathologies les exposant le plus à des formes de Covid graves. La façade ouest de la France apparaît la plus vaccinée. *Mediapart* s'est saisi de ces données pour montrer fin mai 2021 des «*inégalités territoriales flagrantes*[242]» avec des départements ruraux ou localisés sur la façade méditerranéenne ayant un net retard pour leur population la plus âgée. Certains départements comme la Seine-Saint-Denis concentrent les inégalités malgré la présence d'un grand centre de vaccination au Stade de France avec par exemple, 45 % des transplantés rénaux vaccinés, là où certains départements atteignaient, au même moment, 85 % de vaccination pour cette population exposée aux formes graves de Covid-19. *Le Parisien* s'est saisi de ces données, en exploitant le détail par commune disponible en Île-de-France, pour montrer que la carte de la couverture vaccinale «*ressemble à s'y méprendre à celle du niveau de vie par commune*» et qu'elle est fortement corrélée au niveau d'étude des habitants de la commune[243].

Dans le domaine de l'éducation, les données relatives aux indices de position sociale (IPS) ont révélé une répartition inégale des moyens. Elles ont été ouvertes par le ministère de l'Éducation nationale suite à un jugement du tribunal administratif après trois ans de procédure menée par le journaliste Alexandre Léchenet[244]. Avec ces

242. Caroline Coq-Chodorge, Donatien Huet & Rozenn Le Saint, «Vaccination contre le Covid : les inégalités piquent les yeux», *Mediapart,* 29 mai 2021. https://www.mediapart.fr/journal/france/290521/vaccination-contre-le-covid-les-inegalites-piquent-les-yeux.

243. Victor Alexandre & Stanislas de Livonnière, «Covid-19 en Île-de-France : comment les niveaux de vie et d'études façonnent la carte de la vaccination», *Le Parisien*, 2021. https://www.leparisien.fr/societe/covid-19-plus-les-villes-sont-riches-et-diplomees-plus-elles-sont-vaccinees-19-07-2021-5BS7UU3CZVBZPMISVHKKZPQHBY.php.

244. «Un journaliste s'est battu trois ans pour que les données sur l'IPS soient connues», *La Voix du Nord*, 30 octobre 2022. https://www.lavoixdunord.fr/1247815/

données qui associent les caractéristiques socio-économiques des familles aux chances de réussite des élèves, des journalistes du *Monde* ont montré que la carte de l'éducation prioritaire exclut certains des collèges les plus défavorisés. Les moyens sont censés être affectés aux élèves les plus en difficulté par le classement en REP (Réseau d'éducation prioritaire) et REP+. Or, parmi les établissements avec un IPS inférieur à la moyenne, 112 collèges ne sont pourtant pas classés REP[245].

Les données des collectivités territoriales sont aussi souvent utiles à la presse locale. Par exemple, les données ouvertes de la métropole européenne de Lille concernant la présence des élus ont servi au journal *20 minutes* pour dénoncer l'absentéisme des élus de Tourcoing, dont l'actuel ministre Gérald Darmanin, au conseil communautaire et dans les commissions de la métropole[246]. Dans la métropole de Lyon, lors de la campagne des élections municipales de 2020, l'association La Ville à Vélo s'est servie des données du portail open data Grand Lyon pour réaliser un bilan de la réalisation du Plan modes doux 2009-2020 adopté par les élus métropolitains[247]. L'association a montré que moins de la moitié (40%) du réseau structurant promis a été réalisée. Les données locales ont aussi servi à construire un indicateur pour chaque commune de la métropole en rapportant la quantité d'infrastructures cyclables déployées en site propre pendant le mandat en cours à la quantité de voirie routière hors zone 30. Ces deux indicateurs ont servi à dresser un classement des 68 communes et arrondissements de la métropole de Lyon selon un indicateur global de

article/2022-10-30/un-journaliste-s-est-battu-trois-ans-pour-que-ces-donnees-soient-connues.

245. Violaine Morin & Manon Romain, «Collèges : l'inéquitable répartition des moyens», *Le Monde*, 17 décembre 2022. https://www.lemonde.fr/societe/article/2022/12/17/education-prioritaire-une-carte-des-colleges-a-revoir_6154793_3224.html.

246. Gilles Durand, «Absentéisme : Les élus de Tourcoing semblent bouder la Métropole de Lille», *20 minutes*, 2018. https://www.20minutes.fr/lille/2244691-20180328-absenteisme-elus-tourcoing-semblent-bouder-metropole-lille.

247. La Ville à Vélo, «Municipales 2020 : l'heure du bilan!», 2020. https://lavilleavelo.org/2020/02/04/municipales-2020-lheure-du-bilan/.

développement des voies cyclables. Ce classement a servi le plaidoyer de l'association pour plus de cyclabilité sur le territoire métropolitain et un meilleur suivi des promesses électorales.

Même si ces exemples illustrent le potentiel de révélation et de mobilisation de certaines données ouvertes, ce constat est cependant à nuancer.

Des données « inoffensives » ?

Pour beaucoup de journalistes et de militants, les données ouvertes par l'administration se révèlent généralement décevantes pour conduire une enquête ou envisager une mobilisation. Pour Alexandre Léchenet, les données en open data ne suffisent pas à conduire une enquête : « *aujourd'hui, les données publiées sont souvent les plus inoffensives. En termes d'investigation, il n'y a pas trop de révélations à faire ni de choses à chercher*[248] ». Il souligne toutefois que les données ouvertes permettent un journalisme « de contexte » qui vise à « *rétablir les faits* » notamment par la cartographie et la visualisation de données. Les données ouvertes servent alors plutôt de point d'appui à l'argumentation. Ce sont plus des références accessibles et utilisables par tous selon la définition étymologique et historique d'une donnée comme ce qui est connu ou admis comme tel[249]. Il faut rappeler que la transparence de l'action publique n'était pas nécessairement l'effet recherché par les premiers militants de l'open data qui se sont longtemps préoccupés d'aspects techniques, mettant au second plan les enjeux politiques majeurs de ce mouvement. Pour l'auteur critique Evgeny Morozov, les participants de la réunion de Sebastopol de 2007 étaient « *principalement intéressés par les aspects techniques du processus de révélation et ont posé peu de questions à propos de la politique*[250] ». Cette

248. Samuel Goëta & Clément Mabi, « L'open data peut-il (encore) servir les citoyens ? », *Mouvements*, 2014, vol. 79, n° 3, p. 81.
249. Daniel Rosenberg, « Data before the fact » *in* Lisa Gitelman (éditeur), *Raw Data is an Oxymoron*, The MIT Press, 2013.

focalisation sur la technique doit être replacée dans le contexte des États-Unis où le droit d'accès à l'information fonctionne de manière efficace, est doté de moyens humains et fait partie de la panoplie d'outils des contre-pouvoirs, en particulier des journalistes qui y recourent de manière routinière. Comme je l'ai abordé précédemment, le droit d'accès aux documents administratifs en France est beaucoup moins efficace et s'apparente souvent à une course d'obstacles pour les demandeurs. Lors de la rencontre de Sebastopol, les participants avaient donc plus pour objectif de favoriser le développement de services sur la base des données publiques. Ils se sont concentrés sur des aspects que certains qualifieraient de « techniques[251] » comme le format des données ou leur lisibilité par les machines car ils avaient déjà accès aux documents et cherchaient à mettre en place des outils pour récupérer automatiquement les données publiques les plus à jour afin de développer des services en ligne. Toujours sur cette question du désintérêt pour les questions politiques dans les principes de Sebastopol, Morozov souligne également que des politiques d'ouverture de données ont été mises en place dans des pays peu ou pas démocratiques comme le Maroc ou Singapour. Même la Russie a publié, suite au G8 de 2013, un plan d'action pour l'open data. Harlan Yu et David Robinson ont ainsi dénoncé le fait que « *la libération de données sur la propagande des leaders de Corée du Nord serait susceptible de répondre aux principaux critères du gouvernement ouvert et de l'open data*[252] ».

Dans ce contexte, des journalistes et des organisations de la société civile dénoncent régulièrement les manques de données et les insuffisances de celles qui sont déjà publiées, par exemple dans le

250. Evgeny Morozov, *To Save Everything Click Here*, PublicAffairs, 2014. Traduit en français : *Pour tout résoudre, cliquez ici : l'aberration du solutionnisme technologique*, FYP, 2014.
251. En bon latourien, je ne peux pas me résoudre à séparer le technique et le social comme le fait ici Morozov. Toutes ces questions sont éminemment sociotechniques et les exemples ne manquent pas dans ce livre du caractère politique d'enjeux comme la lisibilité des données par les machines.
252. Harlan Yu & David G. Robinson, *op. cit.*, 2012.

cadre de la lutte contre la corruption. Dans un rapport, Transparency International a montré de nombreuses insuffisances des données ouvertes dans la lutte contre la corruption en France[253]. Pourtant, l'ONG a souligné que la France est « *le pays qui a fait le plus de progrès* » parmi les cinq pays étudiés. Ce progrès est lié à l'affaire Cahuzac en 2013 qui a conduit à l'adoption d'une série de lois sans précédent contenant des mesures anti-corruption[254]. Transparency International et la Web Foundation ont distingué dix jeux de données indispensables à la lutte anti-corruption :

– les registres des activités de lobbying ;
– les registres d'entreprises ;
– les données sur les bénéficiaires effectifs des entreprises (les personnes détenant le capital) ;
– la liste des responsables publics et des élus ;
– le budget de l'État ;
– les dépenses de l'État ;
– les données de la commande publique ;
– le financement de la vie politique ;
– les données de l'activité parlementaire ;
– le cadastre.

Parmi cette liste, seul le détail des dépenses de l'État et des collectivités locales n'est pas disponible en open data. Ces données sont pourtant disponibles dans la base Chorus que Bercy rechigne depuis

253. Transparency France, *Un rapport inédit sur l'ouverture des données publiques utiles à la lutte contre la corruption en France*, 2017. https://web.archive.org/web/20221129044554/https://transparency-france.org/actu/publication-des-donnees-corruption-france/.

254. Plusieurs lois ont été adoptées pour lutter contre la corruption : loi d'octobre 2013 relative à la transparence de la vie publique ; loi de décembre 2013 relative à la lutte contre la fraude fiscale et la grande délinquance économique et financière ; loi d'avril 2016 relative à la déontologie et aux droits et obligations des fonctionnaires ; loi de décembre 2016 relative à la transparence, la lutte contre la corruption et à la modernisation de la vie économique ; loi de modernisation de la vie publique de septembre 2017.

plusieurs années à ouvrir. Le rapport pointe un manque de granularité des données les plus essentielles dans la lutte contre la corruption :

Les deux jeux de données manquant de granularité (les marchés publics et les financements de la vie politique) sont les plus importants dans la lutte anti-corruption. Par exemple, sur le financement de la vie politique, les comptes des partis politiques sont publiés, mais dans une version simplifiée (les montants et l'origine des revenus, et les montants et la nature des principales dépenses). Il en résulte qu'il est impossible de savoir précisément comment l'argent est dépensé.

En ce qui concerne les marchés publics, depuis le 1er octobre 2018, les acheteurs publics doivent ouvrir les données sur l'offre retenue selon un standard intitulé « données essentielles de la commande publique » défini par décret. Ce standard comporte de nombreuses faiblesses pour la transparence. Contrairement aux prescriptions de l'Open Contracting Partnership, une organisation internationale qui plaide pour la transparence de la commande publique, certains documents d'un marché (cahiers des charges, offres, texte du marché lui-même...) ne sont pas soumis à l'obligation de publication : comment savoir précisément ce qui a été acheté ? Aussi, le décret n'impose la publication des données des marchés qu'a posteriori, ne couvre que la phase d'attribution du marché et non sa planification ou son exécution, et l'ouverture des données ne concerne que les marchés dépassant un seuil de publication de 40 000 €, ce qui limite fortement l'étendue de la transparence. Les bons de commande émis dans les accords-cadres, une part importante de l'achat public, n'est pas soumis à cette obligation de publicité. L'opacité des accords-cadres a été pointée par la commission d'enquête sénatoriale sur l'influence des cabinets de conseil sur les politiques publiques, créée après l'affaire McKinsey qui a éclaté en janvier 2021[255] :

255. Arnaud Bazin & Éliane Assassi, *Un phénomène tentaculaire : l'influence croissante des cabinets de conseil sur les politiques publiques*, Rapport au Sénat n° 578, 2022. https://www.senat.fr/rap/r21-578-1/r21-578-11.pdf.

L'État ne dispose pas d'une vision agrégée suffisamment fiable et qualitative des dépenses de conseil engagées par les ministères et leurs opérateurs. [...] en l'absence de données centralisées, il est difficile tant pour l'État que pour la société civile de disposer d'un regard objectif sur la place qu'occupent ces cabinets dans les politiques publiques.

Même le montant du marché n'est pas exploitable, comme le regrette l'économiste Pierre-Henri Morand : «*il y a tant d'erreurs, de valeurs manquantes, de valeurs non normalisées dans les champs qui sont censés renseigner les montants financiers qu'il est préférable de ne pas utiliser cette information au risque d'interprétations erronées*[256]». Dans ces conditions, difficile d'exercer une véritable surveillance citoyenne sur les dépassements de budgets, les délais excessifs ou les résultats non conformes à la commande... L'opacité persistante des données sur les marchés publics ne permet pas non plus de détecter les systèmes frauduleux (ententes, cartels, favoritisme, pots-de-vin, etc.).

Comme on l'a vu dans le cas des données des marchés publics, les prescriptions sur les modalités de l'ouverture définies par décret peuvent considérablement dénaturer l'objectif de transparence adopté par le législateur. Le diable est dans les détails. La HATVP l'a déploré dans un de ses rapports annuels au sujet du registre numérique des lobbyistes[257] dont le décret d'application a «*affaibli l'intention du législateur*» par des «*exigences extrêmement réduites* [...] *quant au niveau de détail et au rythme de transmission des informations demandées aux représentants d'intérêts*». Selon la Haute Autorité, les modalités de diffusion des données «*font obstacle à l'accomplissement de l'objectif principal du répertoire, à savoir permettre aux citoyens de comprendre le processus d'élaboration des décisions publiques*». Là encore, l'administration

256. Pierre-Henri Morand, *Où va l'argent public ? La commande publique au défi des données ouvertes*, Éditions Universitaires d'Avignon, 2022.
257. Xavier Berne, «Frais de mandat, lobbying... Le rapport au vitriol de la Haute Autorité pour la transparence», *NextInpact*, 25 mai 2018. https://next.ink/7845/106642-frais-mandat-lobbying-le-rapport-au-vitriol-haute-autorite-pour-transparence/.

dispose de marges de manœuvre importantes pour limiter la capacité d'action de la société civile avec les données ouvertes.

Faut-il en conclure que les agents de l'administration auraient une aversion à la transparence et préféreraient «*travailler dans l'opacité*» pour empêcher les citoyens de questionner l'action publique? Pour certains militants de l'open data, la situation est aussi simple que ça. On peut penser à Hans Rosling, le médecin suédois qui avait tenté de décrire une pathologie caractéristique de l'administration appelée le «DBHD» comme «*Database Hugging Disorder*», littéralement le syndrome de l'étreinte des données, que nous avons évoqué précédemment. Bien qu'amusante, la notion de DBHD nous écarte des conditions concrètes de la mise en œuvre de la transparence et empêche de comprendre pourquoi les agents n'ouvrent pas les données demandées par la société civile. Les agents que j'ai rencontrés dans le cadre de mes travaux de recherche et de mes missions chez Datactivist expriment rarement une opposition systématique à la divulgation d'informations sur le fonctionnement de l'administration. Ils disposent en fait rarement du mandat pour libérer des données qui pourraient comporter une certaine sensibilité politique. Les données doivent généralement passer par des circuits de validation mis en place pour décider de leur ouverture. Ces procédures sont plus ou moins formalisées selon le niveau de sensibilité des données perçu par la hiérarchie politique et administrative. Bien qu'entré dans la loi, le principe d'open data par défaut ne suffit pas à donner aux agents la possibilité de publier des données sans obtenir de validations.

Au contraire de l'image d'une administration préférant l'obscurité à la transparence, beaucoup d'agents affirment un militantisme en faveur de la transparence, un *ethos* militant important dans certaines carrières publiques[258]. Ces agents entreprennent souvent un travail de plaidoyer auprès de leur hiérarchie. Mais, bien souvent, ils doivent faire face à une réalité organisationnelle dans laquelle la transparence

258. Alice Mazeaud, «Administrer la participation : l'invention d'un métier entre valorisation du militantisme et professionnalisation de la démocratie locale», *Quaderni*, 2012, vol. 3, n° 79, p. 45-58.

est loin d'être une évidence. Les chefs de service et les responsables de l'administration répondent d'abord à leurs objectifs et à leurs missions dont la diffusion de données au grand public ne fait pas officiellement partie. Lorsqu'ils proposent l'ouverture de certaines données, les agents reçoivent souvent comme réponse de la part de leur hiérarchie : «*on ne va pas scier la branche sur laquelle on est assis*» ou «*on ne va pas tendre le bâton pour se faire battre.*»

Face à la fragilité juridique de la transparence administrative, faut-il produire ses propres données ?

Les fondations juridiques instables de la transparence administrative réduisent le potentiel d'enquête et de mobilisation de l'ouverture des données. Le droit d'accès aux documents administratifs pouvant être facilement contourné, la transparence ne fait pas partie des routines de l'administration. De ce fait, les données ouvertes volontairement par cette dernière ont permis peu de cas de révélation et de mobilisation permettant d'en faire un véritable contre-pouvoir. Nombreux sont les journalistes et les acteurs de la société civile qui considèrent les données publiques comme trop «inoffensives» même lorsque le législateur a tenté de renforcer la transparence d'une politique publique ou d'un secteur. Nous avons toutefois vu à travers plusieurs exemples que les données publiques peuvent déceler des surprises et favoriser des enquêtes ou des mobilisations d'ampleur.

Il reste un point que je n'ai pas abordé au cours de ce chapitre, celui de la «neutralité» des données. Les portails open data regroupent essentiellement ce qu'Alain Desrosières appelait des sources administratives, c'est-à-dire des données de gestion qui servent au travail quotidien de l'administration, des «*fichiers ou de[s] registres individuels, dont l'agrégation n'est qu'un sous-produit, alors que les informations individuelles en sont l'élément important*[259]». Contrairement aux statistiques, elles ne sont pas générées comme un objet de savoir par un organisme

259. Alain Desrosières, «Décrire l'État ou explorer la société : les deux sources de la statistique publique», *Genèse*, 2005, n° 58, p. 4-27.

spécialisé selon des règles visant à produire une information « agrégée de portée générale ». Or, contrairement aux statistiques, ces données sont à l'origine un objet de pouvoir qui sert à la mise en œuvre des politiques publiques. La société civile doit-elle alors s'en méfier voir les boycotter ? Pour le journaliste Nicolas Kayser-Bril, réutiliser les données de l'administration signifie se plier à sa vision du monde[260]. Rappelant que les données ne sont pas neutres et qu'elles sont un instrument de pouvoir, il considère que plus on utilisera les données publiques, « *plus on se recroquevillera dans le moule des fonctionnaires parisiens qui décident quoi mesurer et comment mesurer* ». Il invite les journalistes à créer leurs propres données plutôt que de réutiliser celles de l'administration, c'est selon lui la condition pour rester indépendant et penser librement.

Son argument est important et mérite d'être discuté. On le sait, les données publiques intègrent la finalité pour laquelle elles ont été produites. Elles peuvent même être utilisées pour façonner le débat public. En 2009, un collectif de statisticiens et de chercheurs regroupés sous le pseudonyme Lorraine Data, afin de préserver leur devoir de réserve, a publié le livre *Le Grand Trucage* pour réagir aux entraves de plus en plus fortes à l'indépendance de la statistique publique[261]. Le livre présente un catalogue des techniques les plus courantes pour manipuler les statistiques : retenir les chiffres qui arrangent les élus, faire dire aux chiffres ce qu'ils ne disent pas ou changer l'outil de mesure pour arranger la réalité. Cette dernière technique qui consiste à « casser le thermomètre » se décèle bien difficilement au vu du peu d'information dont on dispose généralement sur les conditions de production des données. Il faut aussi rappeler que les données reposent sur des catégories qui s'imposent à toutes celles et ceux qui les produisent et les utilisent[262]. Contenant les traces des usages pour

260. Nicolas Kayser-Bril, « Il ne faut pas "libérer les données". Il faut se libérer par les données », 2017. `https://blog.nkb.fr/se-liberer-par-les-donnees`.

261. Lorraine Data, *Le grand truquage. Comment le gouvernement manipule les statistiques*, La Découverte, 2009.

lesquelles elles ont été conçues[263], l'idée même de données brutes qui ne seraient pas façonnées par le contexte sociotechnique dans lequel elles ont été produites est un oxymore[264]. Au contraire, les données de gestion de l'administration sont «brutifiées» avant d'être ouvertes pour tenter de devenir un objet de savoir de portée général[265].

Idéalement, les journalistes et les acteurs de la société civile devraient donc produire leurs propres données. Comme nous le verrons plus loin à travers plusieurs exemples, la production de données alternatives facilite l'ouverture des données de l'administration et donne du pouvoir d'agir aux acteurs de la société civile. Mais produire ses propres données demande un investissement considérable que les journalistes et les militants ne peuvent souvent pas se permettre. Aussi, en ignorant les données publiques, ces acteurs se privent d'une source d'information qui, comme toute source, doit être prise avec précaution et analysée avec minutie. Le livre *Statactivisme* nous a appris, à travers de nombreux exemples d'usages militants des statistiques, qu'il est possible de se réapproprier le pouvoir des données[266]. Les acteurs de la société civile peuvent tout autant intervenir sur le monde avec les données qu'intervenir sur les données elles-mêmes. *Statactivisme* montre, par exemple, que les représentants des institutions, des syndicats, des organisations patronales, de la recherche et de la société civile réunis au sein du Conseil national de l'information statistique (Cnis) sont parvenus à faire modifier les méthodes de calcul des inégalités employées par l'Insee[267]. Il est tout à fait possible de

262. Geoffrey C. Bowker & Susan Leigh Star, *Sorting Things Out. Classification & its Consequences*, MIT Press, 2000.
263. Harold Garfinkel & Egon Bittner, «"Good" organizational reasons for "bad" clinic records», *Studies in Ethnnomethodology*, Prentice-Hall, 1967, p. 186-207.
264. Lisa Gitelman (éditrice), *«Raw Data» Is an Oxymoron,* The MIT Press, 2013.
265. Jérôme Denis & Samuel Goëta, «Exploration, Extraction and "Rawification". The Shaping of Transparency in the Back Rooms of Open Data», *Social Studies of Science*, 2014.
266. Isabelle Bruno, Emmanuel Didier & Julien Prévieux, 2014, *op. cit.*
267. Bernard Sujobert, «Comment intervenir sur le programme de la statistique publique? L'exemple des inégalités sociales» *in* Isabelle Bruno, Emmanuel Didier & Julien Prévieux, 2014, *op. cit.*

se réapproprier l'open data, cela demande de mettre les mains dans le cambouis des données publiques et de signaler leurs faiblesses. Révéler ne consiste pas seulement à exposer au public ses découvertes, c'est aussi montrer ce qu'on ne peut pas savoir et ce qui reste encore opaque.

Le débat entre l'utilisation des données de l'administration ou la production de ses propres données rejoint un questionnement qui traverse les acteurs de la participation. Le politiste Loïc Blondiaux a montré la tension qu'il existe entre deux visions de la participation des citoyens[268]. La première prône l'institutionnalisation d'un échange argumenté entre les groupes concernés par un débat pouvant inclure les groupes les plus marginalisés ou radicaux, qui se mettent autour de la table pour trouver un accord. La seconde vision, celle d'une « démocratie sauvage », défend la capacité d'auto-organisation des collectifs et suggère d'éviter l'enfermement institutionnel pour garder la liberté d'exprimer des subjectivités plus « rebelles ». Dans la continuité de Loïc Blondiaux, on serait tenté de distinguer des données « sauvages » produites par les collectifs citoyens à des fins militantes et des données d'« élevage » mises à disposition de tous comme un sous-produit de l'activité administrative.

268. Loïc Blondiaux, *Le nouvel esprit de la démocratie*, Seuil, 2008.

Des promesses démesurées de croissance et d'innovation

De grands cabinets de prospective et des institutions comme la Commission européenne ont promis des retombées économiques de l'ordre de plusieurs dizaines de milliards d'euros chaque année qui découleraient de la réutilisation des données publiques ouvertes. Ces promesses d'un « nouveau pétrole », une ressource inexploitée dans le sous-sol des administrations et qui pourrait créer une richesse sans précédent, se sont révélées irréalistes au regard des résultats empiriques des études qui ont évalué l'impact de l'ouverture des données.

Pourquoi aborder cet aspect dans un ouvrage sur le rôle démocratique de l'open data ? L'ouverture des données repose sur la combinaison de plusieurs facettes comme nous avons pu le voir dans le premier chapitre. Si le bilan s'avère décevant dans le domaine économique, les politiques d'open data pourraient s'en trouver ébranlées, y compris lorsqu'elles portent sur des sujets liés à la transparence de l'action publique. Même si on note quelques *success stories* notamment dans le domaine des transports, le faible impact qu'on a pu observer sur l'économie a pu susciter une certaine déception pour les élus qui ont misé sur l'open data pour créer des emplois, notamment dans les collectivités territoriales. Cette déception risque à terme de mettre en péril les projets d'ouverture de données qui sont très dépendantes de leurs tutelles politiques.

Les entreprises et les acteurs privés révèlent aussi les difficultés rencontrées par les usagers lorsqu'ils exploitent des données ouvertes. En effet, du point de vue des usagers, quand les données sont disponibles, elles se révèlent souvent soit manquantes, soit introuvables, soit inutilisables. Nombreux sont les cas où les usagers se plaignent de la faible documentation des données et de la faible qualité des fichiers mis à disposition. Les données ouvertes sont, à ce stade, généralement pas assez fiables et trop parcellaires pour permettre la création de services, d'entreprises et d'emplois pérennes.

Le « nouveau pétrole » : des conjectures de croissance et d'emploi disproportionnées

La décision de mettre en œuvre des politiques d'open data n'est pas née seulement de la volonté de renforcer la transparence de l'action publique. Dans les cas que j'ai pu observer, cet argument constituait parfois un repoussoir pour les élus qui préfèrent éviter que les données puissent servir à contester leur action et à renforcer l'opposition. L'argument qui emportait la décision des élus était souvent la promesse de développement économique et de création d'emplois qui pourraient découler de la réutilisation des données publiques. Avant de détailler les fondements de cette promesse, il faut rappeler le contexte dans lequel les principes de l'open data sont apparus et ont été traduits en politiques publiques nationales et locales.

Comme nous l'avons vu dans le deuxième chapitre, le concept d'open data a été popularisé à partir de la fin de l'année 2007 aux États-Unis puis partout dans le monde. La rencontre fondatrice de Sebastopol est intervenue quelques mois après le lancement de l'iPhone en juin 2007 et avant la création en juin 2008 de l'App Store d'Apple. Cette plateforme a généré des revenus conséquents pour les développeurs d'applications mobiles, bien au-delà des services existant précédemment. Cette coïncidence est loin d'être anecdotique : la création de services mobiles apparaissait alors comme l'une des nouvelles « frontières » de l'économie numérique.

Ouvrir les données de l'administration permettrait de créer une multitude de nouveaux services pratiques. Il faut aussi rappeler le contexte de la crise économique, à partir de l'automne 2008, qui incitait les acteurs publics à mobiliser toutes les ressources disponibles pour favoriser la relance de l'économie. Enfin, l'organisation en 2008 du concours Apps for Democracy à Washington avait inspiré le développement de nombreux concours d'applications encourageant à la réutilisation des données ouvertes[269]. Les organisateurs d'Apps for Democracy ont créé un guide pour l'organisation de concours d'application. Ce guide insistait sur les retombées économiques de l'événement de 2008, la valeur des 47 applications créées étant estimée à 2300000$ pour un coût de l'opération de 50000$. Cette estimation, très fréquemment reprise comme preuve du potentiel économique de l'open data, reposait sur un judicieux calcul qui multiplie le coût de développement, évalué à 50000$ par application, pour déterminer la valeur créée lors du concours. Or, la valeur n'équivaut pas nécessairement au coût; elle dépend principalement du marché et de l'utilité du bien. Cette valeur a été largement surévaluée et a contribué à l'essaimage des événements comme les hackathons dans lequel les « hackers civiques[270] » sont incités, sur une courte période, à réutiliser des données ouvertes pour imaginer de nouveaux services.

Les études macroéconomiques se sont multipliées pour tenter d'évaluer l'impact potentiel de l'ouverture des données. Un des premiers acteurs à avoir effectué de telles analyses est Rufus Pollock, le fondateur de l'Open Knowledge Foundation que nous avons présenté précédemment. Ce dernier a modélisé les retombées économiques de l'open data en comparaison des revenus que les administrations pouvaient tirer des redevances. Il a montré que les redevances réduisent la demande alors que la réutilisation gratuite (ou, au moins, avec un coût marginal) réduit les barrières à l'entrée et décuplent l'impact économique des données publiques[271]. Les services créés devraient alors générer des recettes fiscales bien supérieures au manque à gagner dû à la suppression des redevances[272]. À la suite de la directive sur les

269. Tom Demeyer, « Apps For Amsterdam », *Journal of Community Informatics*, 2012, vol. 8, n° 2. https://openjournals.uwaterloo.ca/index.php/JoCI/article/view/3045.

270. Gabriella E. Coleman, *Coding Freedom. The Ethics and Aesthetics of Hacking*, Princeton University Press, 2013.

271. Rufus Pollock, « The economics of public sector information », 2008. https://rufuspollock.com/papers/economics_of_psi.pdf.

272. Mohammed Adnène Trojette, *Ouverture des données publiques. Les exceptions au principe de gratuité sont-elles toutes légitimes ?*, Rapport au Premier ministre, 2013.

informations du secteur public de 2003, l'Union européenne a multiplié les évaluations du potentiel économique de l'open data avec une première étude en 2006 qui évaluait l'impact entre 26 et 48 millions d'euros. L'UE estimait en 2017 le marché de la production et du traitement des données à 59 milliards d'euros. Cette industrie emploierait six millions de citoyens européens, un chiffre qui était censé presque doubler en 2020[273]. Pour l'UE, les données ouvertes constituent un carburant de l'industrie des données, et il faut encourager l'ouverture la plus large possible.

Les études macroéconomiques se sont multipliées à partir de 2010, mais on constate des écarts considérables dans la manière dont elles évaluent l'impact de l'open data. Une étude réalisée pour le portail européen de données[274] a montré des écarts de 1 à 10 entre les différentes évaluations de la valeur de l'open data : la valeur économique des données ouvertes variant entre 0,4 % et 7 % du PIB mondial !

Comment expliquer de telles variations ? L'étude du portail européen de données évoque premièrement les différences de méthode d'évaluation : certaines ont une approche « par le haut » en modélisant la part des données ouvertes dans la chaîne de création de valeur macroéconomique tandis que d'autres études partent « du bas » en évaluant l'impact de l'open data de manière sectorielle puis généralisent à l'ensemble de l'économie. Ces évaluations sont généralement des études *ex ante*, c'est-à-dire effectuées à partir de recherche et de modélisation, plutôt qu'*ex post,* en décrivant l'impact économique constaté d'une mesure. Elles sont donc des prévisions plutôt que des mesures objectives. Deuxièmement, les études varient dans leurs sources de données : certaines se concentrent sur les données du

273. European Commission website, « Final results of the European Data Market study measuring the size and trends of the EU data economy », 2017. https://digital-strategy.ec.europa.eu/en/library/final-results-european-data-market-study-measuring-size-and-trends-eu-data-economy.

274. Portail européen de données, « The economic benefits of Open Data », 2017. https://data.europa.eu/fr/publications/datastories/economic-benefits-open-data.

secteur public tandis que d'autres incluent les données de la recherche et celles du secteur privé. Les évaluations ne sont pas accordées sur la définition même de l'open data. Certaines considèrent que des données qui ne sont pas librement accessibles, partagées uniquement à des acteurs sélectionnés selon des conditions restrictives, peuvent entrer dans l'estimation de valeur. Troisièmement, dans l'évaluation des bénéfices, certaines études incluent des externalités environnementales ou sociales indirectes selon les méthodes de l'analyse coût-bénéfice qui traduit de manière monétaire tous les aspects de la vie[275]. Cela crée une confusion majeure puisque la valeur de l'open data est souvent exprimée en pourcentage du PIB alors que certaines études font une équivalence monétaire à des phénomènes qui ne contribuent pas directement à la création de valeur économique. Par exemple, une étude réalisée pour l'autorité des transports londoniens estimait que les services réutilisant les données de transport ont permis aux habitants de la métropole de gagner entre 70 et 95 millions de livres[276]. Cette estimation inclut les gains de temps pour les usagers des transports, la réduction de l'incertitude lors des voyages et de plus faibles coûts d'information.

Malgré les variations et les limites méthodologiques de ces études, la fourchette haute est généralement retenue lorsqu'il s'agit d'évaluer la valeur économique de l'open data. Même si elles restent utiles pour emporter la décision des élus et servir de justification aux politiques d'open data, ces estimations ont aussi des effets délétères lorsque vient le moment d'évaluer l'impact réel sur l'économie. C'est particulièrement vrai au niveau local où les élus ont dédié des moyens à l'open data en espérant des retombées directes en termes de croissance et d'emploi sur le territoire. Or, comme nous allons le voir, les

275. Franck Ackerman & Lisa Heinzerling, « Pricing the Priceless: Cost-Benefit Analysis of Environmental Protection », *University of Pennsylvania Law Review*, 2002, vol. 150, p. 1553-1584.
276. Deloitte, « Assessing the value of TfL's open data and digital partnerships », juillet 2017. https://content.tfl.gov.uk/deloitte-report-tfl-open-data.pdf.

créations d'emplois et d'entreprises réutilisant des données ouvertes sont encore assez rares.

Un impact en deçà des attentes sur la création d'emploi

Il me paraît essentiel dans ce bilan critique de faire part d'une déception qu'expriment de nombreux acteurs publics ayant ouvert des données à l'égard de l'impact économique de l'open data. Ces déceptions sont aussi fortes que les promesses d'un « nouveau pétrole » ou d'une nouvelle manne pour les territoires qui ont été formulées par certains défenseurs de l'open data avides de chiffres spectaculaires. Si on s'intéresse aux résultats en termes d'emplois découlant de l'ouverture des données publiques, on s'aperçoit d'un certain décalage entre les chiffres annoncés et la réalité des créations d'emplois dans les sociétés réutilisant des données. Selon un rapport commandé par la Commission européenne en 2020[277], l'ouverture des données publiques aurait permis la création d'1,1 million d'emplois en 2019 et le marché de la réutilisation des données devrait avoir atteint 184 milliards d'euros dans l'UE. Cette estimation doit être prise avec des pincettes. Ce chiffre est en réalité fondé sur la généralisation à l'ensemble de l'Union d'une estimation réalisée uniquement en Espagne et dont le périmètre dépasse largement les données ouvertes[278]. Cette estimation concerne en grande partie des entreprises existant de longue date dont le modèle économique n'est pas fondé sur les jeux de données mis à disposition du fait des politiques d'open data. En soi, ces chiffres aux fondements opaques sont courants dans le débat public, mais ils posent problème lorsqu'ils fondent une politique[279]. Lorsque les décideurs questionnent

277. Publications Office of the European Union, « The economic impact of open data: opportunities for value creation in Europe », 2020. https://data.europa.eu/en/publications/datastories/economic-impact-open-data-opportunities-value-creation-europe.

278. Le portail officiel des données européennes, 2017, *op. cit.*

279. Par exemple, l'étude d'impact de la loi pour une République numérique cite le chiffre d'une activité économique directe de 32 Md€ en 2010 dans l'UE comme justification du principe d'open data par défaut. « Étude d'impact: N°3318 - Projet de loi

les résultats effectifs de l'open data sur l'emploi, il est difficile de faire la démonstration des emplois créés. Dans certaines collectivités territoriales, cela a créé au mieux de la déception voire marqué un coup d'arrêt à plusieurs projets d'open data.

Même s'il faut donc prendre ces estimations macroéconomiques avec précaution, on peut déjà identifier quelques fleurons parmi les entreprises ouvrant ou réutilisant des données publiques françaises. L'étude européenne *Creating Value through Open Data*[280] identifie quatre étapes dans la chaîne de valeur de l'ouverture et de la réutilisation des données publiques : la création, l'agrégation, l'analyse et le développement de services.

À travers ces quatre étapes, on trouve des entreprises françaises qui ont créé des emplois et développé des services autour de l'open data. Dans la première phase, celle de la fourniture des données, on peut citer OpenDataSoft, aujourd'hui un des leaders mondiaux des portails d'ouverture et de partage de données. La société compte plus de 100 salariés répartis entre Paris, Nantes et Boston et a levé 21 millions d'euros en janvier 2021 pour financer son expansion. Dans le domaine de la culture et du tourisme, Open Agenda emploie cinq salariés et propose une solution d'agendas partagés dont les données sont ouvertes et standardisées. Dans la deuxième phase, celle de l'agrégation de données, Navitia (filiale de Kisio, elle-même filiale de Keolis, un des leaders de la mobilité en Europe) agrège les données des horaires de 1 600 réseaux de transport dans 25 pays. Commoprices, une autre société française, agrège les données sur les prix de près de 3 000 matières premières et propose des outils d'analyse pour les négociateurs. Concernant la troisième phase, celle de l'analyse des données, on peut citer namR qui emploie 45 collaborateurs, dont près des deux tiers travaillent en R&D. L'entreprise, qui a

pour une République numérique», *Assemblée Nationale*, 2015. https://www.assemblee-nationale.fr/14/projets/pl3318-ei.asp.

280. European Commission. Directorate General for the Information Society and Media, *Creating Value through Open Data*, 2015. https://data.europa.eu/en/publications/datastories/creating-value-through-open-data.

réalisé une levée de fonds de huit millions d'euros en 2021, agrège des données variées sur les bâtiments afin de dégager des informations comme le potentiel solaire, le taux de végétalisation d'une parcelle, l'usage d'un bâtiment ou la consommation d'énergie. Enfin, concernant la quatrième phase de création de services, les produits fondés sur la réutilisation de données ouvertes ne manquent pas. On peut toutefois citer trois sociétés françaises dont les services sont devenus des références à l'international. Meilleurs Agents, service du groupe européen Aviv, a développé une équipe interdisciplinaire de 40 personnes dédiées à l'analyse des données de vente immobilières, s'appuyant en France sur les données de demande de valeur foncière ouvertes par la DGFIP. PlumeLabs, une application qui agrège les données sur la pollution de l'air dans plus de 3 000 villes dans le monde et aide les usagers à trouver le meilleur moyen pour faire une activité en plein air selon le niveau de pollution. L'application Yuka qui donne des recommandations alimentaires pour chaque produit scanné par son code-barres et qui s'est longtemps appuyée sur les données ouvertes par les contributeurs d'Open Food Facts avant de développer sa propre base de données propriétaire. Dans le domaine de la réutilisation des données de justice, Doctrine propose des outils de recherche et de veille sur les décisions ; l'entreprise compte plus de 50 salariés. Predictice qui compte une vingtaine de salariés fournit un moteur de recherche et un assistant conversationnel à partir de la doctrine, des décisions et de la jurisprudence.

Même si les créations d'emplois et de valeur sont en deçà des promesses, rappelons que l'open data est un mouvement récent qui peut mettre plusieurs décennies à porter ses fruits. D'autre part, des acteurs économiques réutilisent des données ouvertes sans que cela ne soit visible pour le producteur de données ou pour l'usager du service. Comme il n'est pas nécessaire de s'identifier sur un portail open data, il est très facile pour une entreprise réutilisant des données de passer sous le radar.

Des données souvent introuvables et mal documentées

Si l'on interroge les réutilisateurs, on constate que réutiliser des données ouvertes pour créer une activité économique est très complexe, d'abord à cause de la difficulté à identifier les données disponibles et librement réutilisables sur un sujet. Ce problème de la découvrabilité, la capacité d'un jeu de données pertinent à sortir du lot, a été pointé au niveau international dans le rapport du classement Open Data Index d'Open Knowledge International[281].

La découvrabilité des données est un défi majeur. Nous avons des portails et des registres de données mais les agences d'un seul gouvernement national continuent de publier des données de manières différentes et à différents endroits. De plus, elles ont différents protocoles pour les licences et les formats. Cela a un impact hasardeux : nous pouvons ne pas trouver des données ouvertes, même si elles sont en ligne et donc nous ne pouvons pas les utiliser. La découvrabilité des données est un pré-requis pour que l'open data réalise son potentiel et actuellement la plupart des données sont très difficiles à trouver.

Trouver des données peut se révéler être un parcours du combattant même pour des usagers experts. Concrètement, voici plusieurs cas de données difficiles voire impossibles à trouver. En 2022, sur `data.gouv.fr`, une requête «*coronavirus*» ne renvoie pas vers les données publiées par Santé Publique France. Il faut rechercher «*covid*» pour les trouver, du nom de la maladie causée par le SARS COV-2. Autre exemple : les données essentielles des marchés publiés sur PLACE, la plateforme des marchés de l'État, ont pour intitulé «AIFE_DE_13001977100018» sur `data.gouv.fr`. Enfin, toujours sur `data.gouv.fr`, le fichier de l'Institut national de l'origine et de la qualité (INAO) qui recense toutes les appellations d'origine protégée/contrôlée (AOP/AOC), les indications géographiques protégées

281. Open Knowledge International, 2017, «Insights – Global Open Data Index», `https://index.okfn.org/insights/`. Traduction de l'extrait par l'auteur.

(IGP) ou les Label rouge se nomme « SIQO publiés » comme signes officiels de la qualité et de l'origine.

Le cartographe Jules Grandin avait aussi pointé du doigt le problème de la découvrabilité dans un tweet[282] : « *recherher des données : une déception en 4 actes* » illustré de quatre captures d'écran. Il a d'abord fait une recherche « *comptage voyageurs RER* » sur Google, cliqué sur le premier résultat issu de `data.gouv.fr`. Sur le portail, la fiche de description du jeu de données (seize mots) semble correspondre à sa demande. Il télécharge le fichier et l'ouvre dans un tableur pour découvrir un fichier de deux lignes et deux colonnes comportant uniquement une seule valeur pour la ligne B du RER parisien dans une période temporelle non déterminée. Ouvrir un tel fichier inutilisable ne peut qu'entraîner de la déception et décourager les usagers potentiels de se rendre de nouveau sur un portail open data.

Ce cas illustre un deuxième grand problème rencontré par les usagers, celui de la documentation des données ouvertes. Ce point est lié au précédent : si le jeu de données est décrit de manière lacunaire, les moteurs de recherche auront des difficultés à renvoyer des résultats pertinents. Mais surtout la documentation est essentielle pour que les usagers comprennent le contenu des données et soient en capacité de les utiliser. Les travaux en sociologie des sciences et techniques ont montré que la réutilisation des données implique un travail complexe de coordination qui passe souvent par des interactions directes avec leurs producteurs initiaux. Comment avez-vous mesuré ? Où se trouvaient les sondes ? Pourquoi y a-t-il une valeur étonnante ici ? Et pourquoi manque-t-il des valeurs sur cette colonne ? Pourquoi les unités de mesure changent-elles entre ces deux années ? Ces questions qui peuvent paraître triviales sont en fait vitales à la réussite d'un projet fondé sur la réutilisation de données. Plutôt que d'accepter ces interactions, la solution a consisté à investir dans des « métadonnées », censées apporter toutes les informations nécessaires à la compréhension et l'appropriation des données initiales. Les travaux en STS (études des

282. Jules Grandin, « Rechercher des données : une déception en 4 actes », *Twitter*, 29 novembre 2017. `https://twitter.com/JulesGrandin/status/935838409809125376`.

sciences et des techniques) de Paul Edwards et ses collègues ont montré que le partage et la réutilisation des données provoquent des tensions et des difficultés que seul un travail considérable partagé entre les producteurs et les réutilisateurs de données parvient à diminuer[283]. Beaucoup d'acteurs institutionnels dans les sciences ont considéré que les métadonnées seules pouvaient suffire à décrire fidèlement les données et à éviter tout malentendu entre producteurs et réutilisateurs des données. Pourtant, les données reposent sur de nombreux présupposés tacites tellement ancrés dans les pratiques d'une discipline ou d'une organisation que les acteurs ne penseront pas nécessairement à indiquer dans les métadonnées. Lorsque ces dernières sont utilisées à d'autres fins, dans d'autres contextes et à d'autres époques, la documentation sur ces présupposés peut pourtant s'avérer essentielle à l'interprétation des données[284]. L'étude des sciences nous enseigne ainsi que les métadonnées, aussi sophistiquées et complètes soient-elles, ne suffisent pas à résoudre les problèmes que rencontrera un usager en exploitant des données.

En ce qui concerne les données gouvernementales, les métadonnées sont généralement remplies de manière très lacunaire. Pourtant, les préconisations officielles mettent un point d'honneur à la production de métadonnées complètes, comme l'illustre cet extrait de la charte internationale de l'open data[285] :

Nous veillerons à ce que les données soient décrites de manière complète, que toute la documentation accompagnant les données soit rédigée dans un langage clair et simple et que les utilisateurs disposent de suffisamment d'information pour comprendre les sources, les points forts et points faibles et les limites analytiques des données.

283. Paul N. Edwards, Matthew S. Mayernik, Archer L. Batcheller, Geoffrey C. Bowker, *et al.*, « Science friction: Data, metadata, and collaboration », *Social Studies of Science*, 2011, vol. 41, n° 5, p. 667-690.

284. Christine L. Borgman, *Qu'est-ce que le travail scientifique des données ? Big data, little data, no data*, OpenEdition Press, 2020. https://books.openedition.org/oep/14692.

285. Open Data Charter, « Principes », 2015. https://opendatacharter.org/principles/.

Dans l'immense majorité des cas, les descriptions des jeux de données dans les métadonnées sont très courtes. Ce constat quotidien restait à objectiver. Dans le cadre d'une étude réalisée pour la mission Etalab en septembre 2020, j'ai analysé le catalogue de données de `data.gouv.fr` pour comprendre les enjeux de découvrabilité et de documentation[286]. Cette étude a montré que 22 % des jeux de données ont une description d'une longueur totale de moins de 180 caractères et 59 % des descriptions en comptent moins de 1 000 caractères. Souvent, les descriptions sont une reformulation du titre du jeu de données.

Pour les jeux de données les plus réutilisés, les frictions de la réutilisation des données sont réduites par les échanges directs rendus possibles par certains portails, en particulier `data.gouv.fr`. Pour faire face aux nombreuses sources de frictions que génère l'exploitation de données ouvertes, les usagers doivent pouvoir échanger entre eux et obtenir un retour de l'administration sur les données. Sur `data.gouv.fr`, il n'est pas rare que la documentation des données soit beaucoup plus riche dans les discussions que dans les métadonnées officielles. Mais il est aussi fréquent que les producteurs de données ne répondent pas aux questions posées par les usagers ce qui limite les possibilités d'amélioration de la documentation et des données. Sur `data.gouv.fr`, 40 % des discussions n'ont aucune réponse. L'espace d'échange autour de chaque jeu de données est parfois même fermé, en particulier sur les portails des collectivités locales. Sur les portails open data des dix plus grandes villes de France, seules trois d'entre eux laissaient la possibilité de commenter publiquement les jeux de données[287]. De ce fait, il n'y a pas de possibilité d'entraide entre les usagers ou de mise en valeur des échanges avec les producteurs.

286. Cette étude n'a pas été publiée mais ces chiffres sont cités dans le rapport du député Bothorel évoqué précédemment.

287. Les communes publient généralement leurs données sur le portail de leur intercommunalité, département ou région. En 2023, pour les dix plus grandes villes de France, seuls les portails de Toulouse Métropole, Nantes Métropole et la Métropole européenne de Lille laissaient la possibilité de publier directement des commentaires sur les jeux de données.

Des données pas encore assez fiables pour créer des services pérennes

Pour beaucoup d'usagers, les données ouvertes présentent de graves problèmes de qualité. Cette critique récurrente de la qualité des données doit être prise avec précaution. En effet, les personnes à l'origine des principes de l'open data ont constamment insisté sur l'importance de publier les données brutes, sans que les producteurs n'aient à les retravailler. Cela afin de ne pas causer de travail supplémentaire aux agents et de disposer du matériau brut de l'information publique, des données telles qu'elles sont produites par l'administration. D'autre part, rappelons que les politiques d'open data ont permis la libre réutilisation des données de gestion qui servent au travail quotidien de l'administration, et qui n'ont pas été conçues pour circuler hors des services qui assurent leur production et leur traitement.

L'ouverture met ainsi à l'épreuve des données qui, publiées telles quelles, peuvent être considérées comme de mauvaise qualité, alors même qu'elles sont satisfaisantes du point de vue de leurs usages internes. Les données sont ancrées dans des pratiques professionnelles particulières ; leur confrontation potentielle avec des domaines d'activité qui n'ont aucun rapport avec leur ancrage initial risque d'entraîner leur stigmatisation. Des données auxquelles personne n'a jamais rien eu à reprocher peuvent se retrouver qualifiées d'impropres à l'usage.

Néanmoins, les problèmes rencontrés par les réutilisateurs sont réels et entravent le développement d'entreprises dont la pérennité repose sur les données. Le *data scientist* Vincent Brouté a synthétisé les difficultés que peuvent rencontrer des réutilisateurs face à des données ouvertes[288]. Après avoir exploité les données d'Infogreffe concernant les créations, les radiations et les chiffres clés des entreprises, il s'est appuyé sur cet exemple pour publier un « mémorandum sur ce

288. Vincent Brouté, « Mémorandum sur ce qu'il ne faut pas faire en Open Data », 28 septembre 2017. https://www.vincentbroute.fr/blog/memorandum-sur-ce-quil-ne-faut-pas-faire-en-open-data/.

qu'il ne faut pas faire en Open Data». La structure des données d'Infogreffe évolue d'année en année, ce qui empêche un import automatique des données et demande une intervention manuelle pour constituer une base sur l'ensemble de la période pour laquelle des données sont disponibles. Des colonnes disparaissent certaines années (le secteur d'activité est renseigné uniquement de 2012 à 2015), d'autres sont renommées au fil des années («date immatriculation» devient «date d'immatriculation» ou «effectif 2013» passe au pluriel l'année suivante «effectifs 2014») ou certaines sont créées, comme le numéro de département à partir de 2015. Les fichiers comportent aussi des aberrations : dans les fichiers annualisés, une entreprise est passée ainsi de 3 à 303387 salariés en 2015 et une autre a réussi la prouesse de générer plus de quatre milliards d'euros de résultat net en 2015 pour un chiffre d'affaires de 10000 €. Plus préoccupant : la date de radiation diverge dans un tiers des cas selon si elle est présentée en une seule colonne (année-mois-jour) ou en trois colonnes pour chacune de ces dimensions.

Ces problèmes pourraient être perçus comme une conséquence normale de la confrontation de données, qui n'étaient précédemment pas diffusées, à de nouveaux contextes. Mais les données d'Infogreffe ont pourtant été commercialisées jusqu'en 2017 et les producteurs de ces données ont pour métier de garantir la qualité de l'information juridique et financière sur les entreprises, les greffiers devant assurer l'authenticité des actes de la juridiction dont ils sont les conservateurs. Les problèmes signalés par Vincent Brouté n'ont dans l'ensemble pas été pris en compte après la publication de son billet. Seules quelques colonnes parasites, dont le nommage ou la documentation ne permettaient pas de savoir ce qu'elles contenaient, ont été supprimées. Les données comportent une documentation quasi inexistante, chaque base étant accompagnée d'une quinzaine de mots décrivant les données, reprenant souvent les termes du titre. Enfin, Vincent Brouté signale qu'il n'y a aucun espace public (commentaires ou forum) sur lequel les utilisateurs peuvent poser des questions aux producteurs ou discuter de leurs difficultés avec d'autres utilisateurs.

Seul un formulaire de contact est disponible, mais il semblerait que les réponses soient rares.

Enfin, la fiabilité des données ouvertes réside aussi dans leur capacité à perdurer dans le temps. Les usagers ont souvent besoin d'avoir accès aux versions antérieures d'une base de données ou de s'assurer que les données sont présentes dans la durée. Ces exigences sont particulièrement importantes pour des usages scientifiques pour lesquels la nécessité de reproductibilité de la recherche impose de pouvoir accéder aux données antérieures pour contrôler les traitements des données afin de vérifier qu'ils soient valides. Néanmoins, il est courant de voir disparaître des données quelques années après leur ouverture. Christian Quest, créateur du projet opendatArchives, a listé plusieurs cas de figure de disparition de données :
– seule la dernière version du jeu de données est publiée ;
– les données temps réel sont rarement historisées ;
– les données historiques sont effacées lorsque le portail open data est mis à jour ;
– les données sont volontairement dépubliées, comme dans le cas des données de ventes et achats de pesticides, semble-t-il à la demande de certains lobbys agricoles, puis republiées…[289]

Dans d'autres cas, l'ouverture était un acte ponctuel et le travail dédié à la mise à jour des données n'est pas entré dans les missions des agents. On trouve ainsi de nombreuses données obsolètes sur les portails open data.

Pour répondre aux difficultés de réutilisation que rencontrent les usagers des données ouvertes, l'article 14 de la loi pour une République numérique (2016) a prévu la création du service public de la donnée qui vise à « *sécuriser les utilisateurs et leur garantir une qualité de service de niveau industriel* » pour les données de référence, celles qui ont le plus d'impact économique et social et dont la qualité de mise à disposition est critique pour les utilisateurs[290]. Ces données de

289. Christian Quest, « opendatArchives pour archiver l'opendata ! », 2019. https://cq94.medium.com/opendatarchives-7f1707fb29aa.

référence sont des informations publiques qui permettent de nommer ou d'identifier certains produits, services, territoires ou personnes. Leur niveau de réutilisation nécessite qu'elles soient mises à disposition avec un niveau élevé de qualité[291]. Neuf jeux de données ont rejoint par décret le service public de la donnée suite à une consultation :
- la base Sirene des entreprises et de leurs établissements ;
- la base adresse nationale ;
- la base de l'organisation administrative de l'État ;
- le répertoire national des associations ;
- le plan cadastral informatisé ;
- le référentiel à grande échelle ;
- le répertoire opérationnel des métiers et des emplois ;
- le code officiel géographique et le registre parcellaire graphique.

Ces données doivent répondre aux trois principes essentiels du service public :
- la continuité : dès lors que les données sont ouvertes, elles peuvent être utilisées même si les services qui s'appuient dessus ont été arrêtés, comme c'est souvent le cas avec les applications mobiles produites par les acteurs publics. Elles doivent aussi être disponibles en téléchargement 99 % du temps mensuel ;
- l'égalité : lorsque les données sont ouvertes, toute personne a un droit égal d'accès et de réutilisation en vertu du principe de non-discrimination des usagers au cœur de l'open data ;
- la mutabilité : dès lors que les données sont ouvertes, les citoyens sont en capacité de faire évoluer les services en fonction des besoins des usagers et des évolutions techniques.

290. Etalab, « Service public de la donnée de référence : c'est parti », 2017. https://www.etalab.gouv.fr/service-public-de-la-donnee-de-reference-cest-parti.
291. Élise Mouriesse, « L'accès aux données dans le cadre du service public de la donnée », *Revue générale du droit*, Études et réflexions 2018, n° 2, p. 1-37.

Une procédure permet aux utilisateurs de signaler les données incomplètes ou erronées. L'arrêté qui définit les règles du service public de la donnée prévoit que l'administration a un mois pour répondre à la demande de l'usager. L'absence de réponse peut être contestée dans le cadre d'un recours pour excès de pouvoir devant le juge administratif, ce qui octroie aux usagers un véritable « droit de regard » sur la manière dont les données sont mises à disposition. Le service public de la donnée est censé garantir la continuité des données et leur adaptation aux besoins des usagers, ce qui est indispensable pour développer des activités dont le modèle économique réclame la fiabilité et la pérennité des données. L'idée de données essentielles a été prolongée par la Commission européenne qui a défini une liste de jeux de données à « forte valeur ajoutée » devant être librement réutilisable en application de la directive sur la réutilisation des informations du secteur public (PSI) de 2019. Cette liste comprend les statistiques, les données d'observation de la terre et de l'environnement, les données météorologiques, les données géospatiales, les données sur les entreprises et leurs bénéficiaires effectifs et enfin la mobilité.

La loi pour une République numérique considére que les principes du service public s'appliquaient à un périmètre de données restreint, les données de référence listées précédemment[292]. Mais il aurait pu en être autrement en considérant que la mission d'ouverture des données, jugées essentielles ou non, relève bien du service public. Délimiter une liste de données essentielles relevant du service public pourrait sous-entendre que les autres n'en relèvent pas. Cette remarque ne remet pas en cause l'utilité de ce dispositif prévu par la loi pour renforcer la fiabilité des données. Des métropoles comme Rennes, Lille ou Brest ont ainsi créé leur service public métropolitain de la donnée pour « *accompagner l'évolution des services publics, dans un environnement où les données prennent une importance croissante* » et se positionner comme un « *acteur majeur de la qualité, de l'échange et de l'utilisation des données par*

292. Lucie Cluzel-Métayer, « La construction d'un service public de la donnée », *Revue française d'administration publique*, 2018, vol. 167, n° 3, p. 491-500.

les acteurs du territoire[293] ». Ici, la notion de service public est mobilisée pour l'ensemble des données ouvertes de la collectivité, voire s'étend à l'ensemble du territoire. Dans certains cas, le service public métropolitain de la donnée favorise la circulation des données publiques ou privées. Territoriale ou nationale, restreinte ou étendue, la reconnaissance de la qualité de service public réinscrit l'ouverture des données dans la continuité de l'histoire de l'action publique et ses principes essentiels, là où certains agents ou décideurs ont pu percevoir l'open data comme un « produit d'importation ».

Une création de valeur à concevoir dans le long terme

Nous avons pu mesurer le décalage qui existe entre les études macroéconomiques qui font de l'open data la nouvelle manne capable de créer des gisements colossaux de valeur et d'emploi et la réalité empirique. Plutôt que de promettre des retombées immédiates en termes d'emplois, mieux vaut rappeler que l'open data constitue un investissement de long terme dont les résultats ne pourront s'apprécier qu'après des années, à la fois dans le domaine économique, et dans les nouvelles relations qu'il permet entre le public et les institutions. C'est ce que montre bien une étude allemande[294] qui distingue les trois grandes phases de l'émergence des gains économiques de l'open data : la phase d'introduction, la phase de croissance et la phase de rentabilité.

L'étude part du principe que les entrepreneurs ne raisonnent généralement pas en identifiant des données et en trouvant des manières de les valoriser mais plutôt en identifiant un besoin ou un problème et en cherchant les données qui permettraient de le

293. Rennes Métropole, « Deux années d'amorçage du Service public métropolitain de la donnée », *Rudi*, 2021, https://blog.rudi.bzh/deux-annees-damorcage-du-service-public-de-la-donnee-de-rennes-metropole.

294. Jens Preische, « Digitales Gold. Nutzen und Wertschöpfung durch Open Data für Berlin », 2014. https://www.technologiestiftung-berlin.de/downloads/digitales-gold-nutzen-und-wertschoepfung-durch-open-data.

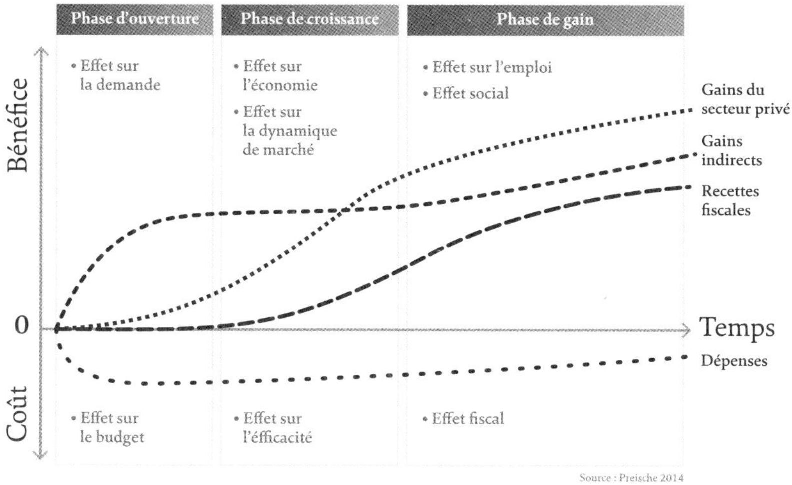

Figure 3. Phases de l'impact économique d'une politique d'open data selon Jens Preische (2014).

résoudre. Les gains ne peuvent donc pas être immédiats. Dans la première phase, celle de l'introduction, les coûts dépassent largement les gains pour le secteur public. Ces coûts décroissent ensuite, mais très légèrement : pour que les bénéfices économiques de l'open data se réalisent, le travail sur les données doit se poursuivre avec les réutilisateurs pour en améliorer la qualité et la pertinence. Un investissement continu des acteurs publics dans l'open data est une condition essentielle de l'effet de levier économique attendu de l'ouverture des données. Dans la deuxième phase, celle de croissance, le secteur privé commence à détecter des opportunités avec les données ouvertes et en tire profit. De faibles gains apparaissent et génèrent quelques revenus fiscaux. Dans les deux premières phases, les gains sont essentiellement indirects sous forme de gains d'efficacité et de nouvelles opportunités pour le secteur public. Ces gains indirects sont particulièrement difficiles à évaluer et à identifier : combien d'applications et de services du quotidien utilisent l'open data sans que nous le sachions ?

Une transformation des administrations en cours

Au-delà des promesses de renouvellement de la transparence et de l'innovation qui ont guidé le développement des premiers projets d'ouverture de données, l'open data a aussi bénéficié directement à l'administration elle-même. Les projets d'open data sont ainsi souvent rattachés à des services de transformation de l'administration qui visent à renouveler ses pratiques, à « désîloter » son fonctionnement ou à la rapprocher de l'usager.

Ouvrir des données nécessite un travail important qui reste généralement invisible. Cette tâche n'entre pas dans les missions des agents, hormis pour la personne en charge du pilotage de l'ouverture des données de l'organisation. De ce fait, l'amélioration de la qualité et de la fiabilité des données ne trouve généralement pas de moyens humains et financiers. Sous-évalué et négligé par les décideurs, le travail d'ouverture des données est pourtant une condition indispensable au développement des usages des données ouvertes. Le travail sur les données dans les administrations engendre des bénéfices immédiats pour le service public : développement de nouveaux usages analytiques et prédictifs liés à la *data science*, possibilités de médiation et de concertation avec le public, amélioration de la qualité des données, meilleure connaissance du patrimoine informationnel de la collectivité... L'open data constitue un vecteur essentiel de la transformation numérique de l'administration.

Le mirage de l'ouverture des données par défaut

Avant d'aborder les bénéfices de l'ouverture des données pour les administrations déjà engagées dans une telle démarche, il faut rappeler qu'il subsiste de véritables fractures territoriales et sectorielles dans la mise en œuvre de l'objectif légal d'ouverture des données par défaut. Au niveau local, en France, la mise en œuvre du principe d'ouverture des données par défaut marque un décalage par rapport aux ambitions initiales.

Selon l'Observatoire open data des territoires[295], en octobre 2018, au moment où l'obligation légale de la loi pour une République numérique arrivait à échéance, l'association évaluait que 343 collectivités locales avaient ouvert des données soit 7,6 % des 4500 concernées par la loi. En décembre 2022, elles étaient 728 soit 16 % des collectivités concernées par l'obligation légale.

À noter que la méthodologie de cet observatoire requiert seulement l'ouverture d'un jeu de données par la collectivité sur un portail open data, une exigence minimale qui ne témoigne pas nécessairement d'une politique volontariste d'ouverture des données. L'observatoire montre une fracture entre les grandes et les petites collectivités. Ainsi, 94 % des régions ont engagé une démarche d'ouverture contre 60 % des départements, communes et intercommunalités de plus de 100000 habitants. Ce chiffre tombe à 8,5 % pour les communes et intercommunalités de moins de 100000 habitants. L'ouverture des données demande des moyens et sa mise en œuvre crée de nouvelles fractures entre les territoires.

Ces fractures dans la mise en œuvre de l'ouverture des données ne sont pas seulement territoriales, elles sont aussi sectorielles. Des pans entiers de l'administration nationale ou locale n'ont pas ouvert de données. Parmi ceux-ci, on peut citer en premier lieu les hôpitaux qui n'ont ouvert aucun jeu de données. De nombreuses données sont certes transmises aux autorités sanitaires, qui ensuite les reversent, mais aucun hôpital ne publie directement de données sur `data.gouv.fr`. Pourtant, de nombreuses données sanitaires pourraient être ouvertes par les hôpitaux, concernant par exemple les temps d'attente aux urgences, la satisfaction des patients ou encore les

295. OpenDataFrance, « Enquête sur l'open data des territoires 2018 – Rapport d'analyse », 2018. https://www.observatoire-opendata.fr/archives/archive-oct-2018/.

infections nosocomiales. Il en va de même des universités qui disposent de nombreuses données sur leur patrimoine, les parcours des étudiants, la mixité sociale, la vie associative, la recherche ou les ressources documentaires. Quelques universités publient des données sur `data.gouv.fr` (Angers, Nanterre, Paris 13) avec certains jeux de données particulièrement intéressants[296], mais elles font office d'exception dans un secteur où les nombreuses parties prenantes (étudiants, enseignants-chercheurs, syndicats, collectivités locales…) auraient intérêt à disposer de ces données. On pourrait aussi citer les services d'archive qui, malgré leur mission de transparence et le volontarisme de l'Association des archivistes français (AAF) sur le sujet, ont rarement ouvert des données structurées sur leurs fonds. Les cartographies de données réalisées par Etalab dans le domaine de la santé, du logement ou de la santé au travail rappellent aussi que de nombreuses données restent encore à ouvrir.

Les nombreux obstacles à surmonter dans l'ouverture des données

Comment expliquer ces difficultés des administrations à ouvrir leurs données ? Faut-il y voir le signe d'une réticence systématique des agents ? Pour certains militants de l'open data, les difficultés à l'ouverture des données publiques s'expliquent souvent par la « réticence de l'administration », un terme récurrent qui englobe des situations très différentes. On peut se souvenir de la métaphore évoquée plus haut du syndrome de l'étreinte des données (le « DBHD ») popularisé par le médecin suédois Hans Rosling. On peut aussi s'appuyer sur les travaux d'Harold Garfinkel et Egon Bittner. En cherchant pourquoi les

296. L'université Paris 13 a ouvert les données de son système d'information Apogée, qui assure la gestion des étudiants des étudiants, dans le respect de leur anonymat. Les données indiquent les diplômes préparés, les étapes pour y parvenir, les composantes de l'université concernées et l'origine des élèves. À partir de ces données (`https://www.data.gouv.fr/fr/datasets/donnees-de-scolarite-de-luniversite-paris-13/`), une application a été réalisée pour visualiser les parcours des étudiants par formation. `https://mindsized.org/viz/traces/`.

dossiers médicaux qu'ils étudiaient dans leurs recherches étaient de si mauvaise qualité, ils ont montré qu'il existe de nombreuses « bonnes raisons organisationnelles » pour que ces données persistent et soient même considérées comme précieuses[297].

En reprenant à mon compte leur expression, quelles sont donc les « bonnes raisons organisationnelles » qui expliquent que de nombreuses données ne soient pas encore ouvertes ? Pour décrire les difficultés qu'engendre la circulation des données, il faut d'abord rappeler que la circulation des données génère irrémédiablement des frictions. Edwards et ses collègues[298] l'ont bien montré avec l'exemple de la climatologie, où la diffusion et la réutilisation de données issues de sources très variées créent des résistances et entrave les rouages bien huilés des organisations :

À chaque interface entre deux surfaces, la friction consomme de l'énergie, produit de la chaleur et use les parties en mouvement. La métaphore d'Edwards des frictions de données décrit ce qui survient à l'interface entre les « surfaces » de données : les points où les données bougent entre les personnes, les couches sociales, les organisations ou les machines – d'un laboratoire à l'autre, d'une discipline à l'autre, d'un capteur à un ordinateur ou d'un format de données (comme une feuille de calcul Excel) vers un autre (comme une base de données scientifique spécifique) [Edwards, 2010]. Chaque mouvement de données à travers une interface a un coût en temps, énergie et attention humaine. Chaque interface entre groupes et organisations, ainsi qu'entre les machines, représente un point de résistance où les données peuvent être rendues incompréhensibles, mal interprétées ou perdues. Dans les systèmes sociaux, les frictions de données consomment de l'énergie et produisent des turbulences et de la chaleur — c'est-à-dire des conflits, des désaccords et des processus inexacts, déréglés.

Les frictions ne sont donc pas un trouble à soigner, pour reprendre les termes médicaux du DBHD, mais une constante dans la circulation des données. Pour mieux comprendre les contraintes

297. Harold Garfinkel & Egon Bittner, 1967, *op. cit.*
298. Paul N. Edwards *et al.*, 2011, *op. cit.*

organisationnelles et techniques auxquelles les agents font face lors de l'ouverture des données, je vais m'intéresser ici à cinq grandes sources de frictions que j'ai retrouvées dans la plupart des administrations que j'ai explorées.

La première source de frictions résonne avec les limites de la transparence volontaire de l'administration évoquées précédemment. Nous l'avons vu, les agents ne disposent pas du mandat pour ouvrir des données réputées « sensibles » qui pourraient servir à l'opposition ou à la remise en cause l'action des élus. Les données servant la transparence de l'action publique passent par des circuits de validation spécifiques. Sans l'appui des élus, les données publiques jugées « sensibles » peuvent rarement traverser les circuits de validation. Sans un cadre juridique qui contraindrait les administrations à satisfaire les demandes, les données de transparence continueront de s'échapper par un sauf-conduit plutôt que de suivre une procédure où l'ouverture de données constitue une pratique courante et ancrée dans les routines de l'administration.

La seconde source de frictions relève du fait que souvent de nombreux projets d'open data sont conçus comme des projets annexes servant d'abord la communication ou l'image de l'institution. Il en résulte que les projets d'open data n'ont pas les moyens de leurs ambitions. En France, la loi pour une République numérique n'a prévu aucun moyen financier pour les administrations concernées par le principe d'ouverture des données par défaut, dans un contexte de réduction des dépenses publiques. Au-delà de l'aspect financier, l'État a prévu très peu de dispositifs pour accompagner les collectivités dans cette transformation importante de leur fonctionnement. Par ailleurs, le manque de moyens dédiés à l'ouverture des données se révèle aussi dans les missions des agents. Chaque agent a généralement une lettre de mission ou une fiche de poste qui indique ses responsabilités dans l'organisation. Hormis le cas des chargés de projet open data, l'ouverture n'est pratiquement jamais intégrée dans les missions officielles des producteurs de données. De ce fait, celle-ci se fait à la marge de leurs responsabilités, voire assez souvent hors de leur temps de travail, ce qui peut générer du surmenage. L'absence de reconnaissance de ce travail dans les missions des agents a aussi pour conséquence que les données ne sont souvent pas mises à jour par manque de disponibilité. Il est rare que l'actualisation soit automatisée, elle repose plus souvent sur une extraction manuelle. Comme la hiérarchie ne reconnaît pas l'ouverture des données comme une de leurs responsabilités, les agents n'ont souvent pas le temps d'interagir avec les usagers des données pour corriger des problèmes qui leur ont été signalés. Pourtant, ces signalements constituent un bénéfice direct des projets d'open data. Ils permettent de découvrir des problèmes dans les données qui n'auraient pas été détectés si elles n'avaient pas circulé hors de l'organisation.

La troisième source de frictions porte précisément sur cette question de la qualité des données dont nous avons parlé précédemment. Dans de très nombreux cas, l'ouverture concerne des données qui étaient rarement, voire jamais, sorties des réseaux sociotechniques de l'organisation et dont la qualité était généralement jugée suffisante pour les usages internes pour lesquelles elles sont produites. On retrouve souvent parmi les grands principes de l'open data l'idée que cette question de la qualité des données doit tout simplement être évacuée du processus d'ouverture. Par exemple, la Sunlight Foundation affirme dans ses dix principes de l'open data qu'il faut d'abord ouvrir les données sans les modifier et attendre que le retour des usagers permette d'améliorer leur qualité[299]. Mais, en pratique, il est difficile de balayer de la main la question de la qualité. Pour les agents, l'ouverture des données peut constituer une prise de risque. Comme les données ouvertes peuvent servir au contrôle et à l'évaluation des politiques publiques, les critiques à l'égard de leur faible qualité ou de la présence d'erreurs peuvent avoir de lourdes conséquences pour la carrière de ceux qui les publient. En faisant migrer les données dans un cadre nouveau, les projets d'open data rendent potentiellement centrales certaines dimensions qui étaient peu pertinentes

299. Sunlight Foundation, « Ten Principles for Opening Up Government Data », 2010. https://sunlightfoundation.com/policy/documents/ten-open-data-principles/.

dans leurs cadres d'usages initiaux. Des absences jamais remarquées deviennent des manquements, des approximations, ou des erreurs.

En plus de rendre saillants des problèmes de qualité des données, l'ouverture des données révèle souvent des problèmes d'accessibilité aux données elles-mêmes. La prise de conscience que l'action publique repose en grande partie sur des données est récente et le travail sur la gouvernance de cette ressource est souvent totalement neuf. Là où certains voient les données comme une ressource disponible et prête à circuler, il faut en fait souvent désarticuler les assemblages dans lesquels elles sont prises[300]. En effet, quand les données sont stockées dans des systèmes d'information qui sont les outils de travail quotidien des agents, elles ne prennent pas la forme de fichiers qui pourraient être transférés facilement, comme c'est le cas avec les tableurs. D'un point de vue matériel, les informations y sont stockées, organisées et traitées dans des bases de données dont l'export est rarement prévu dans les fonctionnalités. Pour parvenir à exporter les données et éventuellement automatiser leur ouverture, les responsables de projet open data doivent généralement faire appel à des techniciens spécialisés. Dans bien des situations, les outils de travail des agents produisent des « vues » qui construisent des liens entre des tables hétérogènes dans la base de données. Pour les gestionnaires de bases de données, l'extraction demande de disposer du schéma de la base qui permet de reconstituer l'organisation physique des données auquel l'usager n'a pas accès. Mais lorsque le système d'information a été conçu par un prestataire externe, le schéma est rarement connu des gestionnaires de bases de données. Dans certains cas, l'ouverture se transforme en une véritable enquête qui consiste à fouiller dans les entrailles des serveurs ce qui peut prendre des semaines voire des mois de travail. Il faut ensuite développer un script informatique, une « moulinette », qui accomplit l'extraction de la base de données en

300. Lire à ce sujet : Jérôme Denis & Samuel Goëta. « La fabrique des données brutes. Le travail en coulisses de l'open data », *in* Clément Mabi, Jean-Christophe Plantin & Laurence Monnoyer-Smith, *Ouvrir, partager, réutiliser. Regards critiques sur les données numériques*, Maison des sciences de l'homme, 2017.

rassemblant les informations éparpillées dans différentes tables et parfois plusieurs serveurs. L'ouverture des données interroge ainsi la « souveraineté » de l'organisation par rapport à ses prestataires. C'est souvent au terme d'un coûteux travail que les données sont extraites, isolées des bases qui les ordonnaient et assuraient leur accessibilité interne ordinaire, afin d'être déplacées et inscrites dans un nouvel assemblage, dédié à leur ouverture.

Au-delà des problèmes d'extraction et de la question de la qualité, de nouvelles frictions apparaissent lorsque les agents prévoient les risques qui pourraient survenir de l'utilisation des données. Comme ils se voient souvent attribuer la responsabilité des données qu'ils ouvrent, les agents exercent généralement une grande vigilance quant aux risques possibles de leur réutilisation pour la sécurité et l'intégrité des habitants. Lorsqu'ils envisagent l'usage malveillant de données, celles-ci peuvent être exclues du périmètre concerné par l'ouverture. C'est par exemple le cas des données sur les réseaux d'eau potable. Légalement, ce sont des données publiques, sans informations nominatives et produites dans le cadre d'une mission de service public. Mais, en mettant ces données au banc d'essais des risques, les gestionnaires de ces données incluent généralement des acteurs malveillants parmi leurs usagers possibles. Certains ont considéré que ces informations pouvaient servir à cibler des actes terroristes. Les agents imaginent généralement tous les usages potentiels des données ouvertes, y compris en incluant des criminels parmi les publics potentiels des projets d'open data. La chaîne de responsabilités de la réutilisation amène souvent les agents à la plus grande prudence dans l'ouverture des données. C'est particulièrement le cas lorsque les données contiennent des données à caractère personnel. Le Code des relations entre le public et l'administration (CRPA) prévoit que la publication de données à caractère personnel est proscrite sauf dans trois cas : si une disposition législative le prévoit, si les personnes intéressées ont donné leur consentement et si le document correspond à une des catégories de documents pouvant être rendus publics sans anonymisation[301]. Ces catégories de

301. Cnil & Cada, *Guide pratique de la publication en ligne et de la réutilisation des données*

document servent à l'information du public sur l'organisation de la vie économique, associative et culturelle ou l'exercice des professions réglementées. En dehors de ces cas, les données doivent être anonymisées, c'est-à-dire qu'elles ne se réfèrent plus à une personne réelle et ne sont plus spécifiques à une personne mais communes à un ensemble de personnes. En pratique, les données à caractère personnel sont souvent considérées comme une matière « radioactive » dans les projets d'open data, faisant l'objet des plus grandes précautions malgré les possibilités offertes par l'anonymisation. Certains agents ou élus ont une interprétation excessive du RGPD, bloquant l'ouverture de données qui offriraient pourtant des garanties d'anonymisation. Il existe pourtant des exemples où des acteurs publics ont ouvert des données anonymisées dans leur plus fort niveau de précision sans permettre de retrouver un individu en particulier. Par exemple, la ville de Roubaix publie chaque année les caractéristiques détaillées de plus 10000 adhérents de la médiathèque (tranche d'âge, quartier, nombre de visites, nombre d'emprunts, année d'adhésion...) permettant à chacun de comprendre les usages de ce lieu culturel[302]. L'Autorité de régulation des communications électroniques, des postes et de la distribution de la presse (Arcep) publie les données brutes de l'enquête établissant le Baromètre du numérique[303]. De 2007 à 2022, les réponses détaillées de 2000 à 4000 personnes par an peuvent être librement analysées pour comprendre les usages du numérique en France. Ces exemples font office d'exception. De mon expérience, ce type de données est souvent vite écarté dans les projets d'ouverture de données, par crainte souvent excessive d'enfreindre au RGPD ou du fait du travail important requis par l'anonymisation.

publiques (« open data »), 2019. https://www.cnil.fr/sites/cnil/files/atoms/files/guide-open-data.pdf.

302. Ville de Roubaix, « Caractéristiques des adhérents à la médiathèque La Grand Plage en 2019 », 2020. https://opendata.roubaix.fr/explore/dataset/caracteristiques_adherents_2019/table/.

303. « Baromètre du Numérique - data.gouv.fr », 2023. https://www.data.gouv.fr/fr/datasets/barometre-du-numerique.

L'ouverture des données dans une administration française ressemble donc souvent à une course d'obstacles. Il faut obtenir un mandat pour faire la transparence sur des sujets sensibles pour des élus, travailler hors des missions qui leur sont attribuées pour les agents, extraire des données de systèmes d'information qui ne le permettent souvent pas, corriger et rendre intelligible des données qui n'ont pas circulé hors du service, ou encore anticiper des risques qui pourraient entraver la carrière de l'agent qui ouvre ces données. Mais, au terme de ce parcours, quels bénéfices en tire l'administration au-delà des promesses de transparence et d'innovation ? Comment l'ouverture des données transforme-t-elle des administrations ? Tout compte fait, ces efforts en valent-ils vraiment la peine ?

Les bénéfices inattendus de l'ouverture des données pour le fonctionnement des administrations

Pour répondre à ces questions, on peut s'appuyer sur l'enquête qualitative réalisée par l'association OpenDataFrance dans le cadre de son Observatoire open data des territoires[304]. Quarante-six agents représentant chacun un territoire ayant ouvert des données ont répondu à une série de questions portant sur les conditions de mise en œuvre d'un projet d'open data et ses conséquences pour la collectivité. Dans les questions sur l'impact, une forte majorité de répondants dresse un bilan favorable de l'ouverture des données. Trente-six répondants (78 %) signalent des effets bénéfiques ou des externalités positives à l'ouverture des données dans leur collectivité. Trois répondants (6 %) signalent des effets négatifs qui, en consultant les données détaillées, correspondent principalement à une sous-estimation de la charge de travail demandée par l'ouverture des données.

Dans le détail des réponses, le bénéfice perçu le plus fréquemment porte sur l'amélioration de la qualité des données. Trente-

304. OpenDataFrance, « Enquête sur l'open data des territoires 2018 – Rapport d'analyse », 2018. https://www.observatoire-opendata.fr/wp-content/uploads/2018/09/Rapport-analyse-enqu%C3%AAte-OD.pdf.

quatre répondants (73 %) ont ainsi signalé que la démarche a eu pour effet d'améliorer la qualité des données produites par leur organisation. En exposant les données au public, les producteurs de données peuvent découvrir des erreurs, des approximations ou des coquilles qui n'ont pas été détectées lorsqu'elles circulaient uniquement à l'intérieur du service. Par exemple, les agents de Keolis Rennes qui ont ouvert des données concernant les horaires des transports publics ont pu découvrir dans les retours des usagers que certains arrêts étaient localisés parfois 300 mètres plus loin que ce que les données indiquaient ! En effet, les emplacements des arrêts étaient auparavant collectés pour produire des cartes de l'ensemble du réseau. Dès lors que les usagers des transports les exploitent dans des applications mobiles sur le terrain, la précision de la localisation devient cruciale. On retrouve le même type de retours d'expériences au Grand Poitiers qui s'est appuyé sur les données cartographiées par les habitants dans OpenStreetMap pour améliorer ses propres données concernant les appuis vélos. Cette approche comparative a permis d'identifier des appuis vélos qui n'étaient pas cartographiés dans les deux bases[305]. À Roubaix, l'ouverture des données de la métropole a permis à un élu de signaler l'absence d'un abri vélo dans les données ouvertes. Autre exemple à la métropole de Lille : le responsable de projet open data a ouvert les données d'activité du crématorium et s'est étonné de voir un grand nombre de décès à 117 ans alors que la ville ne compte évidemment pas autant de centenaires. Après vérification, il a découvert que l'année 1900 était renseignée lorsque l'on ne connaissait pas la date de naissance du défunt. Lorsque les données circulaient uniquement dans le service qui les produisait, cette pratique ne posait pas de problèmes car cela faisait partie du savoir tacite de l'organisation[306]. Mais, publiées sur un portail open data, un usager pourrait y voir soit une erreur dans les données soit une information étonnante sur la

305. Umap, Appuis vélo Grand Poitiers. https://umap.openstreetmap.fr/fr/map/appuis-velo-grand-poitiers_151666#17/46.56901/0.38366.
306. Michael Polanyi, *Personal Knowledge: Towards a Post-Critical Philosophy*, University of Chicago Press, 1958.

démographie. Après l'ouverture des données, le processus de saisie des données a été revu et désormais la date de naissance n'est plus indiquée lorsqu'elle n'est pas connue pour éviter toute méprise. La prise en compte des retours des usagers peut donc avoir une grande valeur pour la collectivité. Cela demande, comme nous l'avons vu précédemment, des ressources pour traiter ces commentaires et échanger avec les usagers.

Deuxième bénéfice rapporté très majoritairement par les responsables de projet d'open data : l'ouverture a amélioré la circulation des données au sein de l'organisation, ce qui permet d'envisager de nouveaux usages. Dans l'enquête d'OpenDataFrance, trente-quatre répondants (73 %) ont indiqué que l'ouverture des données a eu des effets bénéfiques sur la collecte et le partage des données. Dans une entreprise où j'ai pu observer les réunions du comité de pilotage sur l'open data, l'ouverture des données a permis de relancer un projet de cartographie du système d'information qui était jusqu'alors dormant alors qu'il était pourtant essentiel pour améliorer les chaînes de traitement des données. Ces initiatives permettent de détecter des cas de données produites en doublon ou d'améliorer leur cycle de vie. Dans certains cas, les données sont gérées localement dans des feuilles de calcul, parfois sans sauvegarde, même si elles sont parfois essentielles à la conduite de certaines politiques publiques. L'ouverture des données a permis dans plusieurs cas de localiser ces données stratégiques qui, jusqu'alors, échappaient aux agents en charge du système d'information.

Toujours dans l'optique de favoriser la circulation des données dans l'organisation, l'open data peut permettre d'ouvrir de nouvelles possibilités de croisement et d'exploitation des données en interne. L'ouverture des données facilite l'accès des agents aux données produites par les autres services. L'enquête d'OpenDataFrance indique plusieurs exemples dans lesquels les processus de collecte et de partage des données ont été revus à la suite de projets d'open data. Dans les données qualitatives de cette enquête, un agent de la ville de Suresnes indique que l'ouverture des données a permis de «*centraliser des fichiers à jour, disponibles par tous, et par lesquels les agents peuvent faire des statistiques*». Au Grand Poitiers, on indique que «*l'accompagnement des référents* [les interlocuteurs privilégiés dans chaque service sur l'open data] *a fait prendre conscience de l'importance de partager la donnée, de comment la collecter, de sa qualité et de sa documentation*». À Avignon, l'ouverture a permis la mise en place d'une «*base de données centrale*» où les données sont normalisées et conservées indépendamment des outils à partir desquels elles sont produites.

Toujours au niveau organisationnel, l'ouverture des données a aussi permis de valoriser le travail de l'administration et de ses agents. En effet, l'ouverture des données permet de montrer au public la qualité du travail réalisé par les agents. Plusieurs répondants ont souligné que l'ouverture des données a permis de valoriser les compétences réparties dans les services. L'open data est ainsi un moyen de motiver les agents et de servir l'intérêt général dans une logique de service public. Un des arguments les plus fréquents en faveur de l'ouverture des données consiste à dire qu'elle permet de rendre au public les données qui ont été payées par l'impôt.

Par ailleurs, l'open data peut aussi être vu comme un gain de temps lorsque les agents reçoivent de nombreuses demandes de la part d'entreprises et d'acteurs associatifs pour obtenir des données. Leur ouverture permet d'avoir un point centralisé où trouver les données et éviter de les renvoyer à de multiples reprises. Par exemple, un agent de la ville de Paris publiait régulièrement des fichiers PDF pour rendre compte du parc de logements sociaux, ce qui demandait de découper les données par arrondissement et de mettre en ligne un fichier par arrondissement. Maintenant que les données sont ouvertes, cet agent a juste à publier sa feuille de calcul, les usagers n'ont qu'à utiliser les filtres pour obtenir les données par arrondissement.

L'enquête d'OpenDataFrance a enfin souligné que l'ouverture des données peut aussi servir la communication de l'institution en s'appuyant sur la visualisation des données. Dans l'analyse des bénéfices identifiés par les répondants, les impacts sur l'image des organisations figurent en tête derrière les enjeux évoqués précédemment que sont l'amélioration de la qualité des données, la circulation des données dans l'organisation et la valorisation du travail des agents. Pour lutter contre l'augmentation de la défiance à l'égard des acteurs publics, ouvrir des données et communiquer avec celles-ci peut permettre de prouver ce qui est dit par la communication publique en s'ouvrant à de nouvelles analyses. Par exemple, le département de la Gironde a publié un outil pédagogique qui permet d'expliquer comment le budget est utilisé et d'explorer le détail des données, qui sont par ailleurs ouvertes sur le portail open data[307]. Les données ouvertes peuvent aussi permettre de suivre les engagements de la mandature. C'est ce qu'a fait la ville d'Issy-les-Moulineaux avec son rapport financier qui présente l'utilisation des fonds publics avec des visualisations interactives[308]. Toutes les données sont ouvertes sur le portail open data. La même méthode a été utilisée pour produire un tableau de bord public de l'activité des services de la ville[309].

L'open data a ainsi d'abord bénéficié à l'administration elle-même. Certes, ces bénéfices internes constituent un décalage par rapport aux promesses initiales de l'open data sur le renouvellement de la transparence et le décuplement de l'innovation. Mais elles représentent un résultat tangible qui justifie, aux yeux même des acteurs ayant entrepris une telle démarche, les efforts et l'investissement que demande l'ouverture des données. Les bénéfices externes ne pourront intervenir que, dans un second temps, dès lors que la transparence sera entrée dans les routines de l'administration et que le public

307. Département de la Gironde, « Un budget au service des solidarités humaine et territoriale », 2020. https://www.gironde.fr/un-budget-au-service-des-solidarites-humaine-et-territoriale.

308. Issy les Moulineaux, « Rapport financier », 2021. https://rapportfinancier.issy.com/2021/.

309. Etienne Pichot-Damon, « Construire des tableaux de bord dynamiques au service de l'open data et de la collectivité : l'exemple d'Issy-les-Moulineaux », *Datactivist*, 2019. https://medium.com/datactivist/construire-des-tableaux-de-bord-dynamiques-au-service-de-lopen-data-et-de-la-collectivité-ec514020c027.

pourra s'appuyer sur des données fiables, de qualité et documentées afin de développer de nouveaux usages.

Un travail de longue haleine

Pour mesurer le chemin parcouru, faisons un pas de côté et retournons aux premiers débats sur l'open data en France. Il était alors courant d'entendre que l'ouverture des données ne posait pas de difficultés en soi. L'indisponibilité des données publiques pourrait être résolue simplement par la mise en place d'une politique favorable. En 2010 à Rennes, j'ai pu assister à la première rencontre nationale rassemblant des acteurs publics intéressés par l'open data. Un des artisans de l'open data en France, Daniel Kaplan, à l'époque directeur de la Fing, a conclu la conférence en s'adressant aux acteurs publics et en soulignant la simplicité de l'ouverture des données :

Vous êtes assis sur… enfin vous avez déjà un stock de données que vous produisez de fait parce que vous faites votre boulot, vous prenez des décisions, vous menez des études, vous représentez graphiquement ou informatiquement votre territoire, parce que vous coordonnez un certain nombre d'activités ou de services… Donc elles sont là et il se trouve qu'il y a des gens qui vous les demandent. […] c'est quand même une opportunité extraordinaire et ce n'est pas si compliqué que ça et pas si coûteux que ça.

Il faut rappeler qu'à l'époque, pratiquement aucune collectivité n'avait entrepris de politique d'open data. Il était alors aisé de penser qu'ouvrir des données pouvait se résumer à ramasser une ressource disponible sous nos pieds. Maintenant que l'ouverture des données est inscrite dans la loi comme une obligation pour la grande majorité des acteurs publics, le travail de longue haleine que demande l'open data s'impose à nous. De nouvelles fractures territoriales se créent et de nombreux secteurs sont encore à la marge d'une ouverture généralisée des données publiques. Sans une prise au sérieux des difficultés rencontrées par les agents, ces fractures risquent de s'approfondir et l'open data restera un projet annexe dans les politiques publiques numériques. Pourtant, l'ouverture des données constitue un levier pour casser les silos organisationnels et informationnels de l'administration. L'impact interne de l'open data, en particulier en matière d'amélioration de la qualité et de la circulation des données, ouvre des chantiers incontournables à la transformation numérique de l'administration, tant prônée par les élus de tout bord.

Partie III.
Alternatives et propositions

Cinq stratégies alternatives pour obtenir des données

Dans les chapitres précédents, j'ai apprécié l'impact de l'open data sur la transparence, l'innovation et la transformation des administrations. Tout au long de cette réflexion, il est apparu que de nombreuses données manquent à l'appel. Que faire lorsque les données ne peuvent pas être récupérées directement ? Ce chapitre présente cinq stratégies pour obtenir des données lorsque celles-ci ne sont pas disponibles ou n'existent pas.

La première stratégie passe par la voie réglementaire en ayant recours au droit d'accès à l'information publique. Même si nous en avons vu précédemment les limites, le cadre juridique français peut permettre d'obtenir des données pertinentes à quiconque a connaissance du droit et sait se montrer persévérant. Autre option : aspirer les données présentes sur les sites web en ayant recours au *scraping*. Cette méthode repose souvent sur un assemblage incertain et demande des ajustements réguliers pour que les robots parviennent à extraire en continu les éléments pertinents des pages web. Si l'administration ne produit pas ces données, ne les expose pas ou refuse catégoriquement de les libérer sous une forme structurée, il est souvent possible d'arriver à les reconstituer par cette méthode quand les données sont présentées sur un site web institutionnel. La troisième méthode consiste à constituer une base de données en rapprochant des sources éparses (presse, rapports officiels, récits, publications sur les réseaux sociaux…). Elle repose généralement sur un travail manuel et fastidieux de compilation, d'analyse et de déduplication. Dans certains cas, l'effort de collecte des données se révèle trop important pour une personne ou une équipe. Il est alors possible d'avoir recours à la mobilisation d'une foule de contributeurs pour constituer ensemble une base de données exploitable. Les projets qui se réclament du *crowdsourcing*, terme généralement utilisé pour désigner ces pratiques, prennent des formes très différentes allant de la microcontribution ponctuelle jusqu'à l'organisation collective et auto-gouvernée de communs de données. Enfin, la cinquième stratégie consiste justement à créer un commun de données, gouverné par les personnes concernées qui ont apporté les données.

Recourir au droit d'accès

Malgré les limitations que nous avons exposées précédemment, le recours au droit d'accès reste la première voie pour obtenir des données lorsqu'elles ne sont pas disponibles. Bien sûr, le droit d'accès se limite uniquement aux données produites dans le cadre de missions de service public, exclut les secrets protégés comme celui des affaires ou des délibérations du gouvernement et ne permet pas de demander à l'administration de produire des données qu'elle ne détient pas. Mais, dans certains cas, le droit d'accès s'est révélé être un contre-pouvoir efficace afin de permettre de disposer des informations dont les citoyens ont besoin. Aux États-Unis, le droit d'accès a permis l'émergence d'un genre journalistique à part entière, le *FOIA Journalism* (*Freedom of Information Act*) qui consiste à s'appuyer quasi uniquement sur le droit d'accès pour réaliser une enquête. Fin 2019, le *Washington Post* a publié des révélations compromettantes avec les *Afghanistan Papers* en obtenant par le droit d'accès des documents révélant que l'armée américaine savait pertinemment que la guerre en Afghanistan allait devenir un bourbier[310].

L'exercice du droit d'accès est simplifié par des plateformes qui facilitent et rendent visibles les demandes. WhatDoTheyKnow, la première et la plus connue d'entre elles, a été lancée en 2006 par l'association britannique mySociety afin de faciliter les demandes. Basée sur le logiciel libre Alaveteli, cette plateforme permet de contacter

310. Afghanistan Papers, *Wikipedia*, 2021. https://en.wikipedia.org/wiki/Afghanistan_Papers.

directement le bon interlocuteur dans les collectivités pour exercer le droit d'accès et rend visible l'intégralité de la correspondance relative à la demande[311]. La plateforme a connu un grand succès puisque plus de 500000 demandes ont été effectuées. Aux États-Unis, le site MuckRock, administré par une organisation à but non lucratif, reprend ces fonctionnalités en ajoutant une dimension éditoriale. Des journalistes administrent le site et lancent régulièrement des enquêtes collaboratives qui s'appuient sur des requêtes en vertu du *Freedom of Information Act*. Les correspondances relatives à ces requêtes sont visibles en ligne ainsi que tous les documents obtenus, qui sont ensuite exploités dans des enquêtes. Aujourd'hui, on trouve des portails de droits d'accès à l'information, s'appuyant généralement sur Alaveteli, dans près d'une vingtaine de pays.

En France, pendant très longtemps, il a été difficile de déployer un tel portail pour faciliter et rendre visible les demandes d'accès aux documents administratifs. Cela s'explique en partie par la difficulté de trouver les bons interlocuteurs dans les institutions publiques. La base réunissant les coordonnées des Prada (personne responsable de l'accès aux documents administratifs) chargées de traiter les demandes d'accès n'était pas disponible en open data. Un annuaire existait déjà sur le site de la Cada mais jusqu'à récemment il n'indiquait que les adresses postales. La loi permet pourtant la saisine par courriel. Avec la journaliste du *Monde* Laura Mottet, nous avons transmis chacun une demande à la Cada afin d'obtenir les adresses mail des Prada. Après un refus implicite de la Cada, nous avons saisi la Commission d'une demande d'avis *(sic)* sur notre requête à la Cada. L'institution a finalement jugé notre demande conforme au droit d'accès et nous a permis d'obtenir les données demandées[312]. Avec ces données et une petite équipe de contributeurs bénévoles au sein de

311. Les demandes relatives aux données personnelles ne sont pas possibles sur le portail, sinon les données obtenues, communicables uniquement à la personne concernée, se retrouveraient sur la place publique.

312. Commission d'accès aux documents administratifs, « Avis 20193420 - Séance du 18 juillet 2019 », 2019. https://www.cada.fr/20193420.

l'association Open Knowledge France, nous avons pu lancer en octobre 2019 le portail madada.fr (Ma Demande d'Accès aux Documents Administratifs).

Par exemple, Ma Dada a servi à Aequitaz et au Secours catholique pour leur rapport intitulé *Sans Contreparties, pour un revenu minimum garanti* qui plaide pour la mise en place d'un revenu minimum garanti inconditionnel. Le rapport dénonce la menace permanente d'une suspension de leur allocation qui pèse sur les allocataires. Ces derniers doivent sans cesse expliquer quelles démarches ils ont mises en œuvre pour faire « avancer » leur situation. Sans ces éléments de preuve, les allocataires peuvent être soumis à des sanctions. Pour avoir une idée de l'ampleur de ces sanctions, l'association a saisi, via Ma Dada, l'ensemble des départements en leur demandant la part des allocataires par année ayant été soumis à des sanctions[313] :

Faute de données publiques exhaustives et transparentes sur le recours aux sanctions à l'encontre des allocataires du RSA, nous avons mené l'enquête. Faisant valoir le droit d'accès aux documents administratifs, nous avons écrit à tous les départements. Une quinzaine, représentant environ 20 % des allocataires du RSA en France, nous a répondu de façon suffisamment précise pour pouvoir produire une estimation. Au terme de cette enquête, en retenant la fourchette basse, nous estimons qu'en 2019, au moins 6,1 % des allocataires ont fait l'objet de sanctions financières, soit 115 000 foyers concernés, ou encore 234 000 hommes, femmes et enfants, privés de moyens essentiels à la satisfaction leurs droits fondamentaux. 234 000 personnes : c'est l'équivalent de toute la population de la ville de Lille intra-muros.

L'extrait précédent l'indique : le taux de réussite pour une demande de droit d'accès reste faible. Aequitaz et le Secours Catholique ont indiqué que quasiment tous les départements du pays

313. Aequitaz, Secours catholique, *Sans contreparties, pour un revenu minimum garanti*, 2020. https://www.secours-catholique.org/sites/default/files/03-Documents/rapport_14.pdf.

ont reçu leurs demandes. Seuls un tiers d'entre eux avaient accusé réception, et treize avaient fourni des données utiles.

Même si la base des Prada nous indique les contacts privilégiés dans les administrations, de nombreuses demandes n'aboutissent pas, soit car elles n'arrivent pas aux bonnes personnes, soit parce que leurs destinataires ne connaissent pas les règles du droit d'accès. Si la demande est bien reçue, obtenir un accusé de réception est rare même si la loi le prévoit. Le silence est courant. Beaucoup d'administrations, en particulier locales, attendent un avis de la Cada avant de se prononcer, même pour des demandes ne faisant aucunement débat. En 2022, les statistiques de Ma Dada[314] indiquent que, sur 1 317 demandes, 600 étaient en attente de réponse de l'administration (45 %). 248 avaient abouti soit 19 % des demandes. Enfin, lorsqu'on obtient les données, ces dernières ne correspondent souvent pas aux exigences de la loi pour une République numérique en matière de lisibilité par les machines et d'ouverture des formats. Plusieurs demandes sur `madada.fr` ont abouti à un courrier indiquant de télécharger un fichier PDF ou renvoyant vers un rapport dans lequel il est impossible d'exporter les données.

Malgré les limites connues du droit d'accès, ces plateformes ouvrent la possibilité inédite de constituer des bases de données à une échelle nationale à partir de demandes multiples. Une des limitations de l'ouverture des données locales réside dans le fait que les données publiées par une collectivité ne sont pas toujours ouvertes dans les autres territoires déjà investis dans une démarche d'open data. Il est rare qu'un même jeu de données puisse être retrouvé dans un nombre suffisant de collectivités pour atteindre une couverture complète du territoire. Pour des données produites uniquement par des collectivités locales, ces plateformes offrent la possibilité de réclamer le même jeu de données dans un grand nombre de territoires afin de créer une base de données à l'échelle nationale de phénomènes. À cette fin, au Royaume-Uni, mySociety a développé une fonctionnalité pour

314. Ma Dada, Statistiques d'activité, 2022. `https://stats.madada.fr/public/dashboard/88dfe578-ca74-4b21-8c46-65259083ce47`.

WhatDoTheyKnow afin de saisir à la volée jusqu'à plusieurs milliers d'administrations et d'assurer le suivi de ces demandes. Cette fonctionnalité a été déployée en février 2020 sur Ma Dada qui propose à des utilisateurs certifiés (journalistes, chercheurs et citoyens) de déposer la même demande à un maximum de 500 autorités publiques destinataires. En France, la société `VroomVroom.fr` est née suite à ce modèle de demandes envoyées à la volée. Le site, qui propose un comparateur des auto-écoles en France, a demandé à chaque préfecture les statistiques de performance des auto-écoles et les a compilées dans une base de données unique qui a servi de fondation au développement du site.

Le droit d'accès, même simplifié et rendu visible, reste limité par l'étape du recours auprès du tribunal administratif[315]. Bien que la démarche soit gratuite, le recours devant le juge administratif demande des compétences juridiques avancées, notamment dans la rédaction d'un mémoire. L'association Ouvre-boîte qui vise à «*obtenir l'accès et la publication effective des documents administratifs*[316]» s'est faite spécialiste de tels recours. Elle met à disposition sur son site des exemples de mémoire au tribunal administratif pour contester un avis de la Cada ou obtenir la communication d'un document. Son action a permis l'ouverture de bases de données emblématiques comme le registre parcellaire graphique, qui donne les contours des parcelles agricoles avec le type de culture; le répertoire des professionnels de santé; le code source de l'algorithme de calcul des aides de la CAF et de l'impôt sur le revenu. Ces exemples rappellent que le droit d'accès est un travail de longue haleine qui, avec de la pratique et de la ténacité, peut s'avérer fructueux. Mais, dans bien des cas, les personnes qui ont besoin de données ne font pas preuve d'une telle patience. Le *scraping* ou l'extraction de données issues de sites web peut alors s'avérer être une stratégie payante.

315. Rappelons que les avis de la Cada sont consultatifs et qu'une administration peut toujours refuser la communication d'un document suite à un avis favorable. Seul un jugement du tribunal administratif (ou du Conseil d'État pour un pourvoi en cassation) peut l'y contraindre.
316. Ouvre-boîte, `https://ouvre-boite.org/`.

Scraper les données sur le Web

Le *scraping*[317] ou «moissonnage de données» consiste à extraire les données présentes sur des sites web dans des pages éparses pour constituer une base de données exploitable. Le *scraping* est sous les feux des projecteurs depuis que les IA génératives sont entrées dans notre quotidien. Comme on a pu le voir dans le premier chapitre, les ingénieurs en intelligence artificielle fouillent le Web depuis longtemps à la recherche de données d'entraînement pour leurs modèles. Mais cette pratique était passée relativement sous le radar jusqu'à ce que les outils d'IA deviennent des concurrents avérés d'entreprises bien installées. Par exemple, Getty Images a récemment poursuivi Stability AI pour avoir scrapé sa banque d'images pour entraîner le générateur d'images Stable Diffusion[318]. En juillet 2023, Google a mis à jour sa politique de confidentialité pour encadrer – et confirmer – son usage de données scrapées pour entraîner ses modèles d'IA[319].

L'entraînement de modèles d'intelligence artificielle concerne généralement l'ensemble du contenu des sites web. Les usages du *scraping* que je vais aborder consistent à extraire des éléments ciblés dans des pages web. Il est courant qu'une organisation diffuse des données sur le Web mais ne mette pas à disposition en format structuré les données qui servent à produire ces sites. Or, pour beaucoup de sites publics, celles-ci auraient vocation à être librement réutilisables par toutes et tous. Les outils de *scraping* ciblent les éléments à extraire sur les pages (généralement par leurs propriétés dans le code

317. Ce terme anglais vient du verbe *to scrape* qui signifie gratter et désigne en informatique le fait de «*copier des données d'un site web*». Il n'y a pas à ma connaissance de traduction satisfaisante et la plupart des acteurs emploient ce terme sans le traduire.
318. Ashley Belanger, «Getty sues Stability AI for copying 12M photos and imitating famous watermark», *Ars Technica*,2023. https://arstechnica.com/tech-policy/2023/02/getty-sues-stability-ai-for-copying-12m-photos-and-imitating-famous-watermark/.
319. Katyanna Quach, «Google declares public data is fair game for training its AIs», *The Registrer*, 2023. https://www.theregister.com/2023/07/06/google_ai_models_internet_scraping/.

source de la page ou dans la feuille de style). Ils permettent de lister toutes les pages concernées et d'extraire les éléments pour les recopier dans une base de données structurée. Avant le développement de l'open data, le *scraping* était la seule voie pour obtenir des données publiques lisibles par les machines et en continu. L'exemple de GovTrack.us, un site américain de suivi de l'activité parlementaire, le montrait bien. Ce site s'appuie uniquement sur l'extraction automatique des données publiées sur le site du Congrès des États-Unis. Présent à la conférence de Sebastopol en 2007, Joshua Tauberer, à l'origine de GovTrack.us, a joué un grand rôle dans la diffusion des principes de l'open data en publiant le site de référence opengovdata.org et en écrivant le livre *Open Government Data*[320]. La présence de Tauberer à la conférence fondatrice et son activisme par la suite ne sont pas anodins. D'une certaine façon, les principes de l'open data ont tenté de résoudre les limitations du *scraping*, une démarche qui relève souvent du bricolage. En l'absence de source de données ouvertes fiables, les robots qui permettent le *scraping* sont sensibles à la moindre évolution des sites web. Une modification de la feuille de style ou de nouveaux éléments ajoutés sur la page peuvent rendre le script caduc et corrompre les données. Le *scraping* peut facilement être interrompu en changeant la structure du site, en bannissant les adresses IP correspondant aux scripts ou en empêchant un affichage trop rapide des pages. Les principes de l'open data tentent de pérenniser les outils réutilisant des données publiques là où le droit d'accès ou le *scraping* reposent sur des assemblages fragiles.

En France, la création d'un site de suivi de l'activité parlementaire, similaire à GovTrack.us, a donné lieu à la création de l'association Regards Citoyens, une des principales organisations militant en faveur de l'open data dans le pays. En 2009, l'association a créé nosdeputes.fr puis nossenateurs.fr pour suivre l'activité des parlementaires : amendements, questions écrites ou orales, interventions en hémicycle ou en commission, rapports ou propositions de loi. Ils sont

320. Joshua Tauberer, *Open Government Data: The Book*, 2014. https://opengovdata.io/.

nés à partir du *scraping* des sites de l'Assemblée nationale et du Sénat où l'activité des parlementaires est éparpillée dans des documents HTML ou PDF qui sont convertis dans des bases de données[321]. Ces données, repartagées ensuite en open data, offrent à chacun de nouveaux outils : comparaison des activités des députés par groupe politique, représentation sur un graphe de l'activité individuelle des députés, nuages des mots-clés les plus employés par un député, comptes rendus de séances enrichis de liens contextuels, alertes mails, possibilité de commenter chacun des travaux réalisés par les parlementaires… Bien que désormais l'Assemblée nationale et le Sénat proposent des portails open data, le *scraping* reste la principale source de données pour ces sites. Regards Citoyens doit donc régulièrement adapter ses scripts pour continuer à extraire les données malgré les évolutions régulières des sites parlementaires.

La plupart des exemples de *scraping* témoignent de la fragilité sur le moyen et long terme de cette technique d'obtention des données. Le journaliste Alexandre Léchenet avait réalisé en 2012 une enquête sur les dépassements d'honoraires des médecins pour *Le Monde* en extrayant les données du site `ameli-direct.fr` qui indique les tarifs habituellement exercés par chaque praticien.

Ces données n'étaient pas mises à disposition par l'Assurance Maladie. Pour les extraire, Alexandre Léchenet avait développé un robot qui contournait les différentes protections (cookie, moteur de recherche en Flash, URL unique pour chaque session…) mises en place sur le site[322]. Quelques mois après la publication de la carte par *Le Monde* qui révélait qu'en moyenne à Paris les dépassements étaient de 15 € par consultation, l'Assurance Maladie a fait évoluer le site pour empêcher de nouvelles extractions. Lors d'une audition par la mission commune d'information du Sénat sur l'open data, Mathieu

321. Pour en savoir plus, lire l'article « Comment Regards Citoyens a créé *NosDéputés.fr*, base de données de l'activité parlementaire » *in* Jonathan Gray *et al.*, *op. cit.*
322. Pour en savoir plus, lire l'article « Aspirer les données d'Ameli » *in* Jonathan Gray, Liliana Bounegru, Lucy Chambers & Nicolas Kayser-Bril, *Guide du datajournalisme*, *op. cit.* `https://jplusplus.github.io/guide-du-datajournalisme/pages/0403.html`.

Escot, chargé de mission santé à UFC-Que Choisir, expliquait que l'association avait dû extraire les données d'Ameli-direct pour conduire une étude similaire sur les dépassements d'honoraires des cabinets médicaux. Selon lui, cette opération a coûté 20 000 € à l'association «*soit l'équivalent du budget annuel du pôle santé de l'association pour l'achat de prestations extérieures*[323]».

Ces différentes protections, qui peuvent servir à protéger des données sensibles sous prétexte qu'elles seraient des «données personnelles», restreignent les capacités d'action de la société civile aux associations ou médias les plus aisés. Dans un tout autre domaine, la Cimade, une association de défense des réfugiés et du droit d'asile, a mis en place le site «À guichets fermés» pour dénoncer l'attente pour les formalités d'immigration devenue «*un moyen de domination des personnes étrangères par la préfecture*[324]». L'association constate depuis plusieurs années que la dématérialisation des procédures crée des «files d'attente invisibles» et renforce la précarité des personnes immigrées. Pour produire le site «À guichets fermés», l'association a développé des robots qui se rendent toutes les deux heures sur les sites de prise de rendez-vous en préfecture et extraient le délai d'attente pour les principales formalités. Ces données ont montré que, dans de nombreux départements, les personnes en situation régulière ne peuvent jamais prendre de rendez-vous alors que le délai pour un visa de long séjour s'étend d'un à deux mois dans la même préfecture. Le site propose pour chaque préfecture des visualisations du délai d'attente pour les différentes procédures, des graphiques qui peuvent être exportés à des fins de preuves dans des recours administratifs.

323. Audition de M. Mathieu Escot, chargé de mission santé à UFC-Que Choisir, 16 janvier 2014. https://www.senat.fr/compte-rendu-commissions/20140113/mci_cada.html.

324. La Cimade, «À guichets fermés : Les personnes étrangères mises à distance des préfectures», 2019. https://www.lacimade.org/presse/a-guichets-fermes-les-personnes-etrangeres-mises-a-distance-des-prefectures/.

Avec ces données, l'association a pu dénoncer des délais extrêmement longs, décourageant les réfugiés et les poussant à la clandestinité. Mais cela n'a pas suffi à résorber la pénurie de rendez-vous, bien au contraire. En 2018, le ministère de l'Intérieur a voulu mettre un terme aux plateformes automatisées qui monétisaient les créneaux réservés, profitant de la rareté des rendez-vous pour créer un marché parallèle. Effet collatéral, de mai à juin 2018, le robot de la Cimade a été bloqué, jusqu'à ce que l'association trouve un contournement. En avril 2019, le robot a encore été interrompu «*et contrairement aux [blocages] précédents, un faisceau d'éléments indique que ce blocage s'adresse spécifiquement à La Cimade, facilement identifiable par l'adresse* IP *du robot*[325]». Deux semaines après avoir interpellé le ministre et publié un communiqué de presse, la Cimade a pu de nouveau collecter les délais d'attente en préfecture suite à une intervention de la place Beauvau.

L'exemple du décompte des soutiens à la proposition de loi s'opposant à la privatisation d'Aéroports de Paris (ADP) témoigne encore une fois de la fragilité du *scraping*. Le site du référendum d'initiative partagée (RIP) lancé en juin 2019 par le ministère de l'Intérieur ne fournissait aucun compteur des signatures. La proposition devait être signée par 10% du corps électoral (soit 4,7 millions de citoyens). Pour le ministère, le comptage de signataires relevait de la prérogative du Conseil constitutionnel. Quelques jours après le lancement du site, deux initiatives citoyennes ont comptabilisé les soutiens en contournant les obstacles placés par le ministère sur le site du RIP. Afin d'extraire le nombre de soutiens présentés sur plusieurs milliers de pages rangées par ordre alphabétique, il fallait valider à chaque page un captcha qui visait à valider que l'utilisateur est un humain. Pour contourner le captcha, un premier site avait eu recours à des microtravailleurs rémunérés à la tâche tandis que le second proposait

325. La Cimade, «Dématérialisation du service public pour les personnes étrangères : le ministère de l'Intérieur contre la transparence?», 2019. https://www.lacimade.org/dematerialisation-service-public-personnes-etrangeres-ministere-interieur-contre-transparence/.

d'installer une extension sur son navigateur qui extrayait page par page le nombre de signatures. Ces deux méthodes particulièrement dépendantes des contributions humaines ont été éclipsées par la découverte d'une faille sur le site du RIP : une page qui recensait la totalité des pages de la liste de soutien. Dans la journée après sa découverte, le ministère de l'Intérieur a bloqué cette page obligeant à revenir aux précédentes méthodes de comptage[326]. Le *scraping* peut s'avérer être une méthode efficace pour obtenir rapidement des données de valeur mais elle s'avère incertaine sur la durée sans procéder à des ajustements incessants.

Rassembler des données à partir des informations disponibles

La troisième stratégie consiste à rassembler des informations disponibles mais éparses dans une base de données. Malgré l'obligation légale d'ouverture des données, il est encore courant que des administrations publient des documents PDF dont il est très difficile d'extraire les données. Ce format a pour particularité de garantir une certaine forme d'immuabilité au document et de ne pas permettre à l'usager de le transformer aisément[327]. Les documents publiés par les administrations comportent généralement des graphiques, des tableaux ou des indicateurs qui, pris isolément, ne permettent pas de refaire les calculs et de produire de nouvelles analyses. En 2015, j'avais accompagné le Syndicat de la presse indépendante d'information en ligne (SPIIL) dans une action de plaidoyer en faveur d'une meilleure répartition des aides à la presse pour les acteurs de la presse en ligne. Depuis les États généraux de la presse de 2008, le syndicat avait constaté que les réformes s'enchaînaient pour accompagner le basculement vers le numérique des entreprises de presse alors que les usages sont déjà

326. Service Checknews, « Référendum ADP : l'Intérieur casse le compteur », *Libération*, 26 juin 2019. https://www.liberation.fr/checknews/2019/06/26/referendum-adp-l-interieur-casse-le-compteur_1736096/.

327. Lisa Gitelman, *Paper Knowledge. Toward a Media History of Documents*, Duke University Press, 2014.

considérablement transformés. Dans les chiffres, les adhérents du SPIIL avaient constaté que les aides étaient toujours en immense majorité réservées aux supports papier. À l'époque, les données disponibles ne concernaient pas l'ensemble des titres (seulement les 200 titres les plus aidés) ni l'ensemble des dispositifs (uniquement certaines aides directes). Pour disposer d'une vue d'ensemble des aides à la presse et objectiver son plaidoyer, le SPIIL a constitué une base de données estimant le montant de chacun des dispositifs d'aide à partir de sources très diverses : rapports annuels de performance établis par Bercy, rapport de la Cour des comptes, budget de l'État, questions au gouvernement ou encore des estimations publiées par le SPIIL. Avec ces données, nous avons conçu des visualisations pour illustrer les messages portés par le SPIIL.

Quelque temps après la publication du panorama des aides à la presse, vraisemblablement en réaction à ce dernier, le ministère de la Culture a publié le détail des aides à la presse par titre sur l'ensemble des aides directes[328]. Ce cas illustre une difficulté courante dans la constitution d'une base de données à partir des informations disponibles sur le Web. Avec des sources éparses, seul un travail manuel imposant permet de constituer une base de données à partir d'informations jamais structurées de la même manière dans les différentes publications ou rapports qui assurent la transparence étatique.

Dans tous les cas précédents, des informations publiques sont présentes sur le Web mais sous une forme qui ne permet pas de constituer aisément une base de données. Pour certains sujets, les acteurs publics ne produisent aucune trace ou enregistrement des phénomènes étudiés ou, au moins, ne les rendent pas visibles. Pour parvenir à constituer malgré tout une base de données, une autre stratégie alternative consiste à structurer les informations publiées dans la presse ou dans la « littérature grise » (rapports, livres blancs, publications non académiques...) De mi-2013 à mi-2016, le projet Migrant Files est né du constat qu'il n'existait pas de base de données utilisable sur les

328. Ministère de la Culture, « Aides à la presse ». https://www.data.gouv.fr/fr/datasets/aides-a-la-presse-1/.

personnes décédées en tentant de se réfugier en Europe. Une équipe de *data journalists* européens a alors cherché à compléter les données existantes sur le sujet. Ces dernières ont été produites par United for Intercultural Action, un réseau qui fédère plus de 500 ONG européennes, et Fortress Europe, un blog créée par un journaliste italien[329]. Pour y parvenir, les journalistes ont compilé des informations sur les décès des réfugiés lors de leur migration en s'appuyant sur des articles de presse, des rapports officiels ou encore des témoignages. Chaque décès était enregistré en indiquant la date, la localisation la plus précise possible, le nombre de personnes décédées ou disparues ainsi que les causes de la mort. Même si de nombreux migrants décèdent sans laisser de trace, les Migrant Files ont révélé que l'ampleur des décès des migrants était 53 % plus élevée que ce qu'avait mesuré United For Intercultural Action et 70 % pour Fortress Europe. Ces données ont été utilisées par des centaines de médias, chercheurs et journalistes pour évaluer le nombre de décès découlant des politiques européennes de répression et de rejet des réfugiés.

Après avoir répertorié scrupuleusement plus de 30 000 décès en migration depuis 2000, l'équipe de Migrant Files a décidé d'interrompre la collecte des données considérant que leur objectif était réalisé. L'Organisation internationale pour les migrations (OIM), une agence liée aux Nations Unies, collecte désormais des données précises sur les décès lors de la migration. Ces données sont régulièrement employées pour décrire précisément la mortalité sur les différentes routes empruntées par les réfugiés.

Le projet de cartographie de la corruption de Transparency International France a employé une stratégie similaire en s'appuyant sur la presse pour constituer des bases de données des condamnations pour corruption en France. Ce projet vise à fournir des données objectives sur les caractéristiques de la corruption en France (ampleur, formes, récurrence, montants en jeu, sanctions) afin de procurer une

329. Jean-Marc Manach, « Documenter la mort aux frontières », *Le Monde diplomatique*, 31 mars 2014. https://www.monde-diplomatique.fr/carnet/2014-03-31-morts-aux-frontieres.

meilleure compréhension du phénomène, de sensibiliser le grand public et d'informer à l'échelle locale sur les affaires de corruption au sein de sa ville, son département, sa région[330]. Le site part du constat qu'il n'existe pas de base de données publique des condamnations prononcées par la justice française. Le casier judiciaire national fournit des statistiques uniquement sur le nombre de condamnations annuelles tout crime ou délit confondu ou sur le genre et l'origine des personnes visées. Pour y remédier, un bénévole de Transparency International France, Raymond Bonomo, surveille les chroniques judiciaires de la presse locale en France pour détecter les affaires de corruption. L'association étend la définition du Code pénal à l'ensemble des atteintes à la probité et malversations financières dans les secteurs publics et privés[331]. Chaque affaire répertoriée à partir de la presse comporte une description, une désignation anonyme des personnes ou entités impliquées, les dates et lieux des faits et de la condamnation, des tags et des références à l'article source dans la presse.

Le site `visualiserlacorruption.fr` présente plus de 900 condamnations et a servi notamment à Transparency International France pour calculer un délai moyen de 7 ans entre la date des faits et la condamnation, un chiffre important pour renforcer le plaidoyer de l'association sur le manque de moyens de la justice en France pour lutter efficacement contre la corruption. Cette tactique qui consiste à mettre en base des données des phénomènes relativement invisibles mais constatés par la presse locale est aussi au cœur du travail de Matthieu Lépine, auteur de l'*Hécatombe invisible*[332], qui recense quotidiennement les accidents du travail publiés dans la presse et interpelle à chaque publication le ministre du Travail afin de faire connaître au grand public le drame des accidents du travail.

330. Transparency International France, «Cartographie des affaires de corruption». `https://carto.transparency-france.org/home`.

331. Transparency International France, «[Interview] Que nous dit vraiment la cartographie de la corruption?», 2019. `https://transparency-france.org/actu/interview-que-nous-dit-vraiment-la-cartographie-de-la-corruption/`.

332. Matthieu Lépine, *L'Hécatombe invisible. Enquête sur les morts au travail*, Seuil, 2023.

Dans les cas précédents, les données ont finalement pu être produites et transformées à partir de sources existantes mais non exploitables par les machines. Les informations étaient disponibles sur le Web et un petit nombre de contributeurs a pu les rassembler pour constituer une base de données à partir de laquelle diverses analyses et visualisations ont permis une restitution à un plus large public. Mais, il n'est souvent pas possible pour une petite équipe de constituer les données. Dans ces cas, il faut alors mobiliser une foule de contributeurs pour obtenir les données.

Faire appel à une foule de contributeurs

On désigne couramment sous le terme de *crowdsourcing* l'acte de déléguer des actions à un grand nombre d'individus sous la forme d'un appel ouvert à la contribution[333]. Ces pratiques de contribution ouvertes ont été largement critiquées du fait qu'elles s'apparentent à un travail bénévole qui fait la richesse de très nombreux services en ligne comme Tripadvisor, Foursquare ou Waze[334]. Le *crowdsourcing* peut néanmoins servir à des projets d'intérêt général afin de constituer des bases de données ouvertes.

Dans l'ensemble des exemples qui suivent, les contributeurs se sont mobilisés pour collecter des données dans des projets à but non lucratif, souvent afin de servir une cause militante ou par passion. En préparation des États généraux de l'alimentation de 2017, Greenpeace souhaitait montrer que nos enfants mangent au moins deux fois trop de viande dans les cantines scolaires, mais ce constat cachait une situation très hétérogène selon les villes. Certaines avaient fait des efforts notables, d'autres continuaient à servir viande et poisson tous les jours. Il n'existait toutefois aucune base de données au niveau national sur la composition des menus pour objectiver ce constat. Quelques villes en France ont bien ouvert des données sur

333. Thierry Burger-Helmchen & Julien Pénin, « Crowdsourcing : définition, enjeux, typologie », *Management & Avenir*, 2011, vol. 41, nº 1, p. 254-269.
334. Antonio A. Casilli, *En attendant les robots : Enquête sur le travail du clic*, Seuil, 2019.

les menus des cantines comme Toulouse qui propose les menus quotidiens, les plats qui les composent et les denrées qui servent à leur élaboration. Pour obtenir les données dont nous avions besoin, j'ai travaillé avec Greenpeace pour concevoir une enquête contributive dans laquelle les sympathisants de l'ONG pouvaient remonter les données concernant leurs écoles via une plateforme en ligne. En concevant cet outil, nous nous sommes rendu compte que les menus des cantines étaient effectivement publiés sur le Web partout en France mais quasi exclusivement sous la forme de fichiers PDF. Dans ces menus, il n'y a pas de règle générale pour la présentation. Il n'était donc pas possible d'analyser automatiquement les fichiers pour déterminer la présence de viande ni de concevoir un outil qui indique automatiquement au contributeur quelle partie du fichier correspond à tel menu, à l'inverse du cas de `nosdeputes.fr` où les déclarations d'intérêts étaient uniformisées et où chaque partie du fichier correspondait à une section de la déclaration. Pour arriver à qualifier les menus des écoles primaires, nous avons conçu un site de contribution faisant appel aux sympathisants de l'association.

Entre septembre 2017 et février 2018, près de 8 000 personnes ont collecté des données précieuses sur les menus de cantines des écoles primaires publiques en France : nombre de repas végétariens proposés, fréquence des options végétariennes, origine bio de la viande, intitulés des menus… Greenpeace a recueilli plus de 12 000 contributions couvrant plus de 3 200 villes et au moins 60 % de la population des écoliers. Bien qu'elles ne couvrent pas tout le territoire, ces données ont permis de montrer que 69 % des enfants étaient obligés de manger de la viande ou du poisson tous les jours. Seuls 9 % des enfants mangent végétarien une fois par semaine et aucune ville n'atteint la préconisation de Greenpeace de deux repas végétariens par semaine. Les données issues de l'enquête ont été publiées sur `data.gouv.fr` et une carte a été produite pour consulter les résultats de chacune des communes pour lesquelles des données ont été collectées. Ces données ont ensuite été actualisées, un an après, pour évaluer la mise en œuvre locale de l'obligation légale d'un repas végétarien pour tous dans les cantines adoptée dans la loi dite «Egalim» de 2018. Début 2021, l'enquête a été renouvelée par Greenpeace : 74% des enfants mangeaient au moins un repas végétarien par semaine. La loi plus l'action citoyenne appuyée sur des données sont entrés en synergie pour obtenir ce résultat.

Dans un tout autre domaine, on peut aussi citer comme exemple de *crowdsourcing* la campagne réalisée par l'association Regards Citoyens en juillet 2013 pour numériser les déclarations d'intérêts des parlementaires. Suite à la loi du 11 octobre 2013 sur la transparence de la vie publique, les parlementaires doivent déclarer leurs intérêts à la Haute autorité pour la transparence de la vie publique. Celle-ci doit contrôler ces déclarations et les rendre publiques afin que chaque citoyen puisse évaluer les possibles risques de conflits d'intérêts de ses représentants. La loi prévoit que les déclarations d'intérêts soient diffusées en open data mais, ayant pris ses fonctions en décembre 2013 et devant collecter l'ensemble des déclarations avant janvier 2014, la HATVP a préféré garder l'ancienne procédure de la commission pour la transparence qui nécessitait de remplir un formulaire papier plutôt que de remplir un formulaire en ligne[335]. En juillet 2014, la HATVP a publié un jeu de données recensant les déclarations d'intérêts, mais ces dernières étaient diffusées sous la forme de PDF images, des scans des formulaires généralement manuscrits des parlementaires. Il était alors quasiment impossible d'extraire le texte manuscrit, indéchiffrable par la plupart des outils de reconnaissance de caractères (OCR). Regards Citoyens a ainsi développé une plateforme collaborative afin d'inviter les citoyens à saisir ces informations essentielles à la vie publique. Le site[336] affichait d'un côté l'extrait de la déclaration du

335. Xavier Berne, «Déclarations d'intérêts des politiques : La HATVP vise un téléservice dès 2015», *NextInpact*, 25 juillet 2014. https://next.ink/22328/88901-declarations-d-interets-politiques-hatvp-vise-teleservice-des-2015/.

336. Regards Citoyens, «Numérisons les déclarations d'intérêts des parlementaires!», 2014. https://www.regardscitoyens.org/numerisons-les-declarations-dinterets-des-parlementaires/.

parlementaire et de l'autre une interface pour numériser chacun des éléments contenus dans la section du formulaire.

Le travail était rendu particulièrement difficile par certaines écritures manuscrites illisibles, des ratures, des annotations ou même des déclarations hostiles à la démarche de transparence. Pour éviter d'intégrer toute erreur de saisie ou tentative de vandalisme, chaque extrait de formulaire était présenté au hasard aux utilisateurs et n'était considéré comme valide que lorsque trois utilisateurs différents avaient saisi les mêmes informations. Certaines déclarations[337] ont nécessité l'intervention de près de 70 personnes différentes pour être numérisées.

Au final, les déclarations remplies par 577 députés et 348 sénateurs, comportant chacune 12 parties, soit un total de plus de 11 000 extraits de formulaires manuscrits, ont été numérisées en une semaine par près de 8 000 contributeurs. Les données ont été republiées sous la forme d'un fichier CSV comprenant tous les éléments contenus dans les déclarations et permettant par exemple une analyse du nombre de collaborateurs parlementaires par élu. Depuis, la HATVP a généralisé la télédéclaration des intérêts pour les personnes concernées et diffuse en open data l'intégralité des déclarations collectées.

Dans le domaine des transports, la Fédération française des usagers de la bicyclette (FUB) qui regroupe 320 associations adhérentes a aussi recours au *crowdsourcing*. Le baromètre des villes cyclables recueille le ressenti des usagers sur la cyclabilité de leur ville, mesure l'écart entre attentes et réalité constatée et aide à développer les politiques cyclables en partant des besoins des usagers[338]. Inspiré par une initiative similaire conduite en Allemagne depuis plus de vingt ans, le baromètre s'adresse à tous les cyclistes de France et comporte une

337. Regards Citoyens, « 8 000 personnes libèrent en une semaine les données manuscrites des déclarations d'intérêts des parlementaires ! », 2014. https://www.regardscitoyens.org/8000-personnes-liberent-en-une-semaine-les-donnees-manuscrites-des-declarations-dinterets-des-parlementaires/.

338. FUB, « Baromètre des villes cyclables : Lancement d'une enquête nationale », 2021. https://www.fub.fr/fub/actualites/lancement-3e-barometre-villes-cyclables.

série de questions sur la cyclabilité de leur commune dans cinq domaines : ressenti général, sécurité, confort, importance du vélo pour la commune, stationnement et services. Pour figurer dans le baromètre, une commune doit disposer de plus de cinquante réponses. Une note globale est restituée au public avec le détail des critères permettant d'identifier les points forts et les points à améliorer dans les politiques cyclables. La troisième édition en 2021 a recueilli 277 384 réponses (plus du double de la première) et 1 625 communes ont figuré au classement.

Dans les exemples précédents, la foule des contributeurs a répondu à un appel d'une personne ou d'une organisation. Dans d'autres cas, les contenus postés les usagers sur les réseaux sociaux peuvent aussi servir de sources pour la constitution de bases de données permettant de mettre en lumière un phénomène. On peut citer le travail du journaliste David Dufresne qui, de décembre 2018 à janvier 2021, a compilé les images de violences policières survenues lors des manifestations des Gilets jaunes. Chacune des images était assortie par un appel à la réaction du ministère de l'Intérieur commençant par « Allô place Beauveau, c'est pour un signalement ». L'ensemble des signalements de David Dufresne a été agrégé par Mediapart dans une base de données regroupant 992 cas de violences policières[339]. Ce travail se rapproche des méthodologies dites « *Open Source Intelligence* » (OSINT) conduites par des collectifs comme Forensic Architecture ou Bellingcat qui s'appuient sur les contenus en ligne pour conduire des enquêtes sur des crimes. L'OSINT a joué un rôle essentiel dans le suivi de la guerre en Ukraine avec des projets comme Oryx qui a comptabilisé en détail les pertes matérielles dans les deux camps, permettant de suivre jour par jour l'état d'attrition des armées.

339. « Allô place Beauvau ? C'est pour un bilan », *Mediapart*, 2020. https://www.mediapart.fr/studio/panoramique/allo-place-beauvau-cest-pour-un-bilan.

Concevoir des communs de données

Dans les projets précédents, la foule des contributeurs ne joue pas un rôle déterminant dans la gouvernance et l'évolution des projets. Ces structures étant basées sur un modèle associatif, il serait toutefois tout à fait possible pour un contributeur de rejoindre les instances décisionnelles de Greenpeace, Regards Citoyens ou de la FUB. Mais, dans leur conception, ces projets de *crowdsourcing* laissent très peu de possibilités de faire évoluer la manière dont les données sont collectées. Il en va tout autrement dans le domaine des communs. Rappelons-le, à la suite en particulier des travaux d'Elinor Ostrom[340], les communs désignent des ressources partagées, gérées, et maintenues collectivement par une communauté. Une erreur fréquente consiste à ranger l'ensemble des données ouvertes dans le champ des communs du fait qu'elles constituent des ressources partagées[341]. Comme le résume bien David Bollier, « *un commun, c'est : une ressource + une communauté + un ensemble de règles sociales. Ces trois éléments doivent être conçus comme formant un ensemble intégré et cohérent*[342] ». Partant de cette définition, on peut citer en exemple quatre communs de données qui reposent sur la contribution d'une communauté participant à l'édification des règles de collecte et d'exploitation des données.

Dans le domaine des sciences du vivant, Tela Botanica constitue un commun de données emblématique. Fondée en 1999 afin de revitaliser la botanique dans un contexte où l'enseignement de cette discipline disparaissait des programmes d'éducation en France, cette association à but non lucratif est le plus important réseau de botanistes professionnels et amateurs en langue française[343]. La collecte

340. Elinor Ostrom, *Gouvernance des biens communs : Pour une nouvelle approche des ressources naturelles*, De Boeck Supérieur, 2010.
Elinor Ostrom, *Discours de Stockholm, en réception du Nobel d'économie* 2009, C&F éditions, 2020.

341. Samuel Goëta, « Les données ouvertes, un bien commun ? », *Ritimo*, 2014. https://www.ritimo.org/Les-donnees-ouvertes-un-bien-commun-7942.

342. David Bollier, *La renaissance des communs pour une société de coopération et de partage*, Charles Léopold Mayer, 2014.

de données structurées et suivant des référentiels scientifiques figure au cœur des activités de l'association. L'association partage en particulier les données d'eFlore qui regroupe plus de 200 000 pages sur les taxons de la flore de France, d'Amérique du Nord et de quelques départements français d'outre-mer, une référence dans le domaine de la botanique. Les contributeurs (plus de 61 000 en 2023) peuvent déposer leurs observations dans le carnet de terrain en ligne. Les photos des espèces partagées par le réseau Tela Botanica ont par exemple servi à créer l'application Pl@ntNet qui permet d'identifier les plantes en les photographiant avec un smartphone. Cette application produite dans le cadre d'un projet de recherche reverse elle aussi ses données sous licence libre.

Le cas le plus connu de communs de données est celui d'OpenStreetMap (OSM), une base de données géographique mondiale. Elle a été créée en 2004 par Steve Coast, étudiant londonien, à la suite du refus de l'Ordnance Survey (l'IGN britannique) de partager ses données gratuitement. OSM repose sur les contributions de plus de quatre millions de contributeurs enregistrés dans le monde qui éditent le « Wikipedia de la carte » à partir d'images satellites ou directement sur le terrain muni d'un GPS, d'un carnet ou encore d'un smartphone. Bien que ce soit désormais la principale alternative à Google Maps, OSM est bien plus qu'une carte : c'est une base de données collaborative sur tous les éléments présents dans l'espace public. Chaque objet dans OSM dispose de caractéristiques géographiques (sa forme, sa géolocalisation, sa relation avec les autres objets) et d'attributs présentés sous la forme de tags avec une paire clé/valeur pour décrire chaque objet. Illustrant parfaitement le triptyque ressource/communauté/règles qui définit un commun, les tags dans OSM font l'objet de constantes discussions parmi les contributeurs. Chaque objet peut être tagué librement même si la communauté s'accorde, sur la page du wiki nommée « éléments cartographiques », sur les tags reconnus officiellement, c'est-à-dire ceux qui apparaissent

343. Lorna Heaton, Florence Millerand & Serge Proulx, « "Tela Botanica" : une fertilisation croisée des amateurs et des experts », *Hermès*, 2010, vol. 2, n° 57, p. 61-68.

dans les fonds de carte. Ces débats permettent aux contributeurs de restituer la richesse et la multiplicité de leur expérience du territoire, comme dans le cas des infrastructures cyclables[344]. La communauté a considérablement grandi à la suite notamment du tremblement de terre à Haïti en 2010 où les contributeurs se sont mobilisés afin de produire des fonds cartographiques pour faciliter les opérations humanitaires. Loin de constituer un projet amateur, les données d'OSM forment aujourd'hui l'infrastructure géographique de nombreux projets : Tesla, Wikimedia, Strava ou Snapchat figurent parmi les usagers des données OSM[345]. En janvier 2017, le très populaire jeu en réalité augmentée Pokémon Go, qui a totalisé plus d'un milliard de téléchargements dans le monde[346], a adopté OSM comme source de données à la place de Google Maps[347]. Très vite, les joueurs ont trouvé comment éditer la carte pour faire apparaître à proximité de chez eux des Pokémon rares en ajoutant des parcs qui souvent n'existaient pas[348]. La communauté accompagne depuis les joueurs pour les encourager à contribuer[349] dans le respect de ses règles. Elle a aussi développé des mécanismes de lutte contre le vandalisme. Le jeudi 30 août 2018, OSM s'est retrouvé sous les feux des projecteurs après

344. Jérôme Denis & David Pontille, « Une infrastructure élusive : Aménagements cyclables et troubles de la description dans OpenStreetMap », *Réseaux*, 2013, vol. 178-179, p. 92-125.

345. OpenStreetMap, *Wikipedia*, 2022. https://en.wikipedia.org/wiki/OpenStreetMap.

346. Pokémon Go, *Wikipedia*. https://en.wikipedia.org/wiki/Pok%C3%A9mon_Go.

347. Christopher Groux, « "Pokémon Go"' Map Updated To OSM From Google Maps: What Is OpenStreetMap? », *International Business Times*, 1er décembre 2017. https://www.ibtimes.com/pokemon-go-map-updated-osm-google-maps-what-openstreetmap-2622624.

348. Dennis Scimeca, « "Pokémon Go" Hack: Altering OpenStreetMap data may create new spawn points in the game », *Mic*, 26 janvier 2016. https://www.mic.com/articles/166654/pokemon-go-hack-altering-openstreetmap-data-may-create-new-spawn-points-in-the-game.

349. OpenStreetMap, « Tips for new (Pokémon Go) mappers », 2016. https://blog.openstreetmap.org/2016/12/30/tips-pokemon-go/.

une modification du nom de la ville de New York en «Jewtropolis». Rapidement corrigée dans OSM, cette modification a été conservée par erreur par Mapbox, un service de cartographie utilisé par de très nombreux services en ligne. Pendant une heure, les cartes présentes dans Snapchat, le site du *New York Times* ou encore City Bike ont affiché «Jewtropolis». Les captures d'écran ont très vite circulé sur les réseaux sociaux pour dénoncer cet acte d'antisémitisme s'immisçant dans les espaces numériques. Une infrastructure est définie notamment par le fait qu'elle devient visible quand elle est défaillante[350]. Cet exemple, où des milliers d'usagers ont soudainement découvert OSM suite à un acte de vandalisme, montre bien comment ce commun est devenu une infrastructure de données pour de très nombreux services du quotidien.

On retrouve cette caractéristique infrastructurelle dans un autre commun de données dans le domaine de l'alimentation. Lancé en mai 2012 sous l'impulsion de deux Français, Stéphane Gigandet et Pierre Slamich, Open Food Facts (OFF) est une base de données ouvertes sur les produits alimentaires renseignée par plus de 15 000 contributeurs. OFF permet de numériser les informations contenues sur les étiquettes qui ne figurent dans aucune base de données ouvertes : nom, dénomination, conditionnement, catégories, lieu de fabrication, ingrédients, allergènes, valeurs nutritionnelles… À partir de 2014, le Nutri-Score, système d'étiquetage nutritionnel basé sur un logo avec cinq valeurs allant de A à E et du vert au rouge, a été élaboré par l'Équipe de recherche en épidémiologie nutritionnelle (EREN) en utilisant la base OFF pour vérifier la validité de la notation dans différents pays[351]. L'EREN utilise aussi OFF pour connaître la composition des produits alimentaires consommés par les 160 000 participants de l'étude NutriNet-Santé sur les pratiques alimentaires qui étudie

350. Susan Leigh Star & Karen Ruhleder, «Vers une écologie de l'infrastructure. Conception et accès aux grands espaces d'information», *Revue d'anthropologie des connaissances*, 2010, vol. 4, n° 1, p. 114-161.

351. Open Food Facts, «Les partenaires d'Open Food Facts». https://fr.openfoodfacts.org/partenaires.

l'impact à long terme des additifs[352]. En 2017, l'application Yuka a été lancée en utilisant les données d'OFF mais en janvier 2018 son équipe a décidé de constituer sa propre base de données propriétaire[353]. Yuka disposait de plus de 25 millions d'utilisateurs en 2021. En septembre 2018, sous l'impulsion de la couverture médiatique forte autour des produits ultra-transformés et avec le succès de Yuka, le nombre d'utilisateurs actifs de l'application OFF a doublé en un mois. Fin 2021, 881 000 produits étaient référencés par les usagers dans OFF. Avec le développement d'une équipe salariée et la professionnalisation de l'association, OFF a insisté sur la continuité des principes qui ont guidé sa création : une association indépendante à but non lucratif refusant tout financement direct ou indirect de la part de l'industrie, proposant des données ouvertes pour accroître l'impact et réduire les inégalités[354].

« *Just good enough data* » : des données suffisamment bonnes pour mobiliser

Ces exemples ont eu pour vocation de montrer qu'il existe des stratégies variées pour obtenir des données sans attendre que l'administration les produise ou les mette à disposition de manière proactive. Les cinq grandes stratégies que j'ai proposées ici (le recours au droit d'accès, le *scraping*, le rapprochement de sources variées, le recours à une foule de contributeurs et la constitution de communs) constituent des idéaux-types de tactiques pour obtenir des données. Comme l'a bien montré le rapport *Changing What Counts*, ces données alternatives, produites par la société civile, ont bien souvent mené à faire

352. Open Food Facts, « Participez à l'étude NutriNet-Santé pour faire avancer la recherche en nutrition ! », 2019. https://fr.blog.openfoodfacts.org/news/participez-a-l-etude-nutrinet-sante-pour-faire-avancer-la-recherche-en-nutrition.

353. « Yuka (application) », *Wikipedia*. https://fr.wikipedia.org/wiki/Yuka_(application).

354. Open Food Facts, « Rapport d'activité 2018 : un grand tournant pour Open Food Facts ! », 2019. https://fr.blog.openfoodfacts.org/news/rapport-d-activite-2018-un-grand-tournant-pour-open-food-facts.

évoluer les pratiques officielles des institutions publiques en matière de collecte de données[355]. Les réponses à la publication de ces données ont pu donner lieu à de l'investissement (OFF a notamment reçu plusieurs subventions de la part de Santé Publique France), l'adoption des méthodes de collecte de données (comme dans le cas des Migrant Files), un soutien officiel (quand elle était ministre des Transports, Élisabeth Borne a appelé officiellement à participer à la deuxième édition du baromètre des villes cyclables) jusqu'à leur usage et leur reconnaissance par les autorités (OSM a signé un partenariat avec l'IGN, La Poste et l'État pour la création de la base adresse nationale).

Dans la plupart des cas, les données produites par les citoyens constituent ce que des chercheurs ont appelé des «*just good enough data*», des données suffisamment bonnes pour mobiliser et obtenir par la suite l'ouverture des données publiques[356]. Si une administration considère que les données créées par les citoyens sont erronées ou incomplètes, elle pourra alors difficilement refuser l'ouverture de ses propres données.

355. Jonathan Gray, Danny Lämmerhirt & Liliana Bounegru, *Changing What Counts: How Can Citizen-Generated and Civil Society Data Be Used as an Advocacy Tool to Change Official Data Collection?*, Civicus, 2016. https://civicus.org/thedatashift/wp-content/uploads/2016/03/changing-what-counts-2.pdf.

356. Jennifer Gabrys, Helen Pritchard & Benjamin Barratt, «Just good enough data: Figuring data citizenships through air pollution sensing and data stories», *Big Data & Society*, 2016, vol. 3, n° 2.

Chantiers et pistes d'action pour réduire les asymétries d'information et renforcer la démocratie

Jusque-là, nous avons établi un bilan critique de l'impact de l'ouverture des données sur la transparence, l'économie et la transformation des administrations. Des données sensibles manquantes ou insuffisantes, des données pas assez fiables pour créer des services pérennes, ou une transformation bien réelle des pratiques administratives, des bricolages et des arrangements instables pour obtenir les données manquantes : difficile de se satisfaire pleinement de la situation actuelle. Que faire alors ? Ce chapitre distingue les chantiers prioritaires à investir et désigne des pistes d'action à conduire pour que les données ouvertes réduisent effectivement les asymétries d'information. Il découle à la fois d'une réflexion collective avec des acteurs proches de ce milieu, de la reprise de propositions déjà formulées dans différents rapports et de mes propres propositions originales.

Le premier chantier vise à obtenir les données manquantes. On le voit dans de nombreux domaines, les données ouvertes ne sont pas disponibles ou ne sont pas produites. Ce chantier passera selon moi d'abord par le renforcement du droit d'accès qui est encore trop contourné en France, la production de données d'intérêt général dans les secteurs où les acteurs publics ne disposent pas de données et le développement de la concertation entre producteurs et réutilisateurs.

Le second chantier consiste à améliorer la fiabilité des données ouvertes. Les réutilisateurs potentiels sont souvent dissuadés par des données qui demandent un investissement trop conséquent pour devenir exploitables. Pour atteindre l'objectif de rendre les données plus fiables, il est essentiel de pérenniser à la fois les projets d'open data et les données ouvertes. Ce chantier passe aussi par le développement d'incitations pour améliorer la qualité et la fiabilité des données ouvertes.

Enfin, pour que l'ouverture des données réduise les asymétries d'information et agisse comme un contre-pouvoir, il me paraît essentiel de développer la culture des données. Si les compétences liées aux données ne sont pas mieux réparties dans la société et dans les organisations, l'ouverture des données risque de donner plus de pouvoir à celles et ceux qui en ont déjà. J'aborderai certaines des propositions du mouvement de la littératie des données (*data literacy*) qui défend l'idée que les données ne doivent pas être réservées à une élite de spécialistes. À cette fin, les pistes d'action évoquées ici consistent à placer les données au cœur des politiques publiques, développer la culture critique des données et à former massivement aux données.

Obtenir les données qui manquent

REFONDER LE DROIT D'ACCÈS

Comme nous l'avons vu précédemment, le droit d'accès en France comporte de nombreuses faiblesses. Si le droit d'accès est contourné, comment espérer que la transparence volontaire de l'administration s'exerce simplement et de manière pérenne ? Le chantier de la refonte du droit d'accès est vaste, voici quelques pistes d'action.

Transférer à la CNIL l'arbitrage de l'accès aux données individuelles traitées par les acteurs publics

Entre un tiers et la moitié des avis rendus par la Cada concernent l'accès des individus aux données personnelles les concernant[357]. Alors que le règlement général sur la protection des données (RGPD)

357. Pour réaliser cette estimation, j'ai catégorisé manuellement 100 avis à partir de leur objet.

consacre le droit d'obtenir la copie de ses données faisant l'objet d'un traitement auprès des acteurs publics comme privés, la Cnil n'est actuellement pas compétente pour traiter une plainte en cas de réponse négative ou incomplète. C'est actuellement la Cada qui les traite, mais ces cas me semblent plus du ressort de la Cnil qui s'occupe de ces plaintes pour les acteurs privés. Donner compétence à la Cnil pour les demandes d'accès aux données individuelles permettrait de dégager du temps pour les avis relatifs à la transparence de la vie publique.

Intégrer la Cada dans la Haute Autorité pour la transparence de la vie publique (HATVP)

La fusion de la Cada avec une autre autorité administrative indépendante est régulièrement évoquée. La Cnil a longtemps été pressentie pour cette fusion mais, à mon sens, cela diminuerait le rôle de transparence de l'institution et le réduirait aux décisions relatives aux documents individuels. Je suggère plutôt de dissocier l'accès aux documents communicables à des tiers qui relève selon moi plutôt de la Cnil. Ayant la transparence dans son ADN, la HATVP me semble adaptée pour intégrer la Cada dans son organisation. En charge du contrôle des déclarations de patrimoine et d'intérêts de certains responsables publics, ses missions portent aussi sur la déontologie des responsables et agents publics et le contrôle des activités de lobbying. Contrairement à la Cada, la HATVP n'hésite pas à dénoncer, parfois de manière virulente[358], les faiblesses du cadre légal de la transparence de la vie publique. Sa notoriété est forte suite aux affaires Thévenoud ou Delevoye. Avec 74 transmissions d'affaires à la justice en sept ans, l'institution «*s'est imposée comme un acteur important du paysage politique français de la transparence*» selon Transparency International France[359].

358. Xavier Berne, «Frais de mandat, lobbying… Le rapport au vitriol de la Haute Autorité pour la transparence», *NextInpact*, 25 mai 2018. https://next.ink/7845/106642-frais-mandat-lobbying-le-rapport-au-vitriol-haute-autorite-pour-transparence/.

Intégrer le droit d'accès aux documents administratifs dans l'institution en charge de la transparence serait un acte fort pour réaffirmer que le droit d'accès constitue la clé de voûte de la transparence. À côté des dispositifs de transparence active comme les déclarations d'intérêts ou le registre des représentants d'intérêts, le droit d'accès renouvelé constitue un instrument sous-employé pour assurer un contrôle citoyen de la vie publique et favoriser son intégrité. Cet acte fort n'aurait de sens que s'il est couplé à une série de décisions pour renforcer le cadre juridique du droit d'accès, à commencer par des mesures pour mieux encadrer le secret commercial et industriel qui est parfois utilisé de manière abusive par l'administration[360] et a trop restreint la portée de la transparence administrative.

Donner à la Cada le pouvoir de sanctionner les administrations systématiquement récalcitrantes

Depuis son premier rapport d'activité en 1980, la Cada défend une approche de la pédagogie consistant à ne pas sanctionner les administrations contournant la loi et à espérer que les fonctionnaires et les élus intègrent le droit d'accès comme une procédure utile et normale de la vie publique. Plus de quarante ans après, les témoignages

359. Transparency International France, « Didier Migaud pressenti à la présidence de la HATVP : une occasion de poursuivre la construction d'une culture française de l'éthique et de la transparence », 2020. https://web.archive.org/web/20230602212752/https://transparency-france.org/actu/communique-didier-migaud-pressenti-a-la-presidence-de-la-hatvp-une-occasion-de-poursuivre-la-construction-dune-culture-francaise-de-lethique-et-de-la-transparence/.

360. Par exemple, en 2020, dans le cadre de l'enquête internationale « Implant Files », le Conseil national de l'Ordre des médecins avait refusé de communiquer au journal *Le Monde* certains contrats conclus entre les laboratoires et les médecins, invoquant le secret des affaires. Ce refus a été conforté par un avis de la Cada qui a ensuite été retoqué par le tribunal administratif.
Lire à ce sujet : Stéphane Horel, « Conflit d'intérêts : l'impossible accès aux contrats conclus entre les laboratoires et les médecins », *Le Monde*, 30 septembre 2020. https://www.lemonde.fr/societe/article/2020/09/30/conflit-d-interets-l-impossible-acces-aux-contrats-conclus-entre-les-laboratoires-et-les-medecins_6054218_3224.html.

d'administrations récalcitrantes voire hostiles au droit d'accès continuent de s'empiler. Le président de la Cada en 2021 Jean-Luc Névache a indiqué que, sur les 7000 demandes d'avis et de conseil que prononce la Cada chaque année, plus de 4000 sont émises par ordonnance[361]. Ces 4000 demandes concernent des documents sur lesquels la Cada a déjà statué sur la communicabilité, il suffit de consulter son site pour le savoir. La pédagogie ne suffit donc plus et la réticence de certaines administrations ne fait que renforcer la défiance généralisée à l'égard des gouvernants. La Cada devrait bénéficier du pouvoir de sanctionner les administrations qui contournent systématiquement les demandes. Ce pouvoir de sanction pourra s'exercer en dernier recours afin de crédibiliser le droit d'accès.

Créer un « référé communication » pour accélérer le traitement des demandes

Une des propositions phares du rapport d'information de 2014 de la sénatrice Corinne Bouchoux consiste à créer un « référé communication » devant le juge administratif. Lorsque la question de la communicabilité du document a déjà été tranchée, le juge des référés du tribunal administratif pourrait être saisi, ce qui permettrait au demandeur de bénéficier d'une ordonnance sous 48 heures. L'administration serait alors fortement incitée à ne plus tarder à communiquer les documents dont la communicabilité ne soulève pas de difficulté juridique et une grande partie des demandes d'avis qui portent, encore, sur des questions déjà tranchées au fond pourrait ainsi être prévenue.

PRODUIRE DES DONNÉES D'INTÉRÊT GÉNÉRAL

Comme on a pu le voir précédemment, beaucoup de données manquent encore à l'appel dans de nombreux domaines. La loi pour

361. Ministère de la Transformation et de la Fonction Publique, « Tenue du 1er Forum Open d'État "Transparence de la vie publique, transparence des services publics" le 27 mai », 2021. https://www.modernisation.gouv.fr/actualites/gouvernement-ouvert-tenue-du-1er-forum-open-detat-transparence-de-la-vie-publique.

une République numérique qui prévoit l'ouverture des données par défaut n'est pas appliquée systématiquement, y compris dans des administrations bien dotées qui disposent des moyens d'avoir une stratégie d'ouverture ambitieuse. Mais, sur de nombreux sujets, le secteur public ne dispose pas nécessairement de données précises. La mise en données du monde[362] ou « datafication » a mis entre les mains des entreprises des volumes de données considérables qui défient souvent le niveau de connaissance des acteurs publics. La notion de « données d'intérêt général » étend l'ouverture au-delà des données du secteur public et envisage une ouverture ambitieuse par différents mécanismes.

Renforcer le cadre légal des données d'intérêt général

Les débats autour de la loi pour une République numérique ont donné lieu à l'émergence d'une nouvelle notion, celle de données d'intérêt général. Le rapport du député Cédric Villani sur l'intelligence artificielle la définit comme « *une forme d'open data privé ayant vocation à s'appliquer aux données qui revêtent une importance particulière pour le fonctionnement efficace du marché ou des politiques publiques d'intérêt général*[363] ». En juin 2015, la secrétaire d'État chargée du numérique Axelle Lemaire a demandé la conduite d'une mission sur les données d'intérêt général pour mieux définir le périmètre de cette notion et sa compatibilité avec le cadre réglementaire[364]. Malgré le fait que la collecte de données relève de la liberté d'entreprendre et rentre en confrontation avec le droit de propriété, cette mission a montré qu'il est cependant possible de porter atteinte à ces privilèges pour un motif d'intérêt général. Cette atteinte peut se faire de manière proportionnée en s'appuyant sur un encadrement légal

362. Kenneth Cukier & Viktor Mayer-Schönberger, « Mise en données du monde, le déluge numérique », *Le Monde Diplomatique*, juillet 2013, p. 20-21.
363. Cédric Villani, *op. cit.* , 2018
364. Tristan Aureau, Laurent Cytermann, Claudine Duchesne, Mathieu Morel & Laurent Vachey, *Rapport relatif aux données d'intérêt général, Rapport de l'IGF, du Conseil d'État et du Conseil général de l'économie, de l'industrie, de l'énergie et des technologies sur les données d'intérêt général*, 2015.

existant. Selon le rapport, la jurisprudence indique quatre motifs d'intérêt général autorisant qu'il soit porté atteinte aux droits des personnes privées envers leurs bases de données :
– une conduite plus efficace de politiques publiques sectorielles;
– l'information des citoyens notamment en matière environnementale et sanitaire;
– la recherche scientifique;
– le développement économique.

La notion de données d'intérêt général est entrée dans la loi pour une République numérique, mais avec des ambitions au rabais. Le rapport Bothorel, remis au Premier ministre en 2020, a formulé un nouvel appel pour renforcer le cadre juridique des données d'intérêt général. Il plaide pour une approche principalement incitative afin d'encourager les acteurs économiques à partager leurs données. Selon ce rapport, la «réquisition», l'accès de la puissance publique à des données du secteur privé en cas de motif impérieux d'intérêt général, doit être dûment justifiée et faire l'objet d'une évaluation préalable. Cette approche incitative se retrouve dans le *Data Governance Act* adopté par l'Union européenne en 2022 qui crée la notion d'«altruisme» en matière de données pour inciter les parties prenantes (entreprises, particuliers, etc.) à partager les données qu'elles estiment utiles pour l'intérêt général. L'ouverture des données d'intérêt général pourrait pourtant permettre de répondre aux problèmes posés par les asymétries d'information dans certains secteurs comme le logement ou la santé.

Créer des coopératives de données

Inspirée par les communs, la notion de coopératives de données est régulièrement défendue par des organisations comme l'Open Data Institute[365] ou la Fing dans son programme *self data*[366]. Une

365. ODI, «Data trusts: Lessons from three pilots (report)», 14 avril 2019. https://theodi.org/article/odi-data-trusts-report/.

coopérative de données est une organisation gouvernée démocratiquement par ses membres dans laquelle des individus décident volontairement de reverser leurs données, généralement en échange de services ou d'une redistribution de la valeur économique des données collectives. Avec le droit à la portabilité permis par le RGPD, les citoyens peuvent récupérer leurs données à caractère personnel et les migrer dans le service de leur choix. À condition d'être contrôlé strictement par ses membres selon le principe coopératif « une personne = une voix », une coopérative de données constitue un levier pour disposer de données jusque-là inaccessibles. Par exemple, pour mieux comprendre les problèmes de pouvoir d'achat, des contributeurs pourraient reverser les données de leurs cartes de fidélité, qui collectent panier après panier les prix des produits achetés. Autre exemple : l'agglomération de La Rochelle a développé une expérimentation dans laquelle plusieurs centaines d'habitants volontaires ont collecté et partagé des données sur leurs déplacements (piéton, vélo, voiture, bus, train...). Des outils les informaient sur l'impact carbone de leur déplacement afin de les inciter à modifier leur mode de transport[367].

Développer le *crowdsourcing* de données publiques

L'appel à la foule des contributeurs constitue un levier encore sous-exploité pour créer de grandes bases de données publiques. Pourtant, dans le champ professionnel des données, de nombreuses personnes sont désireuses de contribuer à des projets d'intérêt général. Les données étant ouvertes et librement réutilisables, la motivation des contributeurs peut être guidée par le fait de contribuer à une ressource partagée, idéalement gouvernée comme un commun par les producteurs et réutilisateurs. On peut citer plusieurs exemples de

366. Fing, « Retour sur MyData2018 : Quelle(s) approche(s) collective(s) des données personnelles ? », *MesInfos.fing*, 2018.
367. Agglomération La Rochelle, « Des volontaires pour évaluer l'empreinte carbone de leurs déplacements », 2020. https://www.larochelle-zerocarbone.fr/-/des-volontaires-pour-evaluer-l-empreinte-carbone-de-leurs-deplacements.

projets publics de production de données réalisés par une foule de contributeurs. Initié par Etalab, on peut ainsi citer le projet PIAF (Pour des IA francophones) qui vise à créer un jeu de données qui permette de trouver des réponses à des questions précises afin d'entraîner des intelligences artificielles conversationnelles capables de répondre à des questions en langage naturel. Le projet part du constat d'un manque de données d'entraînement en langue française. Le jeu de données est constitué à partir des contributions d'un millier de personnes qui ont collecté une centaine de milliers de questions-réponses dans un corpus issu de Wikipédia francophone. À l'échelle locale, la ville et la métropole de Nantes ont créé le site participatif CartoQuartiers qui propose à chacun d'enrichir les informations sur les services de proximité et de transition écologique de son quartier. Les données collectées par les citoyens sont ouvertes et permettent de compléter les données de la ville ou d'OpenStreetMap. Ces initiatives montrent qu'il est possible pour des acteurs publics de s'appuyer sur les citoyens pour répondre aux besoins de données.

DÉVELOPPER LA CONCERTATION ENTRE PRODUCTEURS ET RÉUTILISATEURS

Un des grands enjeux de l'ouverture des données à l'heure actuelle consiste dans la rencontre entre l'offre, les données ouvertes, et la demande, les réutilisateurs actuels ou potentiels. Penser l'ouverture des données comme une « politique de l'offre[368] » nous incite à imaginer de nouveaux dispositifs pour favoriser la concertation entre producteurs et réutilisateurs.

Créer un Conseil national de la donnée

Il existe déjà des institutions en charge de la concertation entre producteurs et réutilisateurs. On peut citer le Conseil national de l'information statistique (Cnis) créé en 1984 pour « *faire apparaître les*

368. Guillaume Gourgues, « Penser la participation publique comme une politique de l'offre : une hypothèse heuristique », *Quaderni*, 2012, vol. 3, n° 79, p. 5-12.

nouveaux besoins d'information ainsi que les préoccupations des utilisateurs » et offrir «*une tribune pour interpeller le service statistique public sur les lacunes éventuelles dans l'observation des phénomènes économiques et sociaux ou dans la diffusion des résultats*[369]». Le Cnis rassemble une diversité de représentants des réutilisateurs : élus nationaux et locaux, syndicats professionnels, associations, organismes publics, universitaires, etc. Dans *Statactivisme*, Bernard Sujobert a montré comment un groupe de travail au sein du Cnis, composé notamment de syndicalistes et de chercheurs, est parvenu à provoquer au sein de l'Insee une «révolution mentale» sur la question des inégalités[370]. Alors que les données de l'Insee pointaient une stabilité des inégalités, ce groupe a milité pour obtenir des données au centile (au lieu du décile) qui montrent l'explosion des très hauts revenus en France. Dans un autre domaine, le Conseil national de l'information géographique (Cnig) a pour mission d'«*éclairer le gouvernement dans le domaine de l'information géographique* » et de «*prendre en compte les besoins exprimés et en particulier les besoins des utilisateurs*[371]». À mon sens, ces instances sont indispensables pour mieux répondre aux besoins des usagers de données, mais elles n'ont pas été conçues pour les «sources administratives», ce sont des sous-produits des activités de gestion, collectées dans des services dont la production de données n'est pas la finalité[372]. Surtout, ces instances manquent de visibilité. Un Conseil national de la donnée rassemblant Cnis et Cnig avec des prérogatives étendues à l'ensemble des données publiques permettrait de mieux organiser la concertation entre producteurs et réutilisateurs. Pour leur donner plus de visibilité, un collège d'experts et de représentants

369. Site du Cnis. https://www.cnis.fr/cnis/.

370. Bernard Sujobert, «Comment intervenir sur le programme de la statistique publique? L'exemple des inégalités sociales», *in*Isabelle Bruno, Emmanuel Didier & Julien Prévieux, 2014, *op. cit.*, p. 213-233.

371. Valéria Faure-Muntian, *Les données géographiques souveraines*, rapport au gouvernement, 2018. https://www.ecologie.gouv.fr/sites/default/files/Rapport_Donnees-GeographiquesSouveraines.pdf.

372. Alain Desrosières, 2005, *op. cit.*

d'acteurs de la société civile pourrait rendre des avis sur des sujets d'actualité et de prospective.

Étendre et renforcer le service public de la donnée

L'article 14 de la loi pour une République numérique a créé le service public de la donnée afin de faciliter la réutilisation des jeux de données de référence. Ce dispositif, s'appuyant en France sur les principes du service public (continuité, égalité et mutabilité), présente des atouts importants pour mieux répondre aux besoins des usagers. Il doit selon moi être renforcé sur deux volets. Premièrement, il était prévu une gouvernance ouverte du service public de la donnée, ce qui signifie que les réutilisateurs doivent être consultés et informés lorsque la mise à disposition d'un jeu de données doit évoluer. Il faut donc faire en sorte que la gouvernance de ces jeux de données soit effectivement partagée, par exemple sous l'égide d'un groupe de travail du Conseil national de la donnée. Deuxièmement, le périmètre du service public de la donnée devrait être étendu à une cinquantaine de jeux de données, pour couvrir une plus grande variété de domaines tout en conservant une masse gouvernable. On distinguerait alors les données à plus fort potentiel dont on garantirait la fiabilité aux réutilisateurs. Il pourrait être envisagé de créer des services publics ministériels de la donnée pour étendre le périmètre de ces données à fort potentiel et développer une gouvernance ouverte des données de référence à l'échelle ministérielle.

Créer des plans nationaux d'ouverture sectorielle

L'expérience du plan national pour la science ouverte[373] devrait créer des émules dans d'autres domaines. Dans son deuxième axe, il rend

373. Ministère de l'Enseignement supérieur, de la Recherche et de l'Innovation, « Le Plan national pour la science ouverte : Les résultats de la recherche scientifique ouverts à tous, sans entrave, sans délai, sans paiement », 2019. https://web.archive.org/web/20201127141118/https://www.enseignementsup-recherche.gouv.fr/cid132529/le-plan-national-pour-la-science-ouverte-les-resultats-de-la-recherche-scientifique-ouverts-a-tous-sans-entrave-sans-delai-sans-paiement.html.

obligatoire la diffusion ouverte des données de recherche issues de programmes financés par appels à projets sur fonds publics. Cet objectif s'appuie sur une gouvernance ouverte et partagée à travers le Comité de la science ouverte qui fédère les principales institutions et rassemble près de deux cents experts sur le forum de la science ouverte. Dans de nombreux secteurs, les asymétries d'information restent encore la règle. Comme le propose la tribune « Vers une société de l'accès libre au savoir » initiée par Lionel Maurel, Silvère Mercier et Julien Dorra[374], la même démarche devrait être engagée par l'État dans d'autres champs, avec un Plan national pour la culture ouverte, un Plan national pour l'éducation ouverte, un Plan national pour la santé ouverte, portés par les ministères concernés. La réussite de ces plans repose sur l'inclusion d'une grande diversité d'acteurs dans la définition, la mise en œuvre et l'évaluation des actions.

Améliorer la qualité et la fiabilité des données ouvertes

Comme nous l'avons vu, les problèmes de qualité des données ouvertes remettent en cause leur fiabilité et restreignent leur potentiel d'utilisation. Rappelons que la notion de qualité des données doit toutefois être prise avec des précautions car beaucoup de données sur des portails comme `data.gouv.fr` n'avaient jamais auparavant circulé hors de l'administration d'origine. Pour ce chantier, je propose deux pistes d'action : mieux pérenniser l'ouverture et créer des incitations à l'amélioration des données.

PÉRENNISER L'OUVERTURE

Les réutilisateurs pointent souvent le problème de la stabilité de la publication de certaines données. Il n'y a pour ainsi dire aucune

374. Lionel Maurel, Silvère Mercier & Julien Dorra, « Pour un plan national pour la culture ouverte, l'éducation ouverte et la santé ouverte », 2020. `https://framablog.org/2020/04/04/pour-un-plan-national-pour-la-culture-ouverte-leducation-ouverte-et-la-sante-ouverte/`.

garantie dans le temps de retrouver un jeu de données à jour à l'endroit où il a été déposé. Pour pérenniser l'ouverture, je propose deux pistes d'action : l'archivage des données et la structuration d'une organisation d'intérêt général pour les producteurs et les réutilisateurs.

Archiver les données publiques

Quelques jours après l'investiture du président Trump, la Maison Blanche a supprimé les pages sur les données ouvertes dans la section `open.whitehouse.gov` créées lors de la présidence d'Obama. Suite à la suppression unilatérale de ces données, de nombreux acteurs ont commencé à archiver des données publiques pour les mettre à l'abri d'une suppression éventuelle[375], notamment celles portant sur des sujets sensibles comme le changement climatique. Ce cas a mis en lumière le risque de la disparition de données pour lesquelles il n'existe généralement pas d'archives. En France, Christian Quest a lancé à l'été 2019 le site `opendatarchives.fr` qui stocke notamment l'ensemble des données publiées sur `data.gouv.fr` et leurs mises à jour, soit environ 5 To de données.

Une intégration plus pérenne des données publiques à l'archivage des documents des administrations pourrait être envisagée. De prime abord, l'immédiateté de l'ouverture des données et le temps infini de l'archivage semblent opposés, mais les complémentarités sont nombreuses[376]. Déjà, les données publiques sont par définition des archives publiques auxquelles l'archivage peut apporter une profondeur historique. De nombreux jeux de données sont mis à disposition sur des portails en temps réel, mais l'historique des données reste souvent invisible pour l'usager. Or, des données comme les horaires de transport en temps réel pourraient trouver de nouveaux usages par

375. Morgan Lynch, « White House Open Data Disappears, Raising Transparency Questions », *MeriTalk*, 16 février 2017. `https://www.meritalk.com/articles/white-house-open-data-disappears-transparency-donald-trump-sunlight-foundation/`.

376. Céline Guyon, Cyril Longin & Jean-Daniel Zeller, « Open data et archivage électronique, quelles convergences ? », *La Gazette des archives*, 2015, vol. 240, n° 4, p. 385-396.

l'archivage. Elles ne serviraient pas alors uniquement à fournir un service pratique dans l'immédiateté, mais pourraient aider les citoyens à contrôler la qualité des transports ou à développer des modèles prédictifs des retards. Verser les données dans un systèmes d'archivage électronique pourrait apporter des garanties quant à leur fiabilité et leur pérennité sur le temps long. Les archivistes pourraient aussi apporter une expertise précieuse sur la documentation des données, l'analyse de la valeur des données et la normalisation des métadonnées. Les archivistes ont une vision transversale et exhaustive de la gestion de l'information dans les administrations, mais ils restent encore en marge des projets d'ouverture de données. Pourtant, l'Association des archivistes français s'est penchée de longue date sur le sujet, mais cet intérêt s'est traduit dans de trop rares collaborations. Le service interministériel des Archives de France (SIAF) pourrait se saisir de la question de l'archivage des données publiques.

Fédérer producteurs et réutilisateurs de données autour d'une organisation d'intérêt général

Les politiques d'open data sont régulièrement remises en cause lors des phases d'alternance politique. Certaines données ne sont pas mises à jour, retirées ou sont « édulcorées » pour perdre de leur sensibilité politique. Face à ces situations, producteurs et réutilisateurs de données arrivent souvent en ordre dispersé pour défendre leurs intérêts. Les producteurs de données, responsables de projets d'open data et réutilisateurs de données ont pourtant des intérêts communs : pérenniser les projets d'ouverture de données, maintenir des moyens pour cette politique, renforcer le cadre juridique en faveur de l'ouverture, déverrouiller certaines réticences politiques ou administratives… Des associations existent, mais elles ne parviennent pas à fédérer l'ensemble du spectre des parties prenantes de l'open data. Du côté des agents publics, l'association OpenDataFrance fait un travail de veille, d'outillage et de production documentaire indispensable. Mais c'est une association de collectivités locales (les administrations centrales et les réutilisateurs n'y sont pas représentés) et elle est gouvernée par des élus locaux, ce qui limite sa capacité d'action. Sa gouvernance par les élus l'écarte du fonctionnement d'une association d'agents ou de techniciens[377] dont les missions prévoient la promotion d'une profession et la défense de ses intérêts. Les chargés de projet open data, plus d'une centaine de personnes en France, ont intérêt à défendre cette profession émergente et à maintenir les moyens associés à ces politiques. Pour les réutilisateurs, le GFII (groupement français des industries de l'information) aurait pu jouer un rôle de représentation mais cette association rassemble principalement de gros industriels aux intérêts souvent divergents et s'est parfois prononcée en faveur de la tarification des données. Sur les enjeux citoyens, des associations comme Regards Citoyens, SavoirsCom1 ou Open Knowledge France réalisent une activité de plaidoyer indispensable, mais intermittente et non professionnalisée. Une association (ou une coalition) reconnue, fédérant les producteurs et les réutilisateurs dans leur diversité, permettrait de mieux défendre l'ouverture des données et de faire avancer efficacement certains sujets qui entravent la fiabilité des données.

CRÉER DES INCITATIONS À L'AMÉLIORATION DES DONNÉES

Au-delà du caractère éphémère de certaines initiatives d'ouverture des données, les réutilisateurs font régulièrement remonter des problèmes de qualité des données. Nous l'avons vu, ces problèmes, qui prennent des formes très variées, proviennent d'abord du fait que les données mises à disposition n'étaient pas initialement conçues pour circuler hors de l'administration. Ce qui apparaît comme une erreur ou une imprécision peut n'avoir jamais été un problème pour les usages initiaux des données. L'amélioration de la qualité des données ouvertes se fait généralement de manière itérative, dans l'échange avec les producteurs de données. Encore faut-il que les agents puissent intégrer ce travail de correction et d'amélioration des

377. On peut citer par exemple l'Association des archivistes français (AAF) ou l'Afigéo (Association française pour l'information géographique).

données dans leurs missions quotidiennes. Pour répondre à ces problèmes, voici plusieurs pistes d'incitation.

Faire remonter la destination des données

Dans sa liste des défis pour l'avenir de l'ouverture des données[378], la Fing avait voulu réinterroger le principe de non-discrimination des réutilisateurs : «*conditionner les usages à une identification est une des lignes jaunes initiales de l'open data*». Ce principe, qui vise initialement à enlever les entraves à la réutilisation, place les producteurs de données dans une situation de méconnaissance des usagers. Pour beaucoup d'administrations, les statistiques d'utilisation, et éventuellement les commentaires, constituent les seuls indices d'un usage des données. Savoir qui a utilisé les données et pour quel usage leur est souvent impossible. Sans ces informations, il est difficile de rendre compte de l'utilité de l'ouverture des données et plus encore d'adapter les jeux de données aux besoins des usagers. Pourrions-nous tracer plus finement les usages sans pour autant les entraver ? L'association Tela Botanica parvient à connaître ses usagers sans poser d'entraves à la réutilisation. Sur sa page de téléchargement des données[379], elle propose de renseigner la destination des données en indiquant :

«*Rien ne vous oblige à compléter le formulaire sur la destination des données. Toutefois, si vous exportez ces données pour un usage à titre collectif, celui-ci nous intéresse ! Merci dans ce cas de préciser à quoi vous destinez ces données en complétant le formulaire ci-dessous*».

Ce simple formulaire est proposé de manière facultative. À ma connaissance, une telle initiative n'a pas été réalisée par d'autres producteurs de données ouvertes, en particulier dans les administrations, alors qu'elle n'entrave aucunement les usages et ne nécessite aucun développement spécifique.

378. «Open Data Impact : 9 défis pour un appel à projet!», *#TeamOpenData*, 2018. https://teamopendata.org/t/open-data-impact-9-defis-pour-un-appel-a-projet/835.

379. Tela Botanica, «Téléchargements». https://www.tela-botanica.org/ressources/donnees/telechargements/.

Faire entrer l'ouverture des données dans les fiches de poste des agents

De nombreux agents ouvrent des données hors de leurs missions officielles. La hiérarchie administrative ne prend alors pas en compte l'ouverture des données dans l'organisation du travail. Quand les données sont sensibles politiquement, les agents prennent un risque pour leur carrière car ce n'est pas dans leur mission. Il faudrait inclure l'ouverture des données dans la fiche de poste des agents concernés. Ce document décrit, dans la grande majorité des administrations, les fonctions qui incombent à l'agent et déterminent son évaluation, les moyens mis à sa disposition ainsi que ses objectifs. Il pourrait aussi être utile de s'appuyer sur le règlement général de protection des données (RGPD) qui prévoit la désignation d'un délégué à la protection des données (DPO ou Data Protection Officer), « chef d'orchestre » de la conformité en matière de protection des données de l'organisation. S'appuyer sur un réseau de référents internes sur les enjeux liés aux données en leur attribuant des moyens constitue un levier important pour ouvrir et améliorer les données.

Montrer les résultats

Pour de nombreux décideurs, l'ouverture des données peut s'apparenter à une politique abstraite dont les résultats en matière de transparence, d'innovation et de transformation de l'administration peinent à voir le jour. Pourtant, les exemples de réutilisation qui ont produit un impact important sont nombreux et mériteraient d'être mis en avant. Pour les données locales, l'association OpenDataFrance et la *Gazette des Communes* avaient mis en place le prix « open data des territoires » qui récompense les meilleures initiatives d'ouverture et de réutilisation de données. Au niveau national, Etalab animait jusqu'en 2016 le concours Dataconnexions qui célébrait les meilleures réutilisations de données ouvertes. Ces initiatives sont essentielles pour faire perdurer les projets d'ouverture de données et leur donner les moyens d'accroître leur impact. Un recensement des entreprises réutilisant des données, sans exhaustivité, pourrait aussi aller dans ce sens. Dans six pays dans le monde, The GovLab a conduit l'Open Data 500[380] pour recenser à travers un sondage les entreprises réutilisant des données ouvertes et mieux comprendre leur usage. Cette démarche donne de la visibilité aux nombreuses réutilisations invisibles, car réalisées en interne ou peu connues.

Citer les agents

Même si une meilleure intégration organisationnelle du travail d'ouverture des données est essentielle, cette incitation ne pourra pas être généralisée à l'ensemble des agents impliqués dans des projets d'open data. Si ce travail ne trouve pas de reconnaissance dans les missions et la carrière des agents, il est possible d'envisager d'autres formes de valorisation, notamment symboliques. Pour cela, il peut être utile de se tourner de nouveau vers les sciences pour lesquelles le partage des données est une pratique ancienne et où dans certains domaines comme en biologie ou astrophysique, la publication de bases de données a été ainsi hissée au statut de productions scientifiques à part entière[381]. On peut ainsi s'inspirer des *data papers,* ou articles de données, qui sont des publications décrivant un jeu de données scientifiques brutes à l'aide de métadonnées examinées par les pairs. Les données sont déposées dans un entrepôt de données où elles sont stockées de manière pérenne. Publiés dans des revues spécialisées, les *data papers* informent la communauté scientifique de la disponibilité d'un jeu de données brutes et de son potentiel de réutilisation en montrant son originalité[382]. La publication de données sous la forme d'un *data paper* présente donc une double incitation. Pour les réutilisateurs, elle indique des données originales pouvant être exploitées sous des formes variées. Pour les agents, cette publication

380. The GovLab, « Open data 500 Global Network ». https://thegovlab.org/project/project-open-data-500-global-network.
381. Geoffrey C. Bowker, « Biodiversity Datadiversity », *Social Studies of Science*, 2000, vol. 30, nº 5, p. 643-683.
382. Hans Dillaerts, « Les data papers : quels périmètres, quelles définitions ? Entretien avec Joachim Schöpfel », *DLIS*, 2019. https://dlis.hypotheses.org/4840.

permet de créditer les personnes ayant participé à l'ouverture des données et de rendre visible ce travail qui disparaît souvent lors de la publication. La revue par les pairs et le formalisme exigé dans un *data paper* permettraient aussi de garantir un niveau de qualité dans la documentation des données qui fait souvent défaut pour les données publiques. Pour concrétiser cette idée, on pourrait imaginer la création d'une « Revue française des données publiques » qui proposerait une curation de données publiques originales pouvant être exploitées.

Créer un label de qualité des données

Une incitation à l'amélioration de la qualité des données consisterait à créer un label de qualité, décerné par les usagers sur `data.gouv.fr` et d'autres portails, pour distinguer les producteurs de données faisant un effort considérable pour aider les réutilisateurs à exploiter leurs données. Cette distinction, principalement symbolique, serait aussi un moyen de légitimer ce travail auprès de la hiérarchie administrative et de créer une forme de compétition entre les administrations pour rendre les données les plus exploitables.

Développer la culture des données

Imaginons que nous ayons résolu les problèmes évoqués précédemment liés au manque de données et à leur fiabilité. Pourrait-on se satisfaire de cette situation ? On ne peut pas réduire les asymétries d'information uniquement en se concentrant sur l'offre de données. Notre attention doit aussi porter sur la demande, sauf à vouloir maintenir le *statu quo* dans lequel seule une élite détient le pouvoir d'utiliser les données. Ce risque a été identifié dès 2011 par le chercheur canadien Michael Gurstein qui craignait que les politiques d'open data ne donnent finalement que plus de pouvoir à celles et ceux qui en ont déjà (« *empowering the empowered*[383] »). Gurstein plaidait plutôt

383. Michael B. Gurstein, « Open data: Empowering the empowered or effective data use for everyone? », *First Monday*, 1er janvier 2011, vol. 16, n° 2. `https://firstmonday.org/ojs/index.php/fm/article/view/3316`.

en faveur d'une approche fondée sur l'«*utilité réelle*» («*effective use* ») des données qui garantit que les compétences liées aux données soient disponibles au plus grand nombre possible d'utilisateurs. Il invite les acteurs publics à ne pas se contenter de mettre en ligne les données et de les rendre librement réutilisables, mais aussi de s'assurer que les citoyens soient capables de comprendre, d'interpréter et d'utiliser les données. Si ce n'est pas le cas, il invite les acteurs publics à rendre disponible des formations à l'utilisation et à la visualisation des données. Cette question de la disponibilité des compétences est souvent un impensé dans les politiques d'ouverture de données. Pour Gurstein, cela s'explique par le fait que la plupart des personnes qui plaident en faveur de l'ouverture des données sont elles-mêmes expertes du sujet. Ne pas mettre en place d'actions proactives pour favoriser une appropriation plus large des données risque de renforcer le pouvoir d'une élite qui dispose de ces compétences. Une élite souvent issue des couches les plus favorisées de la société.

Le développement de la culture des données conditionne aussi la pérennité des données ouvertes. Ouvrir des données demande un travail considérable que les agents publics justifient par l'impact de la réutilisation. Pour certains auteurs, les données ouvertes n'ont pas de valeur en tant que telles, elles ne prennent de la valeur que si elles sont utilisées[384]. Si personne ne se saisit des données, ou tout du moins qu'on ne puisse pas prouver d'usage réel, il est en tout cas fort possible que les agents ne disposent plus des crédits pour les ouvrir ou qu'on leur retire cette mission de leurs responsabilités.

Pour répondre à ces enjeux d'inclusion, essentiels pour l'ouverture des données, le mouvement de la littératie de données (*data literacy*) émerge. Porté notamment en France par la Fing avant sa disparition, ce mouvement part du principe que «*les données sont désormais une affaire trop importante pour être laissées entre les mains des spécialistes* » et considère les données comme une compétence qui, au même

384. Marijn Janssen, Yannis Charalabidis & Anneke Zuiderwijk, «Benefits, Adoption Barriers and Myths of Open Data and Open Government», *Information Systems Management*, 2012, vol. 29, n°4, p. 258-268.

titre que la lecture et l'écriture, peut être accessible à tous[385]. Rahul Bhargava et Catherine D'Ignazio, respectivement chercheurs au MIT et à Emerson College, ont défini la *data literacy* comme la capacité de «*lire, de travailler avec, d'analyser et d'argumenter avec des données*[386]». En 2014, grâce à un groupe de travail sur la «révolution des données», l'Organisation des Nations Unies (ONU) a publié le rapport *A world that counts* qui plaide en faveur d'un investissement mondial pour la *data literacy*[387]. Une des recommandations appelle l'ONU à travailler avec d'autres organisations pour développer un programme mondial d'éducation aux données afin d'améliorer la compréhension et l'usage des données par le plus grand nombre en particulier par les infomédiaires (journalistes, militants, chercheurs...) mais aussi les personnes en situation de pauvreté. Selon ce rapport, le développement de la *data literacy* est une condition pour que les objectifs de développement durable de l'ONU soient atteints. Les actions conduites actuellement ne semblent pas à la hauteur de ces ambitions fortes et globales[388].

Pour développer de manière beaucoup plus ambitieuse la culture des données, à l'échelle de la France, je propose trois pistes d'action : placer les données au cœur des politiques publiques, développer une culture critique des données et former massivement aux données.

385. «Data Literacy Conference». https://opendatawatch.com/past-events/data-literacy-conference/.

386. Rahul Bhargava & Catherine D'Ignazio, «Designing Tools and Activities for Data Literacy Learners», 2016. https://www.media.mit.edu/publications/designing-tools-and-activities-for-data-literacy-learners/.

387. United Nations, *A World That Counts: Mobilising the Data Revolution for Sustainable Development*, 2014. https://www.undatarevolution.org/wp-content/uploads/2014/11/A-World-That-Counts.pdf.

388. Mariel Garcia Montes & Dirk Slater, «Issues in Open Data: Data Literacy», *in The State of Open Data: Histories and Horizons*, African Minds, 2019.

PLACER LES DONNÉES AU CŒUR DES POLITIQUES PUBLIQUES

Dans cette section, je m'inspire d'un des quatre futurs souhaitables proposés par les participants d'Open Data Impact, un des programmes de la Fing qui vise à créer la nouvelle feuille de route de l'open data en France, dix ans après son arrivée. Ce futur souhaitable s'intitule « *2025, la data est devenue le meilleur allié des acteurs publics* » et prend la forme d'un scénario fictif dans lequel les acteurs publics se sont pleinement emparés du potentiel des données et chaque politique publique bénéficie de l'apport des données, de la conception à la mise en œuvre et l'évaluation[389]. Je reprends ici quelques pistes proposées dans le cadre d'Open Data Impact.

Généraliser les stratégies data

Open Data Impact envisage que l'ensemble des territoires aient l'obligation d'ici 2025 de produire et diffuser leur stratégie en matière de données, à l'image des plans locaux d'urbanisme (PLU) ou des schémas de cohérence territoriale (SCOT). Cette stratégie doit faire l'objet d'une co-construction avec l'ensemble des parties prenantes des territoires. À mon sens, cette idée pourrait d'abord s'appliquer aux métropoles françaises qui ont les moyens de ces ambitions et concentrent près de 18 millions de Français. Il faudrait aussi que les stratégies *data* s'appliquent aux ministères et leurs entités qui disposent de bases de données essentielles à la vie publique.

Co-construire des politiques publiques « nativement » avec les données

Chaque territoire devrait expérimenter l'apport des données sur une politique publique de son choix dans laquelle les données sont mobilisées à chaque étape (étude et conception, mise en œuvre, suivi et

389. « [Open Data Impact #4] 2025, la data est devenue la meilleure alliée des acteurs publics. Open Data Impact Comment ? - Open Data Impact », *#TeamOpenData*, 2019. https://teamopendata.org/t/open-data-impact-4-2025-la-data-est-devenue-la-meilleure-alliee-des-acteurs-publics-comment/1483.

amélioration permanente, évaluation). Il peut s'agir par exemple de positionner un nouvel équipement public, de faire évoluer l'approvisionnement des cantines scolaires, d'agir sur le non-recours aux aides sociales au niveau départemental, ou encore de réguler par la donnée les opérateurs de micromobilité comme les trottinettes électriques. Cet exercice se fait en concertation avec l'ensemble des acteurs concernés dont les habitants. Rajoutons, par rapport au futur souhaitable d'Open Data Impact, que là aussi cette action devrait être conduite au niveau gouvernemental.

Co-construire les indicateurs de suivi des politiques publiques

Dans cette proposition, les acteurs publics doivent co-construire, avec les acteurs concernés, des indicateurs de suivi des principales politiques publiques. Cette démarche pourrait s'appliquer dans un premier temps dans un périmètre donné, par exemple sur les questions sanitaires ou environnementales. Une autre proposition portait sur le fait que chaque territoire doive publier, de manière homogène, des tableaux de bord sur les services publics disponibles au niveau local. Les habitants seraient alors en mesure de participer aux orientations des politiques publiques locales sur une base factuelle et mise à jour. Notons que ces deux propositions n'ont pas fait l'objet de consensus au sein des participants d'Open Data Impact, certains soulignant à juste titre que «*tout ne peut pas se mesurer via des données*» et que les indicateurs qualitatifs sont trop souvent absents ou réducteurs. James C. Scott avait montré que les décideurs publics rendent la société lisible en procédant à des simplifications[390]. Les complexités et les particularités locales sont souvent effacées par des indicateurs ou des tableaux de bord qui donnent aux acteurs publics une vision schématique de la société et facilitent le pilotage des politiques publiques. Les ouvrir permettrait aux citoyens d'accéder aux fondements de nombreuses communications publiques et de contester certains indicateurs dès lors qu'ils sont jugés trop réducteurs. Cela permettra aussi

390. James C. Scott, *Seeing Like a State: How Certain Schemes to Improve the Human Condition Have Failed*, Yale University Press, 1998.

d'identifier des données essentielles au pilotage des politiques publiques qu'il serait bon d'ouvrir afin de pouvoir proposer des manières alternatives de représenter la complexité.

Développer le sourcing des réutilisateurs

Cette proposition sort des idées proposées lors d'Open Data Impact. Elle s'inspire des pratiques de l'achat public qui a recours au dispositif du *sourcing*. Il consiste à solliciter des entreprises sur la faisabilité des prestations demandées et leur adéquation avec les pratiques du secteur. Il sert aussi à inciter un plus grand nombre d'entreprises à candidater. La commande publique connaît souvent un problème d'inadéquation entre offre et demande : trop de marchés n'obtiennent pas assez d'offres. Il en va de même dans l'ouverture des données publiques : les acteurs publics proposent une offre de données sans consulter préalablement les réutilisateurs potentiels. Il en résulte que bon nombre de données ne sont jamais réutilisées. Les acteurs publics pourraient, avant d'ouvrir leurs données, avoir recours à une pratique de *sourcing* en consultant des réutilisateurs potentiels sur leurs besoins et sur les données que pourrait proposer la collectivité. Cela permettrait de concentrer l'effort d'ouverture sur des données demandées par les réutilisateurs et d'adapter le contenu ou la documentation des données aux besoins exprimés par les usagers. Le *sourcing* des réutilisateurs peut aussi prendre la forme d'un signalement aux réutilisateurs potentiels lors de l'ouverture d'un nouveau jeu de données.

DÉVELOPPER UNE CULTURE CRITIQUE DES DONNÉES

Le développement de la culture des données ne doit pas échapper à une réflexion critique sur leur production et leur usage. Dans la lignée de *Statactivisme*, je plaide en faveur d'une stratégie inspirée par le judo, «*prolonger le mouvement de l'adversaire afin de détourner sa force*[391]». En utilisant des données et en formant à leur exploitation, je

391. Isabelle Bruno, Emmanuel Didier & Julien Prévieux, 2014, *op. cit.*

suis convaincu qu'on développe une culture critique des données bien plus forte que par l'observation détachée des usages.

Systématiser l'ouverture et l'usage des données dans les concertations

Les concertations et les débats publics permettent une confrontation entre un maître d'ouvrage et des citoyens. Ils y échangent leur opinion et interrogent un projet. Les données sont mobilisées en masse dans les rapports d'expertise qui fondent le projet mis en débat. Or, d'une part, les données brutes qui ont fondé les analyses préalables au projet sont souvent inaccessibles et, d'autre part, les citoyens ne sont ni formés ni encouragés à exploiter les données. Leurs avis sont généralement fondés sur leurs expériences vécues ou sur les discours qu'ils ont entendus alors que les experts ont recours à une forme d'objectivité fondée sur les données, généralement reconnue plus légitime et valide[392]. Dans ce contexte, la parole des citoyens pourrait sortir renforcée si chacun avait la capacité de saisir les données du débat. Dans un article publié avec David Prothais d'Eclectic Experience[393], nous constations que la rencontre entre participation et ouverture des données était un « mariage non consommé », une union qui ne s'est pas produite bien que souhaitée par bon nombre d'acteurs. Nous y avions documenté une expérience qui montre l'intérêt de mobiliser le public d'un débat dans l'ouverture et la réutilisation de données. À l'automne 2016, la Commission nationale du débat public sur le projet de troisième ligne de métro de Toulouse a souhaité organiser des ateliers de cartographie afin d'identifier et de localiser les enjeux du projet. Plusieurs ateliers ont été organisés rassemblant jusqu'à 70 personnes. La réalisation de ces cartes a exigé au préalable d'identifier les

392. Clare Birchall, « Radical Transparency? », *Cultural Studies ↔ Critical Methodologies*, *op. cit.*, p. 77-88.

393. Samuel Goëta & David Prothais, « Comment ouvrir la boîte noire de l'expertise ? Le recours aux données brutes et à la cartographie pour débattre de la troisième ligne de métro de Toulouse », Contribution au colloque du GIS « Participation, décision, démocratie participative », Paris, France, 2017. https://hal.archives-ouvertes.fr/hal-01829319.

données disponibles, et de solliciter différents fournisseurs de données afin d'en ouvrir de nouvelles. Cette expérience montre trois apports de la mobilisation des données ouvertes dans les concertations. Premièrement, cela permet d'ouvrir des données en partant des besoins des citoyens dans leur diversité. Deuxièmement, ces ateliers ont été réalisés dans une démarche d'inclusion : les participants à ces ateliers n'étaient pas nécessairement des professionnels de la donnée, mais plutôt des habitants impliqués dans la vie de leur quartier. Troisièmement, les ateliers ont conduit à adopter un regard critique sur les données et ont remis en cause l'objectivité voire l'autorité associée aux données. La Commission Nationale du Débat Public (Cndp) devrait étendre ces dispositifs d'ouverture et d'analyse de données dans le cadre des débats qu'elle conduit.

Développer au sein des médias les émissions culturelles qui apportent un regard critique sur les données

Plusieurs programmes existants peuvent servir d'inspiration pour encourager le public à développer une meilleure compréhension des données et être en capacité de les critiquer. *#DataGueule* condense en quelques minutes des chiffres pour décrypter différents sujets. L'émission, dans sa description, reprend le principe statactiviste de prolonger le mouvement de l'adversaire afin de détourner sa force : «*chaque jour, nous sommes bombardés par des milliers de molécules d'information. Des faits, des noms, des chiffres qui s'empilent et se percutent sans que, pourtant, jamais rien ne se crée. Alors pour une fois, plutôt que de rester passifs face à cet assaut, jouons avec*[394]». On peut aussi citer la websérie *Dopamine* diffusée par Arte et coproduite avec le réseau Canopé qui explique de manière ludique les mécanismes de captation de l'attention inscrits sur les principaux réseaux sociaux. Chacun des épisodes prête une attention fine au fonctionnement des algorithmes qui déterminent les interactions sur les réseaux sociaux. Ils mettent en lumière la collecte massive de données indispensables à leur fonctionnement.

394. https://www.youtube.com/user/datagueule.

Ces exemples montrent qu'il est possible de traiter de manière à la fois ludique et sérieuse des sujets liés aux données pour s'adresser à une audience large dans une optique de médiation. Il appartient aux groupes audiovisuels, en particulier publics, de donner une plus grande audience à ce type de programmes, au-delà des plateformes en ligne où elles sont généralement diffusées.

Développer la factualité

Factfulness, le livre posthume du médecin suédois Hans Rosling nous invite à lutter contre notre vision biaisée du monde par une meilleure compréhension des données. Selon lui, les stéréotypes sur le développement humain viennent en grande partie de biais cognitifs qui perturbent notre compréhension du monde, et donc notre lecture des données qui le décrivent. Il a identifié dans son livre dix « instincts dramatiques », dix réflexes de pensée qui font barrage à une vision réaliste du monde[395] :

- l'instinct du fossé : tracer une ligne droite entre deux parties distinctes de la population aux modes de vie très différents sans prendre en compte tout ce qui se situe entre ces deux points ;
- l'instinct de négativité : montrer que « tout se dégrade » par une glorification ou une mystification du passé ignorant souvent les faits historiques ;
- l'instinct de la ligne droite : considérer qu'une tendance historique, comme l'évolution de la population, va nécessairement continuer dans la même direction ;
- l'instinct de peur : entretenir l'image d'un monde dangereux en ignorant que nos conditions de sécurité, globalement, n'ont jamais été si bonnes et l'espérance de vie jamais aussi élevée ;
- l'instinct de taille : mettre en avant le gigantisme d'un nombre sans échelles de comparaison ;
- l'instinct de généralisation : considérer que des conditions valables dans un contexte vont nécessairement se dérouler de la même manière ailleurs ;

395. Hans Rosling, *Factfulness*, Flammarion, 2018.

– l'instinct de la destinée : assigner à une catégorie de population ou à un pays un destin tracé;
– l'instinct de perspective unique : user de formules d'autorité pour défendre la légitimité d'un point de vue;
– l'instinct du blâme : chercher nécessairement un coupable;
– l'instinct d'urgence : vouloir des réponses immédiates.

En réponse à ces instincts, Hans Rosling propose dix règles générales pour développer ce qu'il appelle la « factualité », une conception du monde basée sur les faits plutôt que les instincts :
– face à l'instinct du fossé, chercher là où se situe la majorité des personnes et quand on contrôle les écarts, se méfier des comparaisons entre les extrêmes ;
– face à l'instinct de négativité, s'attendre aux mauvaises nouvelles et garder en tête que les progrès graduels ou les bonnes nouvelles ne font pas la une;
– face à l'instinct de la ligne droite, ne pas partir du principe que les lignes vont continuer tout droit et considérer que les tendances peuvent prendre des formes très différentes qui sont difficiles à prévoir;
– face à l'instinct de la peur, considérer que la perception du risque dépend à la fois du danger mais aussi de l'ampleur de l'exposition médiatique;
– face à l'instinct de la taille, reconnaître quand un chiffre isolé a l'air impressionnant et chercher toujours à le comparer ou à le mettre en proportion d'autres phénomènes;
– face à l'instinct de la généralisation, interroger les catégories utilisées et chercher les différences ou les similitudes entre groupes;
– face à l'instinct de la destinée, reconnaître qu'un changement lent reste un changement;
– face à l'instinct de la perspective unique, mettre ses idées à l'épreuve d'exemples ou de personnes qui ne vont pas dans notre sens et ne pas chercher à comprendre uniquement le monde avec les chiffres;
– face à l'instinct du blâme, résister à la recherche du bouc émissaire;

– face à l'instinct de l'urgence, se rappeler que rarement une décision n'est vraiment urgente et procéder par petits pas.

Cette approche nous aide à mieux appréhender les chiffres, graphiques et visualisations qui pullulent dans le débat public et sont parfois utilisées à des fins de manipulation en mobilisant ces instincts dramatiques. Hans Rosling appelle à la fin de l'ouvrage à enseigner massivement les faits les plus à jour en aidant les élèves à comparer leur situation sociodémographique par rapport au reste du monde ou en montrant l'évolution du développement dans le monde.

FORMER MASSIVEMENT AUX DONNÉES

Le développement de la culture des données doit également passer par des actions massives de sensibilisation et de formation. Voici trois pistes d'action pour mobiliser une large part de la population autour des données.

Développer les infolabs

En France, la Fing a porté le concept d'infolabs pour créer de nouveaux lieux de médiation dédiés aux données et inspirés par l'essor des fablabs dans le domaine de la fabrication. Dans ces dispositifs d'innovation ouverte, le public peut prototyper des usages et trouve à sa disposition des ressources, des compétences, de la veille, des rencontres avec des acteurs, des événements de médiation[396]. Pour l'heure, les infolabs sont en France des structures temporaires qui organisent des événements réguliers mais ne sont pas engagés dans des démarches de formation massive. Le développement et la pérennisation de ces lieux faciliteraient pourtant l'appropriation des données ouvertes par le plus grand nombre. Au lieu de considérer la réutilisation comme une conséquence automatique de l'ouverture des données, ces lieux pourraient accompagner le développement des

396. Hubert Guillaud, « Avons-nous besoin d'Info Labs ? », *Internetactu*, 2012. https://www.internetactu.net/2012/05/15/avons-nous-besoin-dinfo-labs/.

usages des données en prenant en compte les problématiques des acteurs d'un territoire et en proposant des actions de formation ou de sensibilisation adaptées.

Inviter les données ouvertes dans les médiathèques

Les médiathèques proposent une grande multitude de ressources, mais les données n'en font pour le moment pas partie. Pourtant, il n'est pas rare que divers publics soient à la recherche de données. Par exemple, une personne faisant l'acquisition d'un logement pourrait vouloir explorer les données des demandes de valeurs foncières qui comprennent le prix, la superficie et la localisation des ventes immobilières dans toute la France. Un médiateur pourrait aider la personne à connaître ces données, lui montrer des services existants et, si ces services ne répondent pas à son besoin, lui indiquer comment exploiter ces données. On pourrait imaginer des scénarios de médiation, par exemple sur l'usage ou la collecte de données sur la qualité de l'air. Les médiathèques en tant que lieu de médiation pourraient aider les projets d'ouverture de données à toucher des publics bien plus larges et divers.

Intégrer les données dans les programmes scolaires

Le code informatique, la cuisine, l'entreprenariat, la botanique, l'astronomie, la plomberie... Des demandes d'intégrer telle ou telle discipline dans les programmes scolaires sont régulièrement adressées à l'Éducation nationale. Si on écoutait tous ceux qui plaident pour compléter les programmes, les élèves pourraient ne jamais quitter l'école. Alors, plutôt qu'une autre pratique, intégrer les données ouvertes dans les programmes scolaires d'un grand nombre de disciplines ? En plus des enjeux propres aux données, je vois deux atouts à l'usage de données en classe : le caractère interdisciplinaire de cette pratique et la granularité des données qui donne l'occasion aux élèves de travailler sur leur territoire vécu. L'exemple des *data sprints* pédagogiques développé par le réseau Canopé l'illustre bien. Le *data sprint* Traces de Soldats[397]

397. Canopé, « Traces de Soldats : le datasprint historique ». https://www.reseau-canope.fr/service/traces-de-soldats-le-datasprint-historique.html.

aide les élèves à partir des traces inscrites sur les monuments commémoratifs et mises en données pour comprendre les parcours des poilus de la Première Guerre mondiale. Cet exercice fait appel aux savoir-faire de toutes les disciplines : histoire, géographie, mathématiques, technologie, arts plastiques, lettres… Les élèves sont invités à représenter les ravages de la guerre sur la forme de visualisation de données qui sont ensuite publiées sur `data.gouv.fr`[398]. Plus de soixante infographies y sont publiées et les résultats sont dans l'ensemble remarquables. L'expérience du *data sprint* a été renouvelée sur la thématique de l'accidentologie routière à vélo avec Traces 2 roues. En mobilisant des données, les élèves ont pu développer des compétences au-delà des disciplines scolaires et ont analysé des phénomènes au plus proche de leur lieu de vie, réinscrivant l'enseignement dans leur territoire vécu et décloisonnant les savoirs.

Renoncer aux données ?

Tout au long de ce chapitre, j'ai cherché à explorer les pistes d'action afin que l'ouverture des données réduise les asymétries d'information. J'ai identifié trois chantiers prioritaires à cette fin : obtenir les données qui manquent, améliorer la qualité et la fiabilité des données ouvertes, développer la culture des données. Pour chacun de ces chantiers, j'ai exploré des pistes d'action qui pourraient contribuer à résoudre les problèmes identifiés.

On pourrait m'accuser de naïveté ou d'excès d'optimisme si je prétendais que ces quelques actions suffiront à elles seules à réduire les asymétries d'information et renforcer la démocratie. Je reste conscient que trop souvent les données servent à contrôler, réprimer voire à manipuler. Les scandales comme l'affaire Cambridge Analytica reviennent à intervalles réguliers et érodent petit à petit la confiance du public dans le traitement des données. Scandale après scandale, on

398. data.gouv.fr, « Première Guerre mondiale – Les Poilus morts pour la France », 12 novembre 2018. `https://www.data.gouv.fr/fr/datasets/premiere-guerre-mondiale-les-poilus-morts-pour-la-france-a-completer/`.

pourrait rejeter en bloc les données, les considérer comme un instrument d'aliénation. Cette critique s'est exprimée de manière singulière dans l'ouvrage *Contre l'alternumérisme*[399]qui dénonce la naïveté des partisans de l'ouverture des données quant au caractère oppresseur des données :

Ce que nous critiquons, ce n'est pas le caractère public ou privé d'une donnée, c'est la pertinence de la «prise de données». Résistant au puçage des troupeaux, aux technologies RFID, à la numérisation de l'école et du travail, à la mesure et au stockage de toute chose, nous défendons la thèse que la prise de données procède d'une réduction du réel et d'une dépossession.

Cette position s'inscrit dans le registre de la critique radicale qui, selon Luc Boltanski, considère «*la quasi-impossibilité de modifier certains éléments – au moins des éléments importants – sans changer, d'un coup, le tout*[400]». Cette conception du monde se distingue de la position réformiste qui, toujours selon Boltanski, «*se fonde sur la croyance selon laquelle les éléments qui composent la réalité sont suffisamment indépendants les uns des autres pour que certains d'entre eux puissent être progressivement améliorés sans que les contours de la réalité ne soient radicalement transformés, au moins d'un seul coup et en bloc*». Les convictions personnelles de chacun orienteront vers une position ou une autre. Je considère que la critique radicale a son utilité pour remettre en cause les excès de la collecte généralisée de données, ce que Kenneth Cukier a appelé la «mise en données du monde[401]» ou datafication pour désigner «*la capacité à paramétrer des aspects du monde et de la vie humaine qui n'avaient encore jamais été quantifiés*» et à «*numériser non plus des documents, mais tous les aspects de la vie*». À l'heure où

399. Julia Laïnae & Nicolas Alep, *Contre l'alternumérisme*, Éditions La Lenteur, 2020. Citation extraite de Hubert Guillaud, «De l'alternumérisme : d'autres numériques sont-ils possibles?», *InternetActu,* 2020. https://www.internetactu.net/2020/02/13/de-lalternumerisme-dautres-numeriques-sont-ils-possibles/.

400. Luc Boltanski, «Quelle statistique pour quelle critique?», *Statactivisme*, *op. cit.*

401. Kenneth Cukier & Viktor Mayer-Schönberger, «Mise en données du monde, le déluge numérique», *Le Monde Diplomatique*, juillet 2013, p. 20-21.

l'Internet des objets quantifie les aspects les plus intimes de nos existences et où chaque instant de nos vies laisse des traces sous forme de données, je pense que ce registre de critiques peut susciter une prise de conscience sur l'utilité relative et les excès causés par les dispositifs de collecte de données permanents et ubiquitaires.

Mais un renoncement total risque de renforcer la situation que ces mêmes acteurs critiquent. La situation présente une grande proximité avec celle décrite par les auteurs de *Statactivisme* lorsqu'ils étaient confrontés aux accusations de connivence des statistiques avec le pouvoir et la sanction. Comme pour les statistiques, les usages émancipateurs des données sont nombreux et organisent des mobilisations d'ampleur. *Statactivisme* montre que rejeter en bloc la statistique ne peut conduire qu'à «*laisser le monopole de ces instruments aux puissants*». Pour paraphraser l'ouvrage, il n'y a pas de raison que les données se trouvent toujours du côté de l'État ou du capital. Pour cela, le dernier chantier qui consiste à développer massivement la culture des données me paraît essentiel. Penser l'impact de l'ouverture des données sans développer les compétences pour les traiter crée un pouvoir d'agir limité à une élite.

Conclusion

Approfondir et étendre la démocratie

C'est arrivé près de chez toi, presque sous ton nez
Cesse de prendre cet air étonné, pas le moment d'abandonner
Faut tout donner, afin de changer les données

NTM feat. Jaeyez, « C'est arrivé près de chez toi », *Suprême NTM*, 1998.

Si j'ai écrit ce livre, c'est parce que je crois en la démocratie et que je suis convaincu que l'ouverture des données peut l'approfondir. En pratique, les expériences d'open data, du moins en France, ont mené à un bilan contrasté comme nous avons pu le constater tout au long de ce livre. L'ouverture des données n'est pas parvenue à pallier les faiblesses du cadre juridique et administratif de la transparence publique pour réduire les asymétries d'information entre l'administration et les citoyens. La qualité et la fiabilité des données ouvertes pour nourrir le débat démocratique reste encore un chantier important. Des fractures territoriales majeures subsistent et des pans entiers de l'action publique n'ont pas intégré leur obligation d'ouverture. Face aux carences des données ouvertes, les citoyens doivent souvent faire preuve de ténacité en exerçant avec patience le droit d'accès aux documents administratifs, en ayant recours au *scraping*, en reconstituant les données ou en faisant appel à une foule de contributeurs (*crowdsourcing*).

Ce bilan détonne avec les classements internationaux en matière d'open data qui placent la France en tête des pays en matière d'ouverture des données, en Europe et dans le monde. Il y a eu des progrès considérables en matière d'open data en France depuis plus d'une décennie, retracés dans ce livre. Une agence comme Météo France, longtemps considérée comme un bastion imprenable pour l'open data, ouvre ses données au moment où j'écris ces lignes avec le lancement de `meteo.data.gouv.fr`. L'écosystème public et privé en France en matière d'open data est parmi les plus dynamiques. Les fonctionnalités et l'activité d'un portail comme `data.gouv.fr` feraient rêver les passionnés de données dans la plupart des pays du monde. Ces avancées sont dues à un petit nombre de personnes engagées, rarement soutenues par leur hiérarchie, qui défendent l'ouverture des données comme une conclusion logique des principes du service public et un moyen concret de faire avancer la démocratie. Très souvent en dehors de leurs missions officielles, ces personnes font vivre l'open data en France en soutenant des décisions politiques favorables à l'ouverture des données, en publiant ou en mettant à jour des données, en maintenant des circuits fragiles de publication, en acculturant le public interne ou externe à ces enjeux ou encore en produisant des services pour rendre ces données intelligibles par le plus grand nombre.

Cet écosystème est fragile, il repose sur les volontés et l'énergie de peu de personnes. C'est le sens de la couverture de ce livre représentant une abeille et la pollinisation, qui symbolise la diversité des données, leur importance pour la vie démocratique mais rappelle aussi la fragilité de cet écosystème. Cette fragilité se ressent d'autant plus lorsqu'on s'intéresse aux données qui peuvent nourrir le débat démocratique ou servir aux contre-pouvoirs. Les demandes d'accès aux données peinent à aboutir, les données sont souvent manquantes ou ne disposent pas d'un niveau de détail suffisant. Ce n'est pas surprenant si on observe l'état de la démocratie en France où, depuis plus d'une décennie, le dialogue avec la société civile est dégradé et certains droits fondamentaux comme la liberté d'association ou de manifestation sont régulièrement mis à l'épreuve. Un autre classement le reflète, celui de l'état de la démocratie dans le monde établi par le magazine *The Economist*, qui classe régulièrement la France parmi les démocraties « défaillantes[402] ».

402. Economist Intelligence Unit, *Democracy Index 2022: Frontline democracy and the*

Les chantiers et les pistes d'actions présentés dans le dernier chapitre pour obtenir les données qui manquent, améliorer la qualité et la fiabilité des données et développer la culture des données peuvent contribuer à renforcer la démocratie. Non que la transparence serait une chose bonne en soi, mais parce qu'elle est une des conditions de la santé du débat démocratique et de l'exercice des droits fondamentaux.

Je pense que l'open data peut permettre d'approfondir la démocratie mais aussi de revenir à ses fondamentaux. Comme je l'ai évoqué à plusieurs reprises, l'ouverture des données s'appuie sur des fondations anciennes, en particulier la Déclaration des droits de l'homme et du citoyen qui stipule dans son article 15 que « *la Société a le droit de demander compte à tout agent de son administration* ». Cet article a posé les bases d'un principe de reddition des comptes (souvent désigné par le mot anglais *accountability*) qui a favorisé l'émergence du droit d'accès aux documents administratifs. On a pu voir à travers ces pages que ce droit, devenu la norme en démocratie et reconnu à valeur constitutionnelle depuis 2020 en France, est malmené. Peu connu des citoyens, souvent contourné par les administrations, pas véritablement effectif, il peine à agir comme un contre-pouvoir. Dans ce contexte, j'ai tenté de montrer que le mouvement de l'ouverture des données peut aller bien au-delà de ses promesses de renouvellement de la transparence, de foisonnement de l'innovation et de transformation de l'administration. L'open data peut approfondir la démocratie elle-même.

Avec le principe d'ouverture des données par défaut, aujourd'hui entré dans la loi, l'administration a le *devoir* de rendre des comptes à la société en publiant des données. L'administration passe d'une logique réactive, par laquelle elle répond aux demandes des citoyens, à une logique proactive où elle publie les données par principe, sans attendre une demande. Dans une époque où chacun peut accéder aux données, les comprendre et les utiliser (notamment si la médiation des données se développe), l'insistance sur les données, et non plus

battle for Ukraine, 2022. https://pages.eiu.com/rs/753-RIQ-438/images/DI-final-version-report.pdf

seulement les documents, va au-delà d'une adaptation de la démocratie à son environnement sociotechnique. Je pense que c'est également un retour à l'essence de l'article 15 de la DDHC qui donne le droit à la société de demander des « comptes ». Le terme n'a pas été choisi par hasard comme l'a montré Ben Kafka[403] qui a retracé les débats tenus lors de sa rédaction. Il témoigne d'une logique financière et comptable de la transparence dans laquelle la possibilité de retrouver les documents justificatifs de la décision et de refaire les calculs sont essentiels à ce que la souveraineté populaire soit respectée. Cette association de la reddition des comptes au calcul se matérialise dans l'architecture du palais Cambon. C'est dans ce palais parisien dans lequel siège la Cour des comptes que l'on peut accéder à la Grande chambre qui expose l'article 15 de la DDHC gravé dans le marbre entre deux colonnes ornées des allégories de la Connaissance et de la Justice. La symbolique est forte. Il faut, de plus, passer par la galerie Philippe Séguin dont le plafond est décoré d'une fresque de l'artiste contemporain Bernar Venet composée de nombres et d'équations. Accéder aux données dans leur forte précision, c'est permettre à chacun de vérifier les calculs. C'est d'autant plus nécessaire à une époque dans laquelle chacun cherche à se parer de l'objectivité présumée de la quantification et où le débat public se réduit souvent à une bataille de chiffres dont il est souvent difficile de contrôler la provenance et la véracité.

La vie publique devrait s'inspirer des sciences, nous devrions réclamer une exigence de reproductibilité pour que les affirmations des élus et de leurs opposants soient fondées sur des données accessibles et des méthodes pouvant être reproduites et vérifiées. En plus de vérifier les affirmations, les données peuvent permettre de mieux débattre des projets et de contester les décisions. Comme je l'ai annoncé en introduction, les contre-pouvoirs ne s'opposent pas à la démocratie mais l'enrichissent et la confortent. Il y a des passerelles à construire avec les acteurs de la participation qui ne se sont pas encore appropriés l'ouverture des données pour renforcer le débat public. Il

403. Ben Kafka, *op. cit.*, 2012.

est dit depuis longtemps que les débats citoyens, les concertations et les consultations sont fondamentalement déséquilibrées. Mais le rapport à la donnée renforce ce déséquilibre en mettant sur le même plan les citoyens qui n'ont que leurs mots et leurs arguments face à des élus et une administration qui s'appuient en plus sur une ingénierie de la donnée et la force argumentative de graphiques, de nombres et de cartes. Les expériences participatives dans lesquelles les citoyens ont été formés à la compréhension des données existent mais elles sont très rares. La Convention citoyenne pour le climat aurait pu être un bon exemple si les citoyens avaient été entendus, comme pourtant l'État s'y était engagé. L'urgence incontestable repose sur des faits connus et démontrés concernant le réchauffement climatique, sur un travail scientifique appuyé sur des données anciennes, renouvelées et précisées en permanence , notamment par le GIEC. Ce travail scientifique, tel qu'il a pu être présenté et expliqué aux citoyens et citoyennes de la Convention, aurait pu servir de base commune pour la prise de décision collective. Plus rares encore sont les projets participatifs où la concertation a été accompagnée de publication des données spécifiques utiles au débat et d'ateliers pour former les citoyens à leur compréhension et leur analyse[404].

Enfin, les données peuvent approfondir la démocratie en proposant de nouvelles interprétations comme nous l'avons vu à travers de nombreux exemples dans ces pages. Cela implique qu'on regarde à même les fichiers. La présence ou non d'une variable, la précision des catégories employées ou le niveau de détail d'un jeu de données peuvent complètement changer le sens d'une analyse et réduire les possibilités de débat permises par certaines données. Le livre *Statactivisme* a montré que la critique des catégories utilisées et l'invention de nouvelles pouvait être un terrain de lutte car les groupes sociaux ont intérêt à exister dans les catégories statistiques pour s'allier et s'émanciper. Se compter pour compter, ce combat doit

404. On peut citer en ce domaine, comme rappelé plus haut, l'exemple des ateliers de cartographie organisés dans le cadre de la concertation sur la troisième ligne du métro de Toulouse.

s'étendre au-delà de l'appareil statistique. Si l'on veut défendre une société diverse, il faut s'assurer que cette diversité se retrouve dans les données. Caroline Criado Perez a montré que l'absence de données genrées a pour conséquence de supposer que le masculin est universel ce qui a des conséquences majeures sur la vie quotidienne, le niveau de vie, la santé et la sécurité des femmes[405]. Il faudra donc prêter attention aux standards de données ouvertes qui déterminent le contenu des champs de certains types de fichiers, souvent à l'issue d'une concertation experte, pour favoriser l'interopérabilité des données et renforcer l'impact de l'open data. En contraignant le contenu de données, ces normes et ces formes d'organisation des données peuvent aussi limiter voire empêcher certains usages comme on a pu le voir dans le cas des données de la commande publique ou du registre des lobbyistes[406]. Approfondir la démocratie, c'est donc se soucier de la « tuyauterie » du débat démocratique[407], s'intéresser à des choix jugés hâtivement « techniques » qui peuvent avoir une influence majeure sur la qualité du débat démocratique. Une démarche de transparence impulsée par le législateur peut aboutir au maintien de l'opacité d'un secteur ou d'une politique publique si l'on ne s'intéresse pas aux décrets d'application et à la réalité de la mise en œuvre.

Je pense qu'il faut approfondir la démocratie mais aussi l'étendre à d'autres domaines. Le modèle coopératif, qui est celui de Datactivist, l'entreprise que j'ai co-fondée, comme de plusieurs milliers de sociétés coopératives en France, témoigne de l'intérêt d'étendre la démocratie à l'entreprise pour mieux se partager les richesses et prendre des décisions ensemble dans l'intérêt de tous.

405. Caroline Criado Perez, *Femmes invisibles - Comment le manque de données sur les femmes dessine un monde fait pour les hommes*, First, 2020.

406. Samuel Goëta & Elise Ho-Pun-Cheung, *La standardisation des données ouvertes : favoriser l'interopérabilité, accroître l'impact de l'open data*, Observatoire Data Publica, 2022. https://observatoire.data-publica.eu/nos-publications.

407. Je reprends ici l'expression de Francesca Musiani dans « Caring About the Plumbing: On the Importance of Architectures in Social Studies of (Peer-to-Peer) Technology », *Journal of Peer Production*, 2012. https://minesparis-psl.hal.science/hal-00771863.

L'idéal d'une entreprise gouvernée démocratiquement par ses salariés, nous le défendons aussi pour les données ouvertes afin qu'elles deviennent une ressource partagée et gérée avec ses usagers, autrement dit un commun. J'ai fait des propositions dans ce sens dans le dernier chapitre pour ouvrir la gouvernance des données et favoriser la concertation avec les usagers.

Cette extension de la démocratie implique également que, de plus en plus, nous aurons à nous intéresser à l'usage des données. Nous avons pu voir de nombreux exemples où les données ont joué un rôle dans des décisions affectant des territoires ou des groupes d'individus. Mais les données sont aussi mobilisées pour prendre des décisions à l'échelle d'individus avec l'aide d'algorithmes. La décision algorithmique et le traçage pèsent sur chaque activité numérique. La transparence des algorithmes s'inscrit dans la continuité du mouvement de l'open data en ouvrant la boîte noire des règles appliquées pour prendre des décisions à partir de données. Certaines jouent une importance vitale comme dans le cas de l'attribution des greffons médicaux[408]. Dans la sphère publique, les algorithmes peuvent servir à attribuer des droits ou des prélèvements comme la taxe d'habitation[409], réaliser un appariement entre une offre et une demande comme dans le cas de Parcoursup, prédire une situation ou un risque comme dans le cas du ciblage des contrôles fiscaux ou aider à la décision des usagers comme dans le cas du simulateur du coût d'embauche[410]. La loi pour une République numérique impose des obligations de transparence aux acteurs investis d'une mission de service public qui utilisent un traitement algorithmique pour prendre des décisions (de manière entièrement automatisée ou non) envers des personnes physiques ou morales, sauf pour certains secrets protégés comme la sécurité

408. Clément Henin, « Confier une décision vitale à une machine », *Réseaux*, 2021, vol. 225, n° 1, p. 187-213.
409. Loup Cellard, « Algorithmic Transparency: On the Rise of a New Normative Ideal and Its Silenced Performative Implications » *in* Emmanuel Alloa (éd.), *This Obscure Thing Called Transparency*, Leuven University Press, 2022.
410. Etalab, « Les algorithmes publics : enjeux et obligations », 2021. https://guides.etalab.gouv.fr/algorithmes/guide/#_3-le-cadre-juridique-applicable.

publique ou la prévention d'infractions. Dans ces conditions, l'administration doit publier les règles définissant les principaux traitements utilisés dans les décisions individuelles. Elle doit aussi faire figurer en ligne et sur les documents une mention précisant les caractéristiques du traitement algorithmique et fournir à la demande de l'intéressé des précisions sur les modalités de la prise de décision, notamment les données traitées et leurs sources avec leurs paramètres de traitement et de pondération. En cas de prise de décision automatisée, une ordonnance de 2018 prévoit la nullité des décisions individuelles prises en l'absence de mention explicite. Ces obligations ont été faiblement suivies par les administrations. Les collectivités locales qui ont publié un registre de leurs traitements algorithmiques et les règles associées se comptent sur les doigts d'une seule main (Antibes, Paris, Nantes, métropole de Lille). Au niveau des administrations d'État, Etalab tenait jusqu'à récemment un recensement des algorithmes publics faisant l'objet d'une publication dans le cadre de l'application de la loi pour une République numérique : le fichier fait 14 lignes[411]. Cette très faible application de la loi n'est pas due à un faible usage des algorithmes dans la prise de décision administrative. Au contraire, les algorithmes interviennent de manière courante dans l'administration sans forcément que les agents ou les élus en aient conscience[412]. Et ceci risque fort de s'accentuer avec la mise à dispositions de programmes et d'applications nourris par l'intelligence artificielle.

Même si elles sont encore mal appliquées, ces obligations de transparence algorithmique sont insuffisantes. Expliciter les règles de prise de décision ne suffit pas. Que faire en tant qu'usager face à un document de 30 pages expliquant des règles de calcul complexes ? La discipline grandissante de l'explicabilité des algorithmes propose des méthodes et des interfaces pour faciliter l'appropriation par le public

411. Etalab, « Publication des algorithmes et des codes sources », 2023. https://github.com/etalab/algorithmes-publics/blob/master/liste.org.

412. Lire à ce sujet : Observatoire Data Publica, « La transparence des algorithmes publics », *Les Cahiers de l'observatoire*, 2023. https://observatoire.data-publica.eu/nos-publications.

du fonctionnement des algorithmes. L'Explicœur développé par Clément Hénin dans le cadre de sa thèse à l'Inria pour expliquer, à partir de données fictives, le fonctionnement du Score Cœur développé par l'agence de biomédecine pour l'attribution des greffons[413] est un bel exemple. Il faudra aussi s'appuyer sur des médiateurs pour permettre au public concerné de s'approprier ces dispositifs et de comprendre les règles qui s'appliquent. Enfin, on pourrait envisager une extension des règles de transparence aux algorithmes qu'on pourrait qualifier d'« intérêt général » tant ils jouent un rôle dans la vie publique ou la mise en œuvre des politiques publiques. Par exemple, la Commission de régulation de l'énergie publie les données et les règles intervenant dans le calcul des prix de l'énergie. Ces données et documents sont cruciaux pour avoir un débat démocratique sur les marchés de l'énergie mais ils sont encore difficilement intelligibles, en dehors des milieux professionnels directement concernés.

Ces enjeux de transparence et d'explicabilité sont au cœur des débats en cours, au moment de l'écriture de ces lignes, autour du règlement européen établissant des règles harmonisées en matière d'intelligence artificielle (communément appelé «AI Act»). Celui-ci introduit des interdictions d'usages en fonction de l'intensité du risque du système d'IA et impose des règles de transparence. Avec le mélange d'euphorie et de désenchantement autour de l'intelligence artificielle, nous aurons de plus en plus besoin d'avoir un débat démocratique sur l'usage des données. Le mouvement de l'open data n'y échappe pas, même s'il est bâti sur le postulat qu'il ne faut pas interdire certains usages a priori pour laisser la place à l'inattendu et favoriser l'innovation. En réalité, ces questions sont déjà posées menant à des décisions parfois mesurées comme l'interdiction du profilage des juges par leurs décisions de justice, et parfois disproportionnées comme avec la licence mobilités. Cette licence, a été adoptée par plusieurs opérateurs de transport public pour l'ouverture de leurs horaires afin d'encourager l'usage des transports en commun. Malheureusement, celle licence

413. Clément Henin, *Expliquer et justifier les systèmes de décisions algorithmiques*, Université de Lyon, 2021.

n'est pas pleinement « ouverte ». En plus d'envisager la possibilité d'une tarification, elle impose un engagement de compatibilité à la stratégie de mobilité d'un territoire. Concrètement, les usagers devront comprendre les plans de mobilité, SRADDET[414] et codes de l'urbanisme pour utiliser des… horaires de bus. La licence risque plutôt de renforcer le pouvoir des géants qui trouveront les données autrement, les créeront ou engageront une bataille juridique quand ils sauront avoir un rapport de force favorable. Les acteurs de plus petite taille préfèreront probablement renoncer à installer leur service dans les territoires dont les opérateurs diffuseraient leurs données sous cette licence pour se concentrer sur ceux (nombreux en Europe et dans le monde) où les données sont ouvertes. Cet exemple témoigne encore de la fragilité de l'écosystème de l'open data et montre qu'il est difficile de séparer « ouverture » et « données » si l'on veut maintenir une capacité d'innovation avec les données publiques.

Avant de nous quitter, revenons-en aux paroles de NTM placées en exergue de cette conclusion. L'état de la démocratie en France en 2024 peut donner envie d'abandonner. Notre rôle de citoyen est souvent réduit à s'exprimer par le vote une fois tous les cinq ans. S'il arrive que notre avis soit convoqué dans des dispositifs participatifs, c'est trop souvent dans des contextes conçus pour légitimer des décisions déjà prises, laissant très peu de pouvoir d'agir aux citoyens[415]. Les campagnes électorales sont également des caricatures de débat d'idées. Les échanges tournent à l'invective et chaque camp nourrit les algorithmes des réseaux sociaux et les chaînes d'information en continu de polémiques toujours plus clivantes, perdant tout sens de la mesure. Les arguments nourris par les faits, essayant de rendre compte de la complexité des phénomènes, peinent à se faire entendre. Nous sommes encore loin de la factualité chère à Hans Rosling qui appelait à

414. Schéma régional d'aménagement, de développement durable et d'égalité des territoires. https://fr.wikipedia.org/wiki/Schéma_régional_d%27aménagement,_de_développement_durable_et_d%27égalité_des_territoires.

415. Manon Loisel & Nicolas Rio, *Pour en finir avec la démocratie participative,* Textuel, 2024.

développer une conception du monde basée sur les faits et à lutter contre nos « instincts dramatiques », ces réflexes de pensée face aux données qui nous poussent à l'exagération, au catastrophisme ou au pessimisme. Le débat politique ressemble plutôt à une bataille de chiffres utilisés sans contexte ni mise en perspective ; les chiffres s'y imposent comme des arguments d'autorité pour tuer le débat. Approfondir et étendre la démocratie, ce projet peut donc paraître bien lointain de la réalité des institutions et de la pratique du pouvoir de nombreux élus. Mais la démocratie n'a rien de figé, elle peut et doit s'adapter à son environnement socio-technique et aux risques qui émergent. On ne peut pas attendre que les institutions changent. La banalisation du racisme et de l'antisémitisme, la hausse des inégalités, la menace du dérèglement climatique deviennent une réalité tangible qui se déroule « sous notre nez ». Ce n'est pas le moment d'abandonner comme nous l'ordonnait NTM en 1998. Même si nous ne pouvons pas rebattre les cartes de la démocratie, nous pouvons jouer avec les cartes qui sont entre nos mains et utiliser les contre-pouvoirs à notre disposition. Et pour cela, les données, d'autant plus quand elles sont ouvertes dans leur plus grande précision, peuvent renforcer notre capacité d'agir. Elles ne servent pas seulement à révéler des faits mais à transformer la réalité, « à changer les données ». Pour cela, il faut déjà avoir en mains toutes les données d'un problème. Si elles ne sont pas disponibles, cela peut nécessiter de collecter de nouvelles données, ou de reprendre les analyses avec d'autres données. En 1998, Thomas Piketty et Emmanuel Saez, en étant les premiers à utiliser les liasses fiscales, des données plus fiables et plus précises que les sources existantes pour étudier la répartition des richesses, ont révélé qu'1 % des Américains percevaient 20 % des revenus. Ces révélations, rendues possibles par ces nouvelles données, ont inspiré le slogan « *We are the 99 %* » du mouvement Occupy Wall Street en 2011 qui s'est répandu partout dans le monde et a durablement mis à l'agenda la taxation des ultra-riches et l'emprise de l'argent en politique[416].

416. « Piketty, inspirateur de "Occupy Wall Street" ? », *Arrêt sur images*, 2014. https://www.arretsurimages.net/articles/piketty-inspirateur-de-occupy-wall-street-.

Les données peuvent construire des mobilisations durables et puissantes. « L'affaire du siècle » en est un autre exemple. Initiée en 2018 par Greenpeace France, Notre affaire à tous, Oxfam France et la Fondation pour la nature et l'homme, cette campagne de justice climatique part du constat que les causes du changement climatique sont connues depuis les années 1960 et que les gouvernements successifs en France tardent à prendre les décisions suffisantes pour éviter la catastrophe écologique, malgré les nombreux engagements pris par l'État. Après une pétition qui a recueilli plus de deux millions de signatures en un mois, le mouvement a poursuivi l'État en justice pour inaction en matière de lutte contre le réchauffement climatique. Le recours contre l'État au tribunal administratif de Paris s'appuie sur les données montrant que l'État ne respecte pas ses engagements pour réduire les émissions de gaz à effet de serre, les émissions n'ayant diminué que de 1 % par an entre 2015 et 2018 alors que la stratégie climatique programmait une baisse de 2,2 % par an[417]. Deux décisions du tribunal administratif de Paris ont condamné l'État pour ne pas avoir respecté ses engagements et ont ordonné celui-ci à prendre toutes les mesures utiles pour réparer le préjudice écologique. En sens inverse, en décembre 2023, le tribunal a rejeté la demande de « L'affaire du siècle » d'une astreinte financière d'un milliard d'euros contre l'État pour contraindre le gouvernement à renforcer sa politique face à la crise climatique. Il a constaté, à partir des données disponibles, que l'État avait effectivement réparé le préjudice écologique, en compensant les émissions excédentaires de gaz à effet de serre du premier budget carbone par des baisses importantes au cours de la période 2019-2023[418]. Les ONG ont fait appel, notant que le tribunal a

417. « Pourquoi attaquer l'Etat », *L'Affaire du siècle*, 2023. https://laffairedusiecle.net/laffaire/pourquoi-attaquer-etat/.

418. Stéphane Mandard, « "L'affaire du siècle" : l'État échappe à une troisième condamnation et à une lourde astreinte pour "inaction climatique" », *Le Monde*, 22 décembre 2023. https://www.lemonde.fr/planete/article/2023/12/22/justice-climatique-l-etat-echappe-a-une-troisieme-condamnation-et-a-une-lourde-astreinte-dans-l-affaire-du-siecle_6207283_3244.html.

reconnu que les baisses récentes d'émissions sont en partie dues à des facteurs extérieurs à l'action de l'État[419] (Covid-19, guerre en Ukraine, inflation, hiver doux…). On verra quelles suites seront données à ce procès et si la trajectoire de baisse des émissions continuera. On voit d'ores et déjà l'enjeu de l'usage et de l'interprétation de données dans cette bataille juridique et politique, comme dans d'autres à venir.

Pour faire face à la crise climatique et au déclin de la biodiversité, pour obtenir plus de justice et de démocratie, ce n'est pas le moment d'abandonner. Il faudra se mobiliser par et pour les données afin de renforcer la démocratie et changer les données.

419. « Décision du tribunal administratif dans l'Affaire du siècle : l'État n'a pas exécuté le jugement de 2021 », *L'Affaire du Siècle*, 2023. https://laffairedusiecle.net/decision-du-tribunal-administratif-dans-laffaire-du-siecle-letat-na-pas-execute-le-jugement-de-2021/.

Remerciements

L'idée de ce livre remonte à 2012 lorsque Jérôme Denis m'a suggéré qu'après ma thèse, je pourrais faire un livre. J'étais au pied de la montagne du doctorat mais mes yeux ont brillé à cette idée. Depuis ma soutenance, il glisse toujours un petit « au fait, ton livre ça avance ? » Ses encouragements, ses enseignements et ses idées ont été une grande source d'inspiration de ce livre et bien au-delà.

Si Jérôme avait planté une graine dans ma tête, Hervé Le Crosnier l'a arrosée lors de la soutenance au cours de laquelle il m'a dit « il faudrait en faire un livre de cette thèse ! » Avec la création de Datactivist, j'avais mis cette idée de côté jusqu'à ce que Marin Dacos et Cédric Gautier d'OpenEdition viennent me proposer d'écrire un livre sur l'open data ; l'idée d'un livre en accès ouvert m'a séduit. Je les remercie pour leur soutien ainsi qu'à Claire Dandieu qui a accompagné la rédaction de plusieurs chapitres.

En 2020, OpenEdition a dû abandonner le projet et j'étais à la recherche d'un éditeur. Je me suis alors rappelé de la petite phrase d'Hervé Le Crosnier, une coupe à la main, et il a accepté avec enthousiasme de reprendre le livre. Nous avons repensé ensemble le projet éditorial pour en faire le livre grand public et engagé dont je rêvais et il m'a apporté un soutien sans faille dans la finalisation au long court de ce livre. Je suis heureux de rejoindre la maison C&F dont j'admire les publications. Un grand merci à Hervé, Nicolas Taffin, Chloé Bonnier et Yann Trividic pour les relectures attentives, leur bons conseils et encouragements.

La rencontre avec Axelle Lemaire a également transformé ce livre. Dans la chaleur étouffante des Rencontres économiques d'Aix, elle a accepté de préfacer le livre alors qu'elle se préparait à des vacances reposantes. Elle a lu attentivement chacune des pages de ce manuscrit et m'a fait des retours essentiels sur certaines parties. Le livre est sorti considérablement grandi de ses suggestions. Je suis honoré et reconnaissant que son témoignage enthousiaste et engagé ouvre le livre.

Le générique de fin serait incomplet sans mentionner le soutien de mes collègues de Datactivist et Sciences Po Aix et de mes proches qui m'ont accompagné dans cette aventure de cinq ans. Un remerciement particulier à Sylvain Lapoix qui a été un fervent supporter dans les longs tunnels de rédaction et pour sa relecture attentive, aux côtés entre autres d'Anne-Laure Donzel, Joël Gombin, Magalie Dartus, Arthur Sarrazin, Etienne Pichot-Damon et Mathilde Bras. Enfin, je suis reconnaissant à Camille de m'avoir supporté (aux deux sens du terme) dans ce long projet alors que nos merveilleux fils, Milo et Johan, venaient au monde. Leur joie de vivre et leur amour m'ont donné du souffle dans la rédaction.

Colophon

Cet ouvrage est composé par Hervé le Crosnier et Nicolas Taffin en HTML et CSS selon la spécification pour les médias paginés, avec l'aide de PagedJS (`https://pagedjs.org`). Ils remercient Valérie Peugeot et André Sintzoff pour leur relecture, ainsi que Julien Taquet pour son aide.
Le caractère utilisé pour le texte est Cala de Dieter Hofrichter qui s'est inspiré de Nicolas Jenson et de la Renaissance vénitienne, pour la transposer au présent numérique, avec un rythme, une rondeur et une lisibilité contemporaines. Utilisé pour le code ou les liens, le caractère Attribute text de Viktor Nübel est une des plus belles typographies du mouvement « faux monospace » qui reprend les formes des lettres à espacement constant des terminaux informatiques en y ajoutant un peu de la proportionnalité typographique.

ISBN 978-2-37662-071-6
Achevé d'imprimer en janvier 2024
par Présence Graphique à Monts (37)
Dépôt légal janvier 2024